# INVISIBLE INFLUENCE

THE HIDDEN FORCES THAT SHAPE BEHAVIOR

インビジブル・インフルエンス

# 決断させる力

あらゆる行動を
方向づける
影響力の科学

ジョーナ・バーガー 著
吉井智津 訳

TOYOKAN

# インビジブル・インフルエンス
# 決断させる力
## あらゆる行動を方向づける影響力の科学

目次

# はじめに：目には見えない「社会的影響力」の科学

あなたは最近、どんな選択をしただろうか？

ひとつ思い出してみてほしい。朝食のシリアルをどれにするか、どの映画を観るか、どこでランチを食べるかといったことだろうか？　あるいは、誰とデートするか、どの政党を支持するか、どんな職業に就くかといった、もっと重要なことだったかもしれない。

では、なぜあなたはその選択をしたのだろうか？　それを選んだ決め手は？

むずかしい質問ではないだろう。この質問をすると、たいていの人はそれぞれに、そうでなければならなかった理由を挙げてくれるのだが、ひとつだけ、すべての答えに共通するポイントがある。それは〝あなた〟だ。あなたの個人的な嗜好、あなたの好き嫌い、どの人が魅力的だとか付き合ったらおもしろそうだとあなたが思うか、どの候補者の政治的スタンスがあなたに合致するか。私たちがする選択は、自分の考えや意見によって決まるものだという考え方は、あたりまえすぎて、わざわざ口に出すほどのことではないように思えるかもしれない。

だが、そうではない。

実は気がついていないだけで、私たちの人生は、ほとんどすべての側面において、他人からの影響を大いに受けている[1]。人々は、ほかの人が行くから投票に行き、ほかの人が食べているからもっと食べ、隣人が買ったから自分も新車を買ったりする。**社会的影響力**とは、人がどんな商品を買い、どんな健康保険を選び、学校でどんな成績を取り、どんな職業に就くかを左右するものであり、またそれは、退職後に備えて貯金をするか、株式に投資するか、寄付をするか、友愛会［アメリカの大学に見られる学生の社交クラブ］に加入するか、省エネに努めるか、あるいは革新的なアイデアを受け入れるか、といったことにも影響を及ぼす。さらに言えば、それは人が犯罪行為に手を染めるかや、仕事に満足できるかどうかといったことにまで影響を与えている。**私たちの決断は、九九・九％までが他人によって方向づけられており、むしろ他人の影響を受けない意思決定や行動を見つけるほうがむずかしい。**

実際、日常の中にあるすべての領域を見わたしてみても、社会的影響力が見られないところはたったひとつしかない。

それは自分自身だ。

社会的影響力——私たちの行動に、他人がどのように影響を及ぼすか——についての私の研究は、カリフォルニア州にあるパロアルトの町を、自転車に乗ってＢＭＷを探してまわることから始まった。

パロアルトといえば、世界でも有数の生活コストの高い町だ。ストックオプションやＩＰＯ（新規株式公開）が、多くの住民に富をもたらし、そして、住宅価格から私立学校の学費まで、あらゆるものの値段を押し上げた。フェラーリやマセラティが支店を置き、この町の高級レストランで食事をすれば、ランチでもひとり二〇〇ドルは下らない。

ＢＭＷを探すのは、イースターエッグを探すのと似ていた。それがどこにあるのかを確実に知る方法はない。だから私は少しの直感を頼りにして、あとは運にまかせた。ゆっくりと自転車を走らせ、いくつもの通りを行ったり来たりしながら、一目見ればそれとわかるあの形とロゴを探した。曲がり角では、毎回いったん停止して、どちらへ曲がれば成功の可能性が高いだろうかと考えた。左へ行けば歯科医院がある。歯科医師が高級車に乗っていることはめずらしくないから、駐車場を覗いてみるとよさそうだとか、右へ行けば高級スーパーがあるから、そっちもいいかもしれないといった具合だ。

ＢＭＷが一台見つかるたびに私は、メッセンジャーバッグに手をつっこんで紙を取りだし、フロントガラスのワイパーの下にそっとはさんだ。といっても、それは自動車整備のクーポンでもなければ自動車販売店の広告でもない。われわれは何かを売りたかったわけではないのだ。

そうではなく、われわれ、すなわちプリンストン大学のエミリー・プロニンと私は、人々が車を購入する際に、さまざまな要因がどんなふうに影響しているかに興味があった。人々は、車を買うという自分の意思決定に、どのような要素が影響していると考えているか、そして、自分以外の誰かがBMWの購入を決める際に、その同じ要素がどのくらい影響していると思っているかということが知りたかったのだ。

価格や燃費、信頼性といった標準的な要因に加えて、調査では、社会的影響力についての設問を多く盛りこんだ。たとえば、購入を決めるにあたって、友人の意見に影響されたかどうかといったことを問うものだ[2]。

調査票には、同じ質問を二セットずつ用意した。一セットは、回答者自身のことについて、もう一セットはBMWに乗っている知り合いについて、同じ質問に対して二回答えてもらうためだ。その人のBMW購入には、どの程度価格や燃費が影響したか？　クールな人やステータスの高い人は同じような車に乗っているか[3]？

ほとんど丸一日をかけて自転車で走りまわり、一〇〇台以上のBMWのワイパーに調査票をはさんできた。一枚一枚、住所を記した返信用封筒を添えて。

そして、待った。

翌日、郵便配達が来たのはわりと遅い時間だった。にもかかわらず、郵便受けの中には落胆しかなかった。ぱらぱらと投げこまれたクーポンと、家具店のカタログが届いていただけで、調査票を返送してくれた人はひとりもいなかった。

二日目、最初は楽観的に構えていた私も、少しは用心深くなっていた。郵便受けのそばをしばらくうろうろしたあと、そっと中を覗いた。やはり入っていない。さすがに心配になってきた。調査票は誰にも見てもらえなかったのだろうか？ もしかして、封筒が風で飛ばされてしまったとか？

三日目が来るころには、郵便を待つのが怖くなってきた。もしまた返信がひとつもなかったら、もう一度BMWを探しにいくところから始めなければならない（あるいは、別の方法を考えなくてはならない）。だがついに、郵便受けの奥に、待ちわびていた答えが見つかった。数日前に、一台の車のフロントガラスとワイパーのあいだにはさんで残してきた、小さな返信用封筒が返ってきたのだ。

その次の日も、二、三通だが、新たに返信が届いた。そして、その次の日にはもっとたくさんの返信が届いた。ようやく動きだしたのだ。われわれは回答用紙を手にとり、人々の自分に対する認識と、他人に対する認識の比較を始めた。自分のBMW購入には何が影響していて、他人のそれには何が影響していると思うのか？

両者のあいだには、比較的似た傾向が多く見られた。予想にたがわず、人々は価格や燃費といった要素を重視しており、それらは自分にとっても、ほかの誰かにとっても同じくらい重要だと考えていた。価格は自分のBMW購入の決断に大きく影響する要因であり、自分以外の誰かが

ＢＭＷを購入する際にも同様に影響していると考えられていた。

ところが、社会的影響力を評価する質問となると、話は違っていた。といっても、社会的影響力の重要性を人々が認めていないということではない。それはもちろん重要だと考えられていた。車を購入するという決断には、友だちがどう思うかや、クールな人やステータスの高い人がその車に乗っているかどうかが影響していることは、はっきりと意識されていた。実際、人々が購入する車の選択に、社会的影響力が大いに関係していることはよく認識されている。

ただし、その〝人々〟に自分は含まれていない。

自分以外の誰かがＢＭＷを購入する場合を考えるとき、社会的影響力は人々の目に見えている。人の嗜好というものは、友だちの意見や同調圧力によって変わるものだということは、容易に理解されている。

しかし、その同じ目線を自分がＢＭＷを購入する場合に向けたときには、不思議なことに、たちまち社会的影響力が見えなくなってしまう。彼らはその影響を認めていない。**自分の行動を鏡に映して見たときには、社会的影響力とは無関係だと考えていたのだ。**

そして、それは車だけに限ったことではなかった。ほかのシチュエーションについての質問に対しても、回答は同様の非対称な傾向を示していた。服を買うとき、選挙で候補者を選ぶとき、あるいは慎重に運転するときも、そこに社会的影響力が介在していることを人々は認めている。

ただし、それが自分のことでない限りは。**人々は、他人の行動には社会的影響力が関係してい**

**ることを理解できても、自分のこととなるとそれが見えなくなってしまうのだ。**

これは、ひとつには、社会的に望ましいことかどうかを考えることで説明がつくかもしれない。人々が、自分は他人に影響されていると思っていないのは、影響されるのが悪いことだと考えるからだろう。社会は、私たちに自分らしくあれ、何にも影響されずに生きろというメッセージを送ってくる——レミングのように群れに呑まれてしまうな、と。他人に影響されることが悪だとすれば、ネガティブな光の中で自分の姿を見たいとは誰も思わないから、自分は他人の影響を受けているとは考えないのかもしれない。

とはいえ、ことはそれほど単純ではない。たとえ他人に影響されることが善であったとしても、人々はやはり自分が社会的影響力に左右されているとは思わない。

たとえば、あまりよく知らない相手を訪問するときなどは、地域の習慣を考慮しておいたほうがスマートだ。また、フォーマルな場に着ていく服を選ぶときには、あまり自分の好みに偏りすぎるのはよくない。こんなふうに影響を受けることが良しとされるような状況でも、自分は影響されないと考えるものなのだ。

なぜなら、私たちが自分は社会的影響力を受けていないと考える背景には、もっととらえがたい理由があるからだ。つまり、私たちにはそれが見えないということだ。

# 見れば見るほど好きになる

あなたは今、高校二年生を終えたところで、嬉しいことに、そろそろ働く経験をしてみてもいいころだとご両親が判断したとしよう。長いあいだ親の世話になってきたのだから、これからは自分の小遣いくらいは自分で稼いでみたらいい。パートタイムでよいから、仕事を持って、週に二、三日でも家から出てみれば、人格形成にも役立つし、世間の常識も身につくだろうというのがご両親の考えだ。

これは、ベビーシッターと芝刈りを何度かしたことがあるだけの、ぱっとしない経歴に、パートタイムの経験をつけ加えるチャンスだ。そこであなたは、地元のスーパーマーケットで募集していた、青果を袋詰めする仕事をやってみることにした。最高にエキサイティングな仕事だとはいえないが、肉のケースを洗う仕事よりはずっといい。

仕事の流れが少しわかってきたころ、あなたは休憩室で、最近入った別の従業員と出会う。週に二回ほど七番レーンで袋詰めの仕事をしているのを見かけており、近くで見るととてもかわいい。彼女のほうから自己紹介をしてきたので、そのままふたりで話し始めた。あなたの上司のこと、それぞれの通う高校のこと、それから彼女が覚えたというトマトを傷つけないように袋詰めするコツ。

その次の週も何度か顔を合わせた。その次の週も。話す時間が長くなり、そのうちに、気がつけば、あなたは彼女のシフトに重なるように自分の勤務予定を組んでいた。あなたは仕事をしながら口笛を吹き、ついには、勇気を奮い起こして彼女をデートに誘いだす。

そして、二〇七回のディナーと、九二回の長い散歩、三回のバケーション、そのあとしばらく会わない時期もあったが、気がつけばこの先も共に歩む人生を思い描くことのできる、たったひとりの人である彼女と結婚しようとしている。

魂の伴侶《ソウルメイト》という概念は、何千年の昔からすでにあった。『饗宴』の中で、プラトンは、人間にはもともと脚が四本と腕が四本あり、頭には顔面がふたつついていたと述べている。前向きにも後ろ向きにも同じように歩くことができ、あまりにも力が強かったので、本来ならば人間を支配しているはずの神々が恐れをなして、これは何か手を打たねばならないと考えたのだ、と。

神々は、知恵を出し合い、解決策を話し合った。人間をなかったことにして、永遠に消し去ってしまおうと言った神もいた。だが、神々の中のひとり、ゼウスは、もっとクリエイティブな考えを持っていた。人間からは捧げものや供物をたくさんもらっているのに、完全に滅ぼしてしまうというのはいかがなものか。そこで提案だが、人間を半分に分けてしまうというのはどうだろう。そうすれば、あの者らにとっても教訓となるだろう。人間の力を小さくして、傲慢になりすぎたことに対して罰を与えてやればよいではないか。

それで、そういうことになった。人間は、まんなかでふたつに分けられた。木の幹を縦にふたつに割って分けるように。

驚くまでもなく、こうしてまっぷたつに分けられた人間はみじめなものだった。傷が癒えたあとも、離れ離れになった自分の片割れを、いつまでも捜した。それを見つけてようやく自分自身が完成するのだと信じて。


プラトンの時代とくらべると、ものごとは大きく変化したが、たったひとりの人、すなわち、それぞれの人にとっての運命の人《トゥルー・ラブ》という考え方は今も残っている。スマートフォンのアプリがラブレターを補完し、軽いナンパが手間のかかるエスコートにとって代わりはしたかもしれないが、それでも人々は今もやはり、どこかに運命の人がいて、見つけてもらえる日を待っていると信じている。ふたつ合わせて完全な円になる半円同士のように、あるいは、同じ莢に収まるべきふたつの豆のように、どこかにいる誰かが、あなたをようやく完成させてくれるかのように。あなたから欠けたままのパズルのピース、あなたとぴったりかみ合う完璧な相手が。R&Bの歌やラブ・コメディーの映画が繰り返し強調しているのもこの考え方だ。もし恋がうまくいかなくても、心配いらない。あなたはまだ運命の人に出会っていないだけなのだから、と。

新聞の結婚欄を見てもそうだが、既婚者にふたりのなれそめを尋ねてみると、たいていは似たような答えが返ってくる――〝彼をひと目見た瞬間、わかったんです……〟〝ほかの誰と出会ったときにも感じたことのない、化学反応のようなものを感じて……〟〝ビビッときて、それで彼女がぼくの運命の人だって〟と。

ほかの可能性はなかったのかと訊くと、たいていの人はムッとする。幸せな結婚をした友だちにケンカを売っているのか、と。本当に怒るかどうかたしかめたければ、別の誰かと結婚していたとしても、同じように幸せだったんじゃないかと訊いてみたらいい。

たとえば、自分の両親は、完璧ではないかもしれないが、それでも自分の親である。そして、それが、ほかの誰かではありえないことは、一一〇%確信をもって言えることだ。

私たちは、誰もがガラスの靴を持った王子様で、その靴がぴったりと合う足を持った、たったひとりのシンデレラを探しているのだ。

ところが、多くのアメリカ人がどんなふうにして未来の配偶者に出会っているかを調べてみると、おもしろいことに気づく。現在アメリカ合衆国には、三億二〇〇〇万の人が住んでいる。そのうち既婚者を除くと、残りは約一億六〇〇〇万人。男女どちらかだけに限定するなら約八〇〇〇万人に、あなたの運命の人である可能性があることになる。

その中にも、年齢が合わなかったり、支持政党が違ったり、あるいは音楽の好みがどうしても合わない人もいるだろう。けれど、一度ふるいにかけて、そういう合わない人を除外したとしても、まだ何百万人もの人が残っている。運命の人かもしれない人はたくさんいるのだ。

同様に、全世界の人口を考えに入れてみると、その数は何億人にもなる。そのすべての人々に、あなたの魂の伴侶《ソウルメイト》である可能性があるのだ。
ところが、最終的に人々が将来の配偶者と出会った場所を見てみると、かなりせまい範囲に集中していることがわかる。実際、アメリカ人の三分の一以上は、夫あるいは妻となる人と、ふたつの場所のいずれかで出会っている。そのふたつとは、職場と学校だ。[4]
さて、そのこと自体に驚きはないだろう。職場や学校は人々が長い時間を過ごす場所だし、それに会う機会のない人と恋に落ちるのはむずかしい。
だが、そこで一歩下がって、これが何を意味しているかを考えてみてほしい。もちろん、私たちひとりひとりにふさわしい人はひとりだけなのかもしれない。何億何千万の人々の中で、魂の伴侶《ソウルメイト》はたったひとりしかいないのかもしれない。だが、そのたったひとりの人が、ちょうど自分と同じ時期に青果の袋詰めの仕事を始めるという可能性はいかほどのものだろうか？　私たちはみんな、そんなにラッキーなのだろうか？

＊＊＊

ピッツバーグ大学でリチャード・モアランド教授が受けもっているパーソナリティ心理学の講座は、どこの大学でも開講されているようなよくある講座だ。授業はスタジアムのような段差のついた座席のある大教室でおこなわれる。二〇〇人近く座れる教室を埋めるのは、ほとんどが

一、二年生で、たまに三、四年生もいる。男女比は半々で、無邪気そうな学生やオタクっぽい学生もいれば、さぼりがちな学生も、熱心な学生もいる。

心理学の授業は、学術調査に参加することにより追加で単位をもらえることがわりとあって、モアランド教授のクラスも例外ではなかった。学期の終わりに、ちょっとした短期の調査に参加しないかと尋ねられると、たいていの学生はイエスと答える。

調査は単純なものだ。学生は、男女とも、四人の女性が映った写真（A、B、C、Dの記号がついたもの）を見て、それぞれについていくつかの質問に答えるよう求められる。それぞれの女性のどこが魅力的だと思うか？　その女性と一緒に過ごして楽しめると思うか？　その女性と友だちになりたいと思うか？

写真の女性は四人ともこれといって特徴がない。全員典型的な大学生のように見える。年齢層も同じで、カジュアルな服装をしていて、全学期を通して隣の席に座っていそうな感じだ。

実際、四人は教室に座っていた。学生たちには知らされていなかったが、モアランド教授の授業そのものが実験の一部になっていたのだった。

授業がおこなわれた学期のあいだ、調査に使われた写真の女性たちは、学生のふりをして教室に座っていた。四人は、授業が始まる数分前に教室に入り、多くの学生の目に入りそうな前方の席に座っていた。授業中は静かに座って講義に耳を傾け、ノートをとった。そして、授業が終わると机の荷物を片づけ、学生たちと一緒に退室した。クラスの名簿に登録されていないこと以外には、彼らと学生たちを隔てるものはほとんどなかった。

重要な点はもうひとつあった。四人の女性はそれぞれ出席回数が異なっていた。学期中、モアランド教授の授業は四〇回おこなわれた。そのうち、Aの女性は一回も出席しておらず、Bの女性は五回、Cの女性は十回、そしてDの女性は十五回出席していた。

言うまでもなく、何に魅力を感じるかは人それぞれだ。ブロンドの女性を好む男性もいれば、ブルネットがいいという男性もいる。男性は背が高く、肌の色が濃く、ハンサムなのがいいという女性もいれば、まったく違った好みの女性もいる（背が低く、色白で、ハンサムといえない男にとっては朗報だ）。

だから、学生によって、それぞれの女性を違った印象でとらえていたことは驚くに値しない。ある学生はAの女性がすごい美人だと答えたが、ほかの学生はCの女性のほうがいいと言う。Bの女性の目が好きだと答えた学生もいたし、Dの女性のほうが人目を惹くと答えた学生もいた。

だが、これだけばらばらに見える回答も、集めて見ると、そこにははっきりとしたひとつのパターンができていた。

授業に出ていた回数がより多かった女性のほうが、より魅力的だと思われていることが多かったのだ。十五回出席した女性は、十回の女性よりも魅力的だと思われており、十回の女性のほうが、五回の女性より魅力的だと思われていたということだ。

つまり、**より多く人に見られているほうが、より人に好かれる**ということになる。

それは、十五回出席した女性が、みんなより見た目がよかっただけではないのか、という意見もあるかもしれない。その女性が、もともとほかの三人より魅力的だっただけではないのか、と。だが、そうではなかった。この講座をとっていない学生に訊いてみたところ、四人の女性は全員同じくらい魅力的だという答えが返ってきた。授業に出ていた回数に違いがなければ、外見上の魅力という点では四人の女性は同等だったということだ。

では、その女性は出席回数が多くて、学生たちと知り合う機会があったからではないのか？これも違う。四人の女性たちは、授業に出ているあいだ、ほかの学生たちとは口頭でもそれ以外でも一切交流していない。

そうではなく、学生たちは、ある女性たちのことを、ほかの女性たちよりも多く目にしていたために、好感を持っていたのだ。彼らは、より頻繁に授業に出ている人のほうに魅力を感じ、その人たちに関心を持った。それらはすべて、その女性たちがほかの女性たちよりも多く出席していたために起こったことだ。

目に触れる機会の多さが好感につながるという考え方は奇妙にも思えるが、このことは何百もの実験で示されている。卒業アルバムに載せる写真にしても、広告が伝えるメッセージにしても、誰かが勝手につくった言葉にしても、フルーツジュースにしても、さらにいえば建物でさえも、人はより多く目に触れる機会のあるものに、より好感を抱く。親しみが好感につながるということだ[5]。

人はより目に触れる機会が多いものを好きになるというのは、それ自体が興味深い考え方だが、さらにおもしろいのは、人が何かを目にしていることのもうひとつの側面である。**それが起こっていても、本人はまったく気づいていない**ということだ。

モアランド教授のクラスの学生たちが、あの女性たちを見たことがあるかと尋ねられたとき、見たことがあると気づいた学生はほとんどいなかった。それに、もし誰かがその学生たちに、その女性を見る機会が多かったからそういう意見になったのかと訊いたなら、頭がおかしくなったのかとでも言いたげな顔をして、こう返されただろう。〝もちろん違いますよ〟〝なぜその人をほかの人より二、三回多く見たからというだけで、その人が魅力的だと思うんです？〟と。

だが、実際のところはそうなのだ。

なぜなら、自分では気づいていてもいなくても、私たちはみんなモアランド教授のクラスの学生と同じなのだ。つまり、社会的影響力が自分の行動に及ぼしている力を低く見積もりすぎており、どのくらい影響されているか、自分では気づかないからなのだ。

社会的影響力が私たちの行動を左右している証拠を探してみても、多くの場合見つからない。実際には、さまざまな面で影響を受けていてもそれに気づかないので、それが起こっていないことにしてしまう。しかし、影響に気づかないことは、それがすなわち起こっていないということにはならない。

## 見えない方向づけ

ここで簡単なゲームをしてみたい。あなたの記憶力をテストするゲームだ。まずは、ここに並べた七つの単語を暗記することから始めてほしいのだが、さて、いくつ憶えられるだろうか？リストを見る時間は無制限だ。

向こう見ずな
家具
思いあがり
曲がり角
よそよそしい
ステープラー
頑固な

さて次は、記憶力をテストするまえに、ちょっと別のことをしていただきたい。ここに、ドナルドという人物の紹介文がある。これを読んで、簡単な質問に答えてみてほしい。

ドナルドは、かなりの時間を費やして、エキサイティングなものを探求し続けていた。マッキンリー山に登り、コロラド川の急流をカヤックで下り、スタントカーレースに挑み、ジェットエンジンつきのボートを操縦した——ボートのことなどよく知らないのに、だ。けがのリスクをものともせず、命を危険にさらしたことさえ何度もあった。

そして今、彼は新しい興奮を求めている。次はスカイダイビングか、あるいは大西洋をヨットで横断か。彼を見ていると、なんでもこなせる自分の能力を自覚しているのがよくわかる。交友関係の幅は、仕事関係を除くとかなりせまい。誰かに頼る必要性を感じていないのだ。いったん彼がこれをしようと決めたなら、どんなに長い時間がかかろうと、どんな困難が待ち受けていようとも、もう成し遂げたも同じことだ。やめておいたほうがよかったかもしれないときでさえ、気が変わることはめったにないのだ。

もちろんあなたはドナルドに会ったことはないけれど、この紹介文を読んで、ドナルドをひとことで説明するとしたら、どんな言葉を選ぶだろうか?

同じ質問をしてみると、ほとんどの人はドナルドのことをどこかネガティブな言葉で説明する。ヨットで大西洋を横断するのはかなり危険だし、〝誰かに頼る必要性を感じていない〟というのはうぬぼれに聞こえる。彼は頑固だという人もいた（一度決めたら気が変わることがないのだから）。だから、あなたがドナルドのことをネガティブな言葉で説明したとしても不思議ではない。

だが、ちょっと考えてみてほしいのだが、この紹介文を読むまえに、別の単語が並んだリストを見ていたらどうだっただろうか。さっき見てもらったリストにはない、まったく別の単語のリストだ。同じドナルドの紹介文を読んでも、そのまえに記憶した単語が違っていたら、彼に対する認識は違うものになっていなかっただろうか？

「そんなわけありませんよ」と、あなたは言うかもしれない。あの単語リストはドナルドとは無関係だ。まったく関連がない。ドナルドの紹介文が同じであるかぎり、彼に対する見方は変わらない、と。

そして、それもまた誤りだろう。

実際、あるグループに〝冒険〟〝自信〟〝独立〟〝粘り強い〟といった単語のリストを見せてから、ドナルドについての同じ紹介文を読んでもらったところ、異なる見方が示された。先ほどの回答とは違って、今度はドナルドがずっとポジティブな男性として説明されたのだ。大西洋横断は危険というより冒険的だととらえられ、他人に頼らないという点は、よそよそしいというよりも、自立した人間であることを示していると見られていた。

同じドナルドが、まったく別人のように評価される。それは、なぜだろうか？

**自分では気づいていなくても、ドナルドについての文章を読んでいるあいだに、人々は彼の見え方に色づけをしている。**言葉は、人々の頭の中にあるさまざまな考えを呼び起こし、それらが広がることによって彼に対する認識に影響を及ぼしたのだ。それが全部意識していないところで起こっている。そして、それらすべては意識されない影響力によって加速される。

## 見えない影響力

本書で扱うのは、単純で、さりげなく、しばしば驚くべきやり方で、私たちの行動に他人が及ぼしている影響力だ。

多くの人にとって、科学と聞いてまず想像するのは、物理学や化学のことだろう。頭に浮かぶのは、試験管や顕微鏡や絡み合って二重らせんを形成する分子だろうか。実験室には白衣の人がたくさんいて、黒板は火星人が書いたカリグラフィのような数式で埋め尽くされている。それを理解できるのは……ロケット科学者ならきっと理解できるのだろう。

だが、実は科学とは実験室の中だけにある、専門家だけのものではない。科学とは、私たちを取り巻くあらゆる場所で毎日起こっているものなのだ。

私たちは、誰かに肩を叩かれたからという理由で、リスクの大きい決断をする。マディソン（Madison）とかソフィア（Sophia）とかいう名前が最近の流行りだからという理由で、自分の子供にミア（Mia）と名づけたりもする［第4章を参照］。まったく知らない人、あるいはこの先も会うことはなさそうな人であっても、私たちの判断や決断に驚くような影響を及ぼしていることがある。たとえば、福祉政策に対する態度などは、それが民主党あるいは共和党によって支持されていると聞いただけで、完全に変わってしまう（たとえ、政策自体は同じであったとしても）。

原子がぶつかり合って反応を起こすように、私たちの人となりと行動は、人と人とのかかわりによってたえず方向づけられている。この科学、すなわち社会科学は、あなたがなんと名づけられるかに始まり、あなたがどんなふうにこの本を手にとったかまで、あらゆることを探究するためにあるものなのだ。

とはいえ社会的影響力は、ただ単に他人と同じ行動をとるように、私たちを導くだけではない。人は人を磁石のように惹きつけることもあるが、逆にはねつけることもあるのだ。

時に私たちは、同調、つまり他人のまねをして同じようにふるまおうとすることがある。だが、ほかの人がしているからという理由で、同じことをするのを避けて、別のことをすることもある。兄さんや姉さんが賢いなら自分はおもしろいキャラクターでいこうとしてみたり、道路でクラクションを鳴らすような人になりたくないという理由で鳴らすのをやめておいたりする。

では、どういうときに、私たちは他人の行動をまねし、どういうときにまねをしないでおくのだろうか？　同僚を見てやる気が出るときもあれば、なくなるときもあるが、それはどんなときだろうか？　そして、こうしたことのすべてが、仕事とプライベート両面での、幸福、健康、成功に与える意味とはなんだろうか？

本書では、私たちのあらゆる行動が受けている、他人からの影響のはたらき方を深く掘り下げながら、先に挙げた事柄や関連する問題を扱う。私は、この社会的影響力の科学の研究を、何人かの素晴らしい同僚の助けを得て十五年以上続けてきた。ペンシルヴァニア大学ウォートン・スクールの准教授として、何百回もの実験をおこない、何千もの競技を分析し、何百万もの購買行動を検証してきた。隣人が新車を購入するとあなたも新車を買いたくなるのは本当か、といったことから、NBAの試合ではハーフタイムで負けているチームのほうが勝ちやすいのかどうかまで、あらゆることを考察してきた。本書『インビジブル・インフルエンス　決断させる力』は、これらの研究の成果に、さらに数多くある知見を加えてひとつにまとめ、**行動を方向づける隠れた要因**をあきらかにしようという試みである。

第1章では、私たち人間に見られる**模倣**の傾向を探る。なぜ人々は、その答えが間違っているとわかっているときでも誰かについていくのか。なぜ、ある人はソーダと呼ぶものが、別の誰かにとってはポップなのか。なぜ人まねをすれば交渉がうまくいくのか。そして、なぜ社会的影響力によって、業界のエキスパートにとってさえ、『ハリー・ポッター』のような作品が超ヒット作になるという予測がむずかしくなってしまうのか？

第2章では、**差別化**を後押しするものを検証する。人々はときに勝ち馬に乗り、まわりについていくが、あまりに混みあってくると、またすぐに飛びおりてしまうことも多い。ここでは、なぜ優秀なスポーツ選手には年上のきょうだいがいることが多いのか、なぜ赤ちゃんはみんな同じに見えるのか(ただし自分の子は除く)、またなぜ自分だけ目立ちたがる人や、逆に周囲に溶けこんで満足な人がいるのかということも考察する。

第3章では、これら模倣と差別化という相容れないふたつの傾向が、いかに組み合わさっていくかの説明を試みる。私たちが他人のまねをするか、逆に他人と同じをことを避けるかは、その他人が誰であるかがひとつの決め手となっている。ここでは、なぜ高額な商品のロゴが小さいのか、なぜ企業は自社の服を着ない有名人に金を払うようなことをするのか、そして、なぜ人は、三〇万ドルも出して何時を指しているのかよくわからない時計を買うのかといったことを考察する。その他にも、なぜ肌の色は学校の成績に影響し、なぜ小さなアオガエルは、野生の王国におけるものまね上手なのか、にも触れる。

第4章では、親しみと目新しさのあいだにある緊張感と、**ほどよく違っていること**の価値を検証する。ここではなぜベーシックな外観の車がよく売れるのか、ニワトリと第三〇代アメリカ合衆国大統領が共通して持っていたものとは何だったのか、そして、なぜハリケーンが子供の名づけに影響するのかなどを見ていく。現代美術の作品は、はじめて目にしたときには神経に障ることさえあるのに、ピカソやカンディンスキーの作品をいくつか見たあとでは、見ていて気持ちよくさえ感じられるのはなぜなのか、といったことだ。

第5章は、社会的影響力がいかにしてモチベーションを形成するかをあきらかにする。なぜ、まわりに人がいることによって、私たちは速く走れたり、縦列駐車がうまくできなくなったりするのか。いかにして環境保護にかかわる最良の機会は隣人を見ることから生まれるのか。ゴキブリが競争について何を私たちに教えてくれるのか。そして、なぜプロのバスケットチームにとって、ハーフタイムで負けていることが最終的に勝ちにつながりやすいのだろうか？

さて、本編に入るまえに、読者のみなさんにひとつだけお願いしておきたいことがある。

本書で紹介する科学は、あらゆる種類の実際の問題に応用できる（また、実際に応用されてきた）ものばかりだ。これらは人々がコンディションを整え、よりうまく仕事ができるよう後押しし、環境を守り、商品やアイデアが流行するよう手助けするものだ。

各章を読み進めていくうちに、そこに書かれているアイデアを、ぜひとも応用してみようという気持ちになっていただければ嬉しい。社会的影響力を理解することによって、私たちは自分自身の人生をよくすることもできるし、自分以外の誰かの人生もよくすることができる。その手助けになるよう、各章の最後では、人々（や企業）がよく直面する問題を取り上げ、社会的影響力がどんなふうに問題解決に役立つかを紹介した。まわりについていったほうがいいときと自分の道を行ったほうがいいとき、どうすれば自分の影響力を大きくすることができるか、そして、こうした考え方をどのようにもっとうまく、満足のいく社会的影響力に結びつけていくことができるかといったことだ。

さて、ここからがお願いだ。本書には、あなたが今まで考えたこともないような影響の仕方で、社会的影響力が人々に対して力を及ぼしているということが書かれている。そのような研究結果を読むときにありがちなのが、それは自分自身には当てはまらないと考えてしまうことだ——もちろん、ほかのみんなは群衆に従うだろうけど、でも自分は違う、と。

だが、いくら社会的影響力が自分には無関係だと考えても、それは間違っている。だから、なんとか気持ちをオープンに保って読んでほしい。影響というもののはたらきをより深く理解することによって、私たちはその力を自分のものにすることができるのだから。私たちはみな、自分だけは他人と違うと思っているものだが、そうであるかどうかは、また別のお話……。

第1章

# まねが生みだす同調の力

Monkey See, Monkey Do

左右二枚のカードから、同じ長さの線を選び出す――これほど簡単な課題がほかにあるだろうか？

あなたはこれから、視覚をためす簡単な実験に参加するところだとしよう。目の前には、二枚のカードが置かれている。左のカードには、一本の線が描かれている。そして、右のカードには、長さの異なる三本の線が描かれており、それぞれA、B、Cの記号が振られている。

やり方は簡単だ。左のカードに描かれている線と同じ長さの線を、右のカードに描かれている三本の中から選ぶというものだ。A、B、Cのうち、左のカードの線と同じ長さの線はどれだろうか？　簡単にわかることではないだろうか？

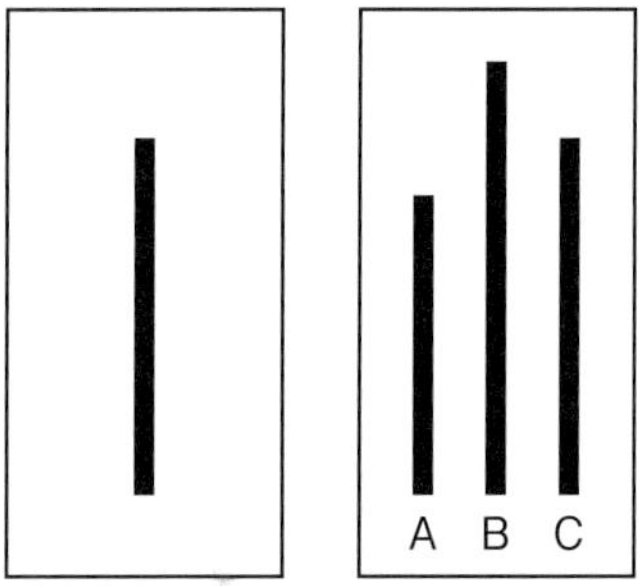


さて、ここでもうひと工夫加えてみることにしよう。ここからはあなたひとりではなく、グループでの実験だ。

あなたは今、大学のキャンパス内にある、これといって特徴のない建物の中にいる。階段を上がり、B7教室までやってきたところだ。先に来ていた六人の学生が、正方形に並べられた机の三辺にふたりずつ座っていたので、あなたは空いている席についた。最後からふたつめの席だ。

試験官がテストのやり方を説明する。やり方は先ほどと同じで、右に描かれた三本の線の中から、左側の線といちばん近い長さの線を一本選ぶというものだ。このあと、同じグループで同様のテストをいくつかおこなうことになっている。少人数のグループで、質問の数もそれほど多くないということで、試験官がひとりずつ順番に指名して、参加者にはその場で口頭で答えてもらい、その回答を用紙に記録していく方式がとられた。

まず最初に試験官は、テーブルの左端に座っている参加者を指名し、答えを求めた。襟のあるグレーのシャツを着た、二五歳くらいの赤毛の男性だった。男性は、前のページであなたが見たのと同じ線を見て、間髪を入れずに、「Bです」と答えた。次の回答者は、一人目よりは年上の二七歳くらいで、カジュアルな服装をしていた。この参加者の回答も「B」で、三番目、四番目、五番目の回答者もみんな「B」と答えた。そしてあなたの番がまわってきた。

「あなたの答えを教えてください」試験官が尋ねる。「どの線を選びますか?」

心理学者のソロモン・アッシュが、一九五一年にこの線の長さに関する研究をデザインしたとき、彼のねらいは人々の視覚以上のものをテストすることにあった。被験者が間違った回答を言うことを期待していたのだ。

＊＊＊

それより数年前、別の心理学者ムザファー・シェリフは、よく似た研究をおこない、驚くべき結果を見出していた。[1]シェリフは規範というものがいかにして形成されるかということに関心をもっていた——つまり、いかにして人々の集団が共通した世界の見方に合意するようになるのか、に興味があったのだ。

この疑問を検証するために、シェリフはある特殊な状況を用意して実験をおこなった。実験の参加者には、暗室に入ってもらい、壁に映した光の点を見つめてもらった。できるだけ長時間、目を動かさないで、と指示して。それから、その光の点がどのくらいの距離を動いていたかを、参加者に尋ねた。

実際には、光の点は動いていなかった。一ミリも。

ところが、その部屋にいた参加者たちの目には、光の点がわずかに動いていたように見えていた。ほかに光のない真っ暗な部屋の中で小さな光の一点だけを見続けるというのは、実際にやってみると大変だ。暗闇でしばらく目を凝らしていると、目が疲れてきて、眼球が自然と動きだす。そのせいで、本当は動いていない光の点が動いて見えるのだ。

シェリフは、自動運動効果と呼ばれるこの現象を利用して、実験をおこなった。自分の判断に確信がもてないとき、人々はどんなふうに他人に頼るかを知りたかったからだ。

参加者は、最初は一度にひとりずつ暗室に入り、それぞれ、光の点がどれだけ動いたと思ったかを、数字を選んで報告した。その結果、二インチ動いたと報告した参加者もいれば、六インチと報告した参加者もいて、人によって答えが大きく違っていた。

次にシェリフは、同じ参加者たちを、いくつかのグループに分けた。

今度はひとりずつではなく、二、三人のグループごとに部屋に入り、グループ内の参加者に聞こえるように声を出してそれぞれが答えた。

参加者たちはグループ内での合意を求められていたわけではなかった。各自好きなように答えればよかった。ところが、最初はばらばらだったはずの答えが、じきに似たような答えに変わっていった。仲間がいると、答えがひとつに収束していった。**ひとりずつだったときには、二インチあるいは六インチと答えていたかもしれない同じ参加者が、複数で同時に部屋に入ると、似通った数値に答えが変わっていったのだ。**具体的には、もともと二インチと答えていた人の答えは三・五インチ程度に大きくなり、逆に六インチと答えていた人の答えは四インチくらいに小さくなっていた。

参加者の回答はだいたいそのあたりに集中した。

つまり、周囲への同調が起こっていたわけであるが、参加者本人たちは、そのことに気がついていなかった。グループのほかの参加者の判断に影響されたかどうかをシェリフが尋ねたところろ、ほとんどの参加者はノーと答えた。

社会的影響力というのはとても強力なもので、参加者がグループを離れたあとも持続していた。集団での実験のあと、シェリフはグループを解体して、また最初にしたようにひとりずつ個別に判断を求めた。しかし、グループが解散したあとも、参加者たちは、グループ内でまとまったとおりの回答をするのだった。グループになって、ひとりのときよりも目算の数値が大きくなった参加者（二インチが四インチになっていた人など）は、ひとりにもどっても、光の移動距離を大きめに見積もる傾向があった。

集団の影響はあとを引く。


シェリフの実験結果は物議をかもした。人はほかの誰かがやっていたら、どんなことでもするというのか？　われわれはただ単に他人の行動についていくだけの、頭のない自動人形だというのか？　自立と自由思想の概念が危機にさらされているようだ。

ソロモン・アッシュは納得していなかった。

シェリフの実験で同調が見られたのは、あのような状況を用いたからだとアッシュは考えた。光の点がどれだけ動いたかを言い当てることは、コカコーラとペプシのどちらが好きかを訊かれたり、ベーグルに塗るのはバターとクリームチーズのどちらがよいかを答えたりするのと同じではない。ほとんどの人にとって、そんな判断をするのははじめてであり、求められるとも思っていなかったことだろう。しかも、正しい答えがはっきりしない。つまり簡単には答えられない、むずかしい質問だったのだ。

要するに、その状況は不確定要素が多すぎたのだ。そして、不確かさを感じているときに、人が誰かを頼るのは理にかなっている。他者の意見は情報を与えてくれる。さらにそれが自分の判断に確信が持てないときなら、与えられた情報を考慮に入れないわけがあるだろうか？　どうしていいかわからなければ、他人の意見に耳を傾け、それにもとづき自分の意見を変えるのは合理的な行動だ。

人々が同調したのは、答えが不確かだったからなのかどうかを確かめるために、アッシュは別の実験をデザインした。答えがはっきりしない状況ではなく、明白な答えがわかっている場合に、人々がどうするかを見てみたいと思ったのだ。誰にでもすぐに正解がわかる状況であれば、他人に頼る必要はないはずだ。

線の長さの課題は完璧な選択だった。これなら視力が弱い人でも答えがわかる。ちょっと目を細めるくらいはするかもしれないが、それでも目の前に答えがあるのだ。ほかの誰かをあてにする必要はどこにもない。

答えがはっきりしている状況ならば、同調は少なくなるだろうとアッシュは考えた。それも大幅に。そして、より確実な結果を得るために、グループの回答を操作した。

アッシュの実験では、被験者となる真の参加者はひとりだけで、ほかは全員協力者であるダミーの参加者だ。ダミーの参加者たちは、それぞれあらかじめ用意された答えを言うことになっている。その回答は、左の線と同じ長さの線を右から選んだ正しい答えであることもあるが、場合によっては、全員が正しくない答え、つまりCが正解であることは明らかであるのに、声をそろえて「Bです」と答えることもあった。

アッシュは、線を使ったこの実験なら同調は減るだろう、という仮定のもとに研究を進めた。真の参加者にも正しい答えはすぐにわかるはずなので、ダミーの参加者たちが間違った答えを言っても関係ないはずだった。人々はひとりひとり独立して行動し、中には判断がゆらぐ参加者が数人いるかもしれないが、それでもだいたいは正しい答えを返してくれるだろう、と。

だが、そうはならなかった。

まったくと言っていいほどに。

同調は減るどころではなかった。**参加者の約七五%は、少なくとも一回はグループの答えに同調した。そして、ほとんどの人は毎回同調するのではなく、平均して三回に一回の割合で同調していた。**

たとえ彼らの目に正解が映っていたとしても、グループの意見に流れてしまう。それが、グループが正しいことを言っていないことが明白なときでさえ起こるのだ。

ソロモン・アッシュは間違っていた。正しいのはシェリフのほうだった。**答えが明らかであるときでも、人は他人のまねをする。**[2]

## サルだってまねをする

次の状況を想像してみよう。今日はとても暑い日だ。ほんとうに暑い。あまりの蒸し暑さに、鳥たちのさえずりも聞こえてこない。喉がカラカラに渇いたあなたは、冷たいものを飲もうと町のファストフード店に立ち寄った。カウンターに近づいていくと、店員が注文を訊いてきた。

さて、炭酸入りの清涼飲料水がほしいとき、あなたはどんな言葉でそれを表現するだろうか？なんと言って店員にそれを伝えるだろうか？「○○をください」と言うとき、○○にはどんな言葉が入るだろうか？

その答えは、育った場所によって異なる。ニューヨーク、フィラデルフィアや合衆国北西部の出身者なら「ソーダ」と言うだろう。だが、ミネソタや中西部、グレートプレーンズ方面の出身者なら「ポップ」と言って注文するだろう。そして、アトランタ、ニュー・オリンズや南部出身者の多くは、「コーク」と言うだろう。たとえそれが〈スプライト〉であっても。

（ためしに一度、南部へ行ったら〝コーク〟を頼んでみてほしい。店員は種類を訊いてくるので、そこで、スプライト、ドクター・ペッパー、ルートビア、あるいは普通《レギュラー》のコークのいずれかを伝えればいい）[1]

**育った場所やまわりにいる人々がもつ規範や慣習などは、私たちの言葉からふるまいまで、あ**

**らゆるものを規定する**。子供は親が信仰する宗教の考え方を身につけ、大学生はルームメイトの勉強の習慣を取り入れていく。どのブランドの商品を買うとかいった単純なことから、どんなキャリアを追求するかといったもっと重大なことまで、私たちは、まわりの人たちがするようにものごとを決めていく傾向がある。

他者をまねるというこの傾向は非常に根本的なものであり、動物でも確認されている。

ベルベット・モンキーは、おもに南アフリカで見られる小型のかわいいサルだ。大きさは小型犬くらいで、体は薄い灰色、顔は黒く、胸のあたりにふさふさとした白い毛が生えている。一〇匹から七〇匹くらいの集団で生活し、オスは生殖可能な年齢になると独り立ちしてグループを替える。

この種のサルは人間に似た特徴を持っているため、科学者の研究対象になることがよくある。高血圧にもなるし、不安にもなるし、アルコールの消費に関しては、付き合いで飲むし、飲んだくれることもある。人間と同じく、ほとんどは朝よりも午後に飲むのを好むが、酒飲みの個体なら朝からでも飲むだろうし、中には気絶するまで飲む者もある。

そのような野生のベルベット・モンキーに、科学者らがある特定の食べものを避けるよう条件づけたという、よくできた研究がある[3]。

研究では、科学者たちはトレーを二枚用意し、一方には赤く色づけしたトウモロコシを入れ、もう一方には青く色づけしたトウモロコシを入れて、ベルベット・モンキーたちの前にさしだした。あるグループのサルたちに与えたトウモロコシは、赤いほうだけ苦くて嫌な味のする液体に浸けたものにしておいた。また、別のグループのサルたちに与えたトウモロコシは色を逆にしておいた――青は不味くて、赤は普通の味だ。

次第にサルたちは、不味いほうの色のトウモロコシを食べなくなっていった。一方のグループのサルたちは赤いトウモロコシを避け、もう一方のグループのサルたちは青いほうを避けるようになった。ちょうど北東部のソーダと中西部のポップと同じように、局地的な規範が形成されたのだ。

だが、科学者たちのねらいは、そのサルたちを条件づけすることだけではなかった。彼らの関心は社会的影響力にあった。もし、それぞれのグループに、トレーニングされていない新入りのサルが加わったらどうなるだろうか？

それを確かめるために、研究者らは色つきのトウモロコシを与えるのをいったんやめて、数カ

---

1　あるいは、今同僚とオフィスにいるとしよう。あなたはそろそろランチに出たいのだが、みんなは締め切りに追われていて一緒に出られない。礼儀正しいあなたは、グループのみんなに何か買ってこようかと尋ねる。そのときになんと声をかけるだろうか――つまり、ふたりかそれ以上のグループの人たちに、どんな呼びかけの言葉を使うだろうか？「〇〇、何か買ってきましょうか？」というとき、〇〇にはなんという言葉が入るだろうか？

答えは簡単に思える。だが、ここでも、それはまわりに誰がいるかによって変わってくる。西部や北西部の人なら、「ユー、ガイズ」と言うだろうし、南部出身者なら「ヤール」となるだろう。フィラデルフィアやボストン出身者なら、「ユーズ」という言葉を使って、「みなさん、何か買ってきましょうか？《ユーズ・ガイズ・ウォント・サムシング・フロム・ザ・ストア》」のように言うかもしれない。

月、新たに赤ちゃんザルが生まれるのを待った。そして、それからまた赤と青に色づけしたトウモロコシを入れたトレーをさしだした。ただし、今度は不味い味つけはしていない。赤いトウモロコシも青いトウモロコシもどちらも味はよい。

赤ちゃんザルは、どちらを選ぶだろうか？

ピンクのトウモロコシも青いトウモロコシも同じように味はよいので、赤ちゃんザルはどちらにも手をつけるはずだった。だがそうはならなかった。どちらかの色が苦かったときにはまだ生まれていなかったにもかかわらず、赤ちゃんザルはグループのほかのサルたちのまねをしたのだ。母ザルが青いトウモロコシを食べなければ、子ザルも同じように食べなかった。赤ちゃんザルの中には、それが食べものである可能性さえ考えることなく、食べないほうの色のトウモロコシの上に座り、もう一方の色のトウモロコシを食べるサルもいた。

同調はとても強力で、サルを別のグループに移すと、食べるトウモロコシの色が変わった。研究期間中に、年長のオスザルが別のグループに移るというケースがいくつかあった。何匹かは赤を避けるグループから青を避けるグループへ移り、その逆もあった。その結果、それらのサルは食べものの嗜好も変化した。グループを移動したサルは、移動先の規範を採用し、そのグループで慣例となっている色を選んで食べるようになった。

私たちは、子供のころから炭酸入りの清涼飲料水を「ソーダ」と呼んできたかもしれないが、同じアメリカ合衆国内でも違う地域に行ってみれば、呼び方は変わってくる。それを「コーク」

と呼ぶ人々に囲まれて二、三年もすれば、自分も同じように「コーク」と言っているのに気づくかもしれない。サルも人も、周囲のまねをするのである。

## なぜ人は同調するのか

数年前になるが、コンサルティングの仕事でサンフランシスコを訪れたときのことだ。当地をご存じの方ならよくおわかりだが、サンフランシスコのある米国西海岸のベイエリアは一年を通して天気が変わりやすい。この地域は、夏はそれほど暑くならず、冬もそれほど気温は下がらない。だが、一年中、どの日をとっても、その日の天気が予測しにくい。気温は十一月に二一℃になることもあるし、七月に一〇℃まで下がることもめずらしくない。まさに、〝私がこれまでに経験したいちばん寒い冬は、サンフランシスコの夏だ〟という有名な言葉があるとおり――一般にはマーク・トウェインの言葉だといわれている（が、そうでないともいわれている）――の気候だ。

それは十一月のことだった。東海岸から飛行機で現地へ向かった私は、分厚い冬のコートを持っていた。だが、サンフランシスコでの最初の朝、ジレンマに陥った。持ってきたコートを着ていくべきか否か？　天気予報を見ると、その日の気温は十四、五℃から十七、八℃くらいというが、判断に迷った。ちょうど寒くもなく暖かくもない中途半端な気温に思える。さて、どうしたものか。

私は自分の勘だけにたよるのはやめて、昔ながらのテクニックを使った――窓の外に目をやり、街を歩く人々の服装を観察することにしたのだ。

私たちは、どうしていいか自信がもてないとき、まわりの人を見て判断の参考にする。たとえば、道路の駐車スペースを考えてみてほしい。車を停める場所を探して、さんざん走りまわったあと、道路の片側に一台も駐車車両のない通りを見つけたとする。やった！ と思うだろう。だが、喜びはすぐに心配に変わる。〝誰もここに停めないなら、自分も停めるべきではないのではないか。道路掃除かイベントか何かで、駐車禁止になっているのかもしれない〟と。

だが、もし、二、三台先に駐車している車があったら、そんな心配は出てこない。そこに停めていいのだと、確信がもてるはずだ。

どのドッグフードを買うべきか、あるいは、どの幼稚園にわが子を通わせるべきか。ほかの人たちはどうしているかを知ることで、自分にとって何がベストかのヒントが得られる。似たような品種の犬を飼っている人と話せば、自分が飼っている犬の大きさや運動量に合わせたペットフード選びの参考にできる。同じ年頃の子供のいる人と話せば、先生と子供の数の比率や勉強と遊びのバランスがよい幼稚園はどこかを知るヒントが得られるかもしれない。

暗室の中で光の点がどれだけ動いたかを判断するために、実験の参加者たちがほかの人をあてにしたのと同じように、私たちは、自分がよりよい決断をするための有用な情報源として、他人を頼ることがよくある。

**他人を情報源として利用すれば、自分の時間と労力が節約できる。**毎週新しいブランドのペットフードを飼い犬に与えて試したり、地域にある幼稚園のパンフレットを何日も費やして読みくらべたりしなくても、他人は使える近道を教えてくれる。これは意思決定を単純化するひとつの経験則だ。**もしほかの人がやっているなら、それを選べ。**あるいは**ほかの人もそれが好きなら、それはいいことに違いない。**

だが、ここで、線の長さの実験を振り返ってみると、人まねは単なる情報だけの問題ではないことがわかる。たとえ答えを知っているときでも、他人の行動は、やはり自分の行動に影響を与えることがある。そしてその理由は、周囲からのプレッシャーにある。

職場の同僚たちと、いい感じのレストランで食事をすることになったとしよう。このところ会社の業績がいいので、お祝いのために上司がみんなを連れだしてくれたのだ。昔ながらの人気メニューに斬新なアイデアを組み合わせた〝新アメリカ料理〟が売りのお店だ。メニューは、〝ロブスターマカロニ&チーズ〟から、ポークの代わりにキハダマグロを使ったスロッピー・ジョー[トマトソースなどで味つけした成形していないひき肉をはさんだハンバーガーのような食べ物]ならぬ〝アン・スロッピー・ジョー〟まで、豊富にそろっている。前菜もメインディッシュも素晴らしく、みんな楽しく飲んでおしゃべりをして過ごした。

さて、食事が終わり、コーヒーとデザートを注文する時間になった。このレストランはデザートの評判もいい。キーライムパイは見るからにおいしそうだし、ダブルチョコレートケーキも捨てがたい。むずかしい選択だ！　あなたは、誰かが先に選ぶのを待ち、そのあいだ、もう少し考えることにした。

ところが、そのとき、おもしろいことが起こった。あなた以外の全員が、デザートはいらないと言ったのだ。

ひとり目の同僚は、お腹がいっぱいだからと丁寧に断った。ふたり目は、ダイエット中だからという理由で注文しなかった。その次の人も、その次も、テーブルにいた全員がデザートは食べないと言ったのだ。

あなたの番が来て、ウェイターが尋ねる。「デザートはいかがいたしますか？」

このシチュエーションは、アッシュの線の長さの研究と似ている。自分のほしいものは決まっている――デザートを注文したい。チョコレートケーキとキーライムパイ――。どれとどれが同じ長さの線なのかがわかっていたのと同じだ。だから、あなたにとってよりよい決断をするのに、他人から有用な情報を提供してもらう必要はない。ところが、たとえそうであっても、こういう場面では、デザートをパスしたほうがよいような気がしてくるのだ。

ほとんどの人は、周囲から好かれたいと思っている。受け入れられたいと思っているし、少なくとも退け者にされたいとは思っていない。すべての人からでなくても、たったひとり、気にかけている相手からだけであっても、その人からはそうありたいと思っている。バスケットボールのチームメンバーとして最後にしか選んでもらえなかったり、結婚式に呼んでもらえなかったりした経験があれば、ひとり取り残されるのが気持ちのいいことでないことを知っている。

このことはデザートを注文する場合にも当てはまる。もちろん、美味しいデザートを注文するのがあなたひとりであってもかまわない。ひとりでデザートを食べてはいけないという法律はどこにもないのだから。それでもやはりひとりだけ注文するとなると、変な気がする。みんなから自分勝手だと思われているような、あるいは自分だけ悪目立ちしているような気持ちになるものなのだ。

だから多くの場合、人々は同じ方向に進む。みんながデザートを頼まなかったのは、誰も頼まなかったからだ。ただ、そのグループの一員であるためにそうしたのだ。

けれども、情報と周囲からのプレッシャーを別にしても、人々が同調するのにはもうひとつ別の理由がある。

## まねで交渉を成功させる

たまにだが、鏡を見たとき、鏡の中からこちらを見ている顔が、自分以外の顔に見えることがある。

ほとんどの人の顔は、両親のどちらにも似たところがあるものだ。鼻は父親似だが、目元は母親に似ているとか、顎のラインは父親のものだが、髪は母親譲りだ、とか。

私の場合、とくに髪を切ったあとなどは、鏡の中にいるのは兄ではないかと思うことがある。五歳違いの兄と私はよく似ている。よく似た顔の造り、よく似た口元。髪は私のほうが癖が強いが、それでもだいたいはよく似た感じだ。

遺伝子が大きな役割を果たしているのは間違いない。ふたりの人間が、同じ両親から生まれてきたのなら、遺伝子構造も似ていることだろう。どの特徴が表にあらわれるかによって、きょうだいというのは、鏡像のように見た目が似てくることもあるのだ。

だが、きょうだいが似るのは、遺伝だけが理由ではない。なぜならきょうだいではなく夫婦でも互いに似てくることはあるからだ。夫婦というのは、血縁関係がなくても顔が似てくるものだ。ためしに、一組の夫婦と、ランダムに選んだ夫婦ではないふたりの男女をくらべてみれば、夫婦のほうが互いに似ているのがわかる。

このように顔が似るのは、ひとつには、同種婚によるものだ。人は、年齢、国籍、人種的背景が自分と似た相手を結婚相手に選ぶ傾向がある。スウェーデン人はスウェーデン人と、二〇代の人は二〇代同士で、南アフリカの人は南アフリカの人と結婚する傾向が強い。ことわざにあるとおり、類は友を呼ぶのである。

さらに、人は自分と見た目の似た人を好きになる傾向がある。あなたの顔が卵型であったり、頬骨が高かったりするなら、卵型の顔や頬骨の高い人がより魅力的に思えたりする。前述の目にする機会が多いほど好感が増す例と考え方は同じだ。このことすべてが、少なくともいくぶんかは自分と似た人を結婚相手として選ぶように、人々を促す。

だが、話はここで終わりではない。なぜなら、長い時間のあいだに、パートナー同士はもっと似てくるからだ。どんな夫婦も、はじめは似ているところが少しある程度かもしれないが、年月が経つうちにどんどん似てくる。それはまるでふたつの顔が少しずつ形を変えて、最後にはひとつに重なるようなものだ。銀婚式を迎えるころには、夫婦の顔は〝同じ莢のエンドウ豆〟のように瓜ふたつになることもある。

このことは、年齢や同じ環境を共有しているせいだということもできるが、これらの要因から説明できるだけでなく、夫婦というのは、人が思う以上に似てくるものだ。

なぜなら、そこにはそれら以上に目立ちにくいメカニズムがはたらいているからだ[4]。幸せや悲しみ、その他の感情をもったとき、私たちの顔はそれに合わせて表情を変える。楽しければ笑みを浮かべ、悲しくなれば顔をしかめ、怒ったときには眉根を寄せる。

ひとつひとつの感情の表現はその場限りで消えてしまうものであっても、長年それが繰り返されれば、その跡が顔に刻みこまれる。〝カラスの足あと〟と呼ばれる目じりの小皺は笑い皺ともいわれ、その人の笑う習慣からもたらされる。紙の折り皺のようなもので、何度も折れば、それだけ深く刻みこまれるのだ。

ここで言えるのが、私たちの感情というものは、実は独立していないということだ。人にはまわりの人の感情表現をそっくりそのまま写しとる、つまり模倣するという傾向があるからだ。友だちがジョークを言いながら笑っていれば、あなたも同じように笑うだろうし、悲しい話を聞かされたなら、あなたの顔も悲しそうな表情に変わるだろう。

情動模倣というこの傾向は、とくに夫婦間でよく見られる。互いの顔を見て、声を聞きながら長い時間を過ごすふたりは、職場での出来事や、店が閉まるのが早くてどれほど不満かといったことを強調して話したりする。

その結果、ふたりの人間は、単に空間と食事を共有しているだけでなく、感情をも共有することになる。共に笑い、共に泣き、怒りさえをも共にする。笑い皺は、ジョークを言っている本人にもできるが、それを聴いているパートナーも一緒に笑い皺を増やしている。**長年にわたって、模倣によって顔が似ていくのだ。同じ表情を同じときに表現することによって、わずかずつでも似た痕跡が顔に残っていく。**[2]

カメレオンは、驚くべき生きものだ。多くの動物と違って、左右の目の動きが互いに連動せず、別々に動かすことができるので、ほとんど三六〇度を見まわすことができる。それに、舌もすごい。カメレオンの舌は、体長の倍ほどの長さがあり、獲物を見つけたときには、時速十五マイルの速さで飛びだしてとらえる。

とはいえ、カメレオンといえば、特徴的なのはやはり変色する能力だろう。まわりの環境に合わせて、体の色を変えることができるというあれだ[5]。

実は人間も似たようなことをしている。肌の色こそ変えないが、私たち人間は、顔の表情、身振り、行動、さらには言葉までも、まわりの人に合わせて変化させている[6]。

私たちは、ほかの人たちが笑えば笑い、誰かがつらそうにしていれば、顔をしかめ、テキサス出身の友だちと話すときは、「ヤール（Y'all）」と呼びかけたりする。会議で同席している人が顔に手をやったり、脚を組んでいたりすれば、私たちも同じようにしていることはよくある。それも知らず知らずのうちに。

他人をまねるというこの傾向は、私たちがこの世に生まれ落ちたときから見られるものだ。生後二日の赤ちゃんは、ほかの赤ちゃんが泣きだすとそれに反応して泣きだすし[7]、世話をしている人の感情表現をまねする。誰かが舌を出しているのを見れば、あなたの子供も同じように舌を出していることだろう。

そして、こうした模倣は、全部無意識のうちにおこなわれている。誰かが椅子の背にもたれているときに、自分も同じようにしていてもそれを意識していることはないし、友人がテキサスな

2　長い年月を経て、互いに顔が似ていく夫婦ほどよい結婚生活を送っているとの報告もある。心配ごとや悩みを共有し、ふたりのあいだで繰り返し強調し合うことは満足感の高まりにつながる。だが、少しずつ互いのまねをしながら年月を共にすると、幸せになれるだけではない。それにより、ふたりの顔が似ていくことになるのだ。

まりで話すからといって、同じ話し方はしないようにしようとは考えない。
だが、**自分では気づいていなくても、私たちは周囲にいる人の行動を、絶えず、そして自動的に模倣している。ちょっとした動き、姿勢、行動に、目の前にいる相手のそれを写しとっているのだ。そして、相手もまた同じことをしている。**

この模倣という現象が神経科学的に解明されることになったのは、ひとつのアイスクリームがきっかけだった。

イタリアのパルマで、ある暑い日のこと、一匹のサルが、神経科学の研究室の片隅に置かれた檻の中で、ランチに出かけた研究者たちが帰ってくるのを待っていた。頭には電極がつけられ、細い線で大きな機械につながれている。おもに計画や動作の開始に関与する領域であり、とくに手や口の動きと関連が深い前運動野の活動を記録することが目的だ。

サルが手または口を動かすと、関係する小さな脳細胞が発火し、モニターに音が記録される。[8]サルが片手を上げると、モニターは、ビッ、ビッ、ビッ、ビッ……ビッと音を立てて反応する。そして、その音が研究室に響きわたる。

それまでのところ、研究はおおむね予想通りに進んでいた。前運動野のニューロンは、サルがさまざまな動きをするたびに発火した。ひとつ動くたびに、記録装置から、ビッという大きな音がした。研究者たちは、装置をつけっぱなしにしたまま、食事に出かけていた。

そこへ帰ってきたひとりの大学院生が、アイスクリームコーンを手に研究室に入ってきた。そして、そのアイスクリームコーンをマイクのようにさしだした。

サルは興味を示し、アイスクリームコーンをものほしそうに見ていた。

意外なことが起こったのは、そのときだった。大学院生がアイスクリームを自分の口に近づけたとき、モニターの方から、ビッ、ビッと音が聞こえたのだ。

サルは動いていないのに。

大学院生は、もう一度、アイスクリームを口に近づけながら、サルのほうへ歩み寄っていくと、また、ビッ、ビッとモニターが反応し始めた。サルが動いていないとしたら、計画や動作の開始に関連する脳の領域が発火したのはなぜなのか？

明らかになったのは、サルの脳内で、サル自身が何かの動きをしたときに発火する細胞が、誰かがそれと同じ動きをしたのを見たときにも発火するということだった。

その細胞は、サルが手を口にもっていくときに発火する細胞だったのだが、大学院生がアイスクリームを口に近づける動きを見ていただけでも、同じように発火したのだ。のちの実験で、その細胞は、サルがバナナを手にとったときにも発火したが、ほかの誰かがバナナを手にとったときにも同様に発火したことも示された。

同様の細胞の発火は、サルが音を聞いたときにも起きた。サルがピーナッツの殻を割ってあけたときと同様に、ほかの誰かがピーナッツの殻を割ってあけたときにも発火したのだ。他者の行為を観察することが、サルの脳に、その行為をシミュレーションさせたのだ。こうして、イタリアの研究者たちは、今日〝ミラーニューロン〟として知られるものを発見したのだった。

この、サルにおける最初の発見以降、ミラーニューロンは人間においても発見されている。誰かが何かの行為にかかわっているのを見ることで、その行為に関係する脳の皮質領域が活性化される。他者が何かをつかむのを見るだけで、実際にそれをつかんだときと同様に、運動誘発電位、すなわち筋肉が動く準備ができていることを示すシグナルが発生する。[9]

他人の行動は、こうして、私たちにすぐに行動できる構えをとらせることがある。誰かの行為を観察することによって、私たちの脳は活性化され、同じ行為を楽に始められるようにすることができるのだ。会議中に背筋を伸ばして座っている人を見たとき、誰かがボウルからキャンディをつかみとっているのを見たとき、その人たちの行為に誘発されて、自分も同じことをしているのに気づくことがあるかもしれない。私たちの脳は、そして筋肉は、人まねをするようにできているのである。[3]

＊＊＊

われわれ人間は、もともと他人をまねるようにできているということ自体が興味深いが、行動を模倣することにもまた重要な意味がある。自分が他人をまねることはわかったが、では、他人にまねをされるときには、何が起こっているのだろうか？

ジェイクは交渉が嫌いだった。とても苦手で、車を買うにしても、値下げ交渉をするくらいなら、定価で買うほうがましなくらいだった。eBayの〈メイク・オファー〉で希望価格を提示するだけでも、パニックに近い状態になる。職場で報酬額の希望を伝えたときも、仕入れ先の担当者と話すときも、交渉のプロセスだけはどうしても避けて通りたいと思っていた。強制されている気がするし、対立的で議論がましく思えるのが嫌なのだ。

そんな彼だが、ある火曜の夕方、よりによって、ガソリンスタンド売却をめぐる緊張感あふれる交渉の場に臨んでいた。

ジェイクは今、MBAのクラスの演習で、ガソリンスタンドのオーナーの役を割り振られ、こ

3 ミラーニューロンは、知識の獲得を容易にするために進化してきた可能性がある。人は生まれてすぐに、何百もの新しいことを学ぶという気の遠くなるような課題に直面する。微笑むことから手足を動かし、歩き、話すことまであらゆることを覚えなくてはならない。それはまるで、とつぜんに宇宙船の操縦席に座らせられ、「さあ、あなたが操縦しなさい」と、言われるようなものだ。すべてが未知のことなのだから。

ミラーニューロンは、学習の加速を助ける。たとえば笑い方などは、自分ひとりで理解しようとするよりも、誰かがやっているのを見たほうが促進されやすいはずだ。それは、赤ん坊の顔の筋肉が笑うために必要なステップをとれるよう制御する脳の領域を準備させ、そうすることで、赤ん坊自身が同じ行為をおこなうことを容易にする。

そもそも、学習することによって、ミラーニューロンが生まれるという説もある。学習を始めるまえには、さまざまな行為をコーディングする感覚ニューロンと、それらの行為に関与する運動ニューロンのあいだには、つながりはあまりないかもしれない。だが、自己観察、もしくはまわりの大人が赤ちゃんと同じ表情を示すような状況において、行動を観察する感覚ニューロンの活性化と、行動を起こさせる運動ニューロンの活性化が関連づけられる可能性はある。同時に活性化されることでつながりが増え、最終的にミラーニューロンの形成につながるということだ。ニューロンが同時に発火し、つながっていくのである。

れからスーザンを相手に交渉をおこなわなければならない。よい値段でガソリンスタンドを売ることが彼の仕事だ。

このオーナーは妻とともに、これまでの五年間、一日十八時間働いて、長年の夢だった世界一周クルーズの資金を貯めたところだ。ロサンゼルス港を出発して、本でしか読んだことのない何十もの土地を二年かけてめぐる船の旅に出るのだ。すでに見つけた美しい中古の船を買うための頭金は払いこんであり、修繕も始めている。

問題はただひとつ、ガソリンスタンドをどうするかだ。旅の資金ももう少し必要なので、売っていかなければしかたがない。オーナー役のジェイクは、まずはガソリンスタンドを売ってしまおうと考えた。旅費を支払うためにはすぐにでも売ってしまう必要があるのだが、同時にそれなりの価格でなくてはならない。

スーザンはテーブルをはさんで向かいに座っている。

彼女の役は、大手エネルギー会社テックスオイル社の担当者で、ジェイクのガソリンスタンドに興味を持ち、買収の交渉にやってきたという設定だ。同社は戦略的な事業拡大計画の一環として、ジェイクのところのような独立系のガソリンスタンドの買収を進めているところだ。

交渉を始めるにあたって、ジェイクはまず、このガソリンスタンドがいかに素晴らしいかを話し始めた。競合が少ないので、これは絶好の投資機会になる。さらに、この十年間で地価が上昇したおかげで、不動産価値も上がっており、テックスオイル社が一からガソリンスタンドをつくるとしたら、ずっとコストがかかるだろう、と。

スーザンは、このガソリンスタンドの沿革に触れ、褒めることから始めたが、必要になる設備投資の大きさにからめて対抗意見を出してきた。ポンプを新しいものに替えて、修理スペースも最新式にするには、かなりの設備投資が必要になる。テックスオイル社は、それを踏まえた相当額しか払えない。

交渉の場ではよくあることだが、双方とも自分の側がよく見える事実を中心に話を続けた。なぜ自分の思う価格が適切なのかを主張し、その裏付けにならない不利な情報は伏せたままだ。

そして、最後に双方が希望する価格を提示した。

スーザンが提示した買取価格は、四一万ドル。ジェイクは、丁重に断り、自分の希望価格として六五万ドルを提示した。スーザンは少し金額を引き上げた。ジェイクも自分の提示価格を少し引き下げた。

三〇分後、まだ合意には達していなかった。

こうした交渉の演習課題は、学生が交渉力をつけるためにデザインされている。現実に即した交渉の場面を演じることで、学生たちは相手の心理を探る経験を積み、どの程度自分の側の情報を開示すべきかを判断し、そして、どのように取引をまとめるかを学ぶのだ。

だが、一見した感じ、この交渉は残酷なジョークのように思える。ここには、**合意可能領域**

（zone of possible agreement：ZOPA《ゾーパ》）が存在しない。

＊＊＊

交渉において、ＺＯＰＡとは、買い手と売り手が、交渉を決裂させるよりも合意したほうが双方ともにハッピーでいられる領域を意味する。もしあなたが、家を一〇〇万ドル以上なら喜んで売りたいと思っていて、その家を一二〇万ドル以下なら喜んで買いたいと思っている人がいるなら、そこに、二〇万ドルという幅で、合意できる可能性のある合理的な領域が存在している。提示価格が一〇〇万ドルから一二〇万ドルの範囲ならば、売買は成立するわけだ。

もちろん、誰だってできることなら、なるたけ多くの余剰分を手に入れたいと考える。売り手であるあなたにとっては、一二〇万ドルで売れたほうがいいわけだ。二〇万ドル余分に入れば、車を買ってもいいし、子供の学費に充ててもいいし、まえからほしかったヴェルヴェット・エルヴィスの絵を買うことだってできる。そして、買い手の側はもちろん、支払いが一〇〇万ドルですむならそのほうがいい。この場合、双方ともこの二〇万ドルを自分のものにして、ヴェルヴェット・エルヴィスの絵をリビングに飾りたいと思うはずだ。けれど、この場合、余剰分がいくら自分の手元に残るかに関係なく、交渉を決裂させるよりも、この領域の中で手を打ったほうがいいと考えるはずだ。

また、ＺＯＰＡがもっと小さい、こんなケースもある。売り手であるあなたは、一〇〇万ドル以上ならいくらであっても売ってよいと考えている。一方、買い手は、一〇〇万ドルまでしか出したくないと考えている。その場合、交渉可能な値幅はかなりせまい。買い手はとにかく言いたいことをまくし立てる。八〇万ドルでも九〇万ドルでも、九九万九〇〇〇ドルでもかまわないというが、しかし、それを上回る価格でなければ二者のあいだに取引は成立しない。どちらにとってもヴェルヴェット・エルヴィスの選択肢はない。

結果的に、ZOPAが小さければ小さいほど、交渉はむずかしくなる。ZOPAが大きければ、双方とも控えめな話し合いですませられる。最初から自分に有利な金額を出したとしても、合意の余地は充分にある。けれども、ZOPAがせまければ、それだけ合意はむずかしい。双方に譲歩の気持ちがなければ、話し合いは進まない。その結果、取引が成立しないということもよくあることだ。

先ほどのテックスオイル社との交渉を見てみると、状況はもっとひどい。両者の要求が重なり合う領域がまったくないのだから。テックスオイル社がスーザンに認めた提示価格の上限は、ジェイクが受け入れられると考える価格の下限よりも少なかった。両者とも、それぞれに可能な限度額ぎりぎりの価格を提示しているが、それでもまだ取引は成立しない。こうなると演習自体が無駄に思えてくる。

幸いにも、救いはひとつあった。

金額では条件が合わなくても、その裏にある両者の関心は一致している。テックスオイル社はガソリンスタンドを買いたいと思っているのだが、将来的にその経営を任せるよいマネージャーが必要になってくる。そして、売り手は、この五年間ガソリンスタンドを経営してきた素晴らしいマネージャーだったわけで、しかも、今は売却する必要があっても、世界一周クルーズから帰国したときには、また仕事を探さなければならないという事情があった。希望が見えてきた。

もし、両者がそこに共通の利益があることを認識し、そしてクリエイティブに取引を進めることができたなら、まだ合意の余地はある。ここでふたりに求められるのは、ガソリンスタンドの売買価格そのものだけでなく、他の側面も含めて考えることだ。買い手は希望買い取り価格として出せる金額の上限を提示した上でさらに、売り手が世界一周旅行から帰ってきたときに、ガソリンスタンドのマネージャーとしての安定した仕事を保障できればどうだろう。そういう契約なら、ガソリンスタンドのオーナーは旅費をまかなえるうえに、帰国後の仕事も確保できる。

合意は不可能ではなかった。だがそのためには、双方がそれぞれの内情を相手に伝えてもよいと思える程度の信頼関係が必要だった。ジェイクが演じたマネージャーは、ガソリンスタンドを売りたい理由が、長期休暇を取って旅に出たいからだということを話さなければならなかった。そして、スーザンが演じたテックスオイル社の担当者は、買収したあとに将来そのガソリンスタンドの経営をまかせられる人材が必要であることを伝える必要があった。売り手は買い手を信頼しなくてはならず、また逆も同じだった。

だが、一回限りの交渉の場では、信頼が大事であることにまで思いいたる人はなかなかいない。どちらも相手方からできるだけたくさんの価値を引きだすことに没頭し、自分の側の価値を保ちつづけるために、いかにして出す情報を少なくとどめるかに一生懸命になりがちだ。旅行に出るのだと言ってしまうと、交渉上の立場が弱くなるかもしれない。だから、ジェイクと同じ立場なら、多くの人は言わないでおこうとする。

では、スーザンはどのようにしてジェイクに信頼してもらえたのだろうか？　彼の信頼を勝ちとり、価値のある、個人的な情報を伝えてもらうことができたのはなぜだろうか？　そこには、ある秘訣があった。それは、ジェイクとスーザンの交渉を五倍成功しやすくするシンプルな秘訣であり、それを使えば、交渉が合意につながる確立が五倍高くなり、ほとんど無理だと思える状況でもそれが可能になるというものだ。[10]

その秘訣とは？

それは、**交渉相手のまねをすること**だ。

研究者たちは、交渉の場において、買い手が売り手の信頼を得るのに、行動の模倣が役立つのではないかと考えた。そこで何組もの学生に、ジェイクとスーザン役で同じ交渉場面のロールプレイをさせてみた。その際、半分のペアについては、買い手役の学生に、相手役の動きや特徴を少しまねるように指示しておいた。売り手が顔をこすれば、買い手も同じように顔をこするというようにしてみたり、売り手が椅子の背にもたれたり、前のめりになったりすれば、買い手も同じようにするといったことだ。そうしたことを、あからさまにではなく、はたから見てもわからない程度に、控えめにおこなうのだ。

ばかばかしいことに思えるかもしれない。たかが顔をこするとか、椅子の背にもたれたりするくらいのことが、どうして取引の成否を左右するというのか？

ところが、本当にそうなった。交渉相手の特徴をまねたグループでは、まねをしなかったグループとくらべて交渉がうまく展開したペアが五倍多かった。まねをしなかったグループでは、ほとんどどのペアで双方納得のいく合意に至ることがなかったのに対して、まねをしたグループでは、与えられた時間の三分の二の時点で合意が成立していた。

模倣が対人的なやりとりを促進するのは、それによって信頼関係《ラポール》が形成されるためだ。模倣は接着剤のように人と人とをつなぎ合わせ、結びつける。目の前の人が自分たちと同じようにふるまっているとき、そこには〝われわれ vs. 彼ら〟という構図はなく、自分たちが互いにもっとつながり合っているものとして見るようになる。より近い、より相互依存的なものである、と。知らず知らずのうちに。

誰かが自分と同じようなふるまいをしたり、似た動きをするのを目にするとき、私たちは、相手と自分には共通点がある、あるいは同種の仲間だと推論することがある。ひとつにはこれは、類似性と親近感の関係によって後押しされるからかもしれない。私たちに周囲の人のまねをするという傾向があることを考えると、目の前で誰かが自分と同じことをするのを見ることが、その人と自分がなんらかのかたちでつながっていると無意識的に示すシグナルとしてはたらいている可能性がある。もし誰かがあなたと同じ言葉のなまりをもっていたり、同じブランドが好きだったりすると、親近感や結びつきを感じるものだ。こうしたつながりが、さらにもっと大きな好感につながり、それがスムーズなやりとりにつながっていく。

結果として、模倣は、あらゆる種類の人間関係に影響を及ぼしていく。[11] 婚活パーティーでは、互いに話し方がうまく模倣されていたカップルのほうが、そうでないカップルとくらべてまた会いたいと思う割合が三倍多かった。付き合っているカップルの場合も、話し方が似ているカップルのほうが、そうでないカップルよりも、三カ月後も付き合っている可能性が五〇%高かった。

模倣はまた、仕事の成功にもつながっていく。**模倣は交渉において、合意の形成を促進するだけでなく、交渉をする人が価値を生みだし、自分のためにもっと価値を求めることを可能にする。** インタビューにおいては、インタビュアーをよりくつろいだ気分にさせ、パフォーマンスを向上させる。小売業界においては説得力を高めるものになる。

実際、私たちが他人をまねしないのはどんなときかと考えてみると、それは、その人と関わりを持ちたくないときだ。現在の恋人との関係に満足している人は、たとえば、ほかに魅力的な異性がいても、その人をまねることは少ない。他人とつながりをもちたくないときだけは、生まれつきそなわっているはずの癖が出ないのだ。[4]

ここまでのところで、人はしばしば他人と同じことをするものだということははっきりした。

では、この性質を利用して、人気者になることはできないだろうか？

## 同調が大ヒットをつくりだす

最初は足だけが見えている。その足が教室の机のアルミの脚をトントンと蹴っている。そして、鉛筆が映り、教科書の上でリズムをとっている。そのあと、ようやく少女の顔が現れる。頬杖をついて、時計の針が午後三時を指すのを待っているのだ。

秒針が、二時五九分五七秒、二時五九分五八秒……とゆっくり進んでいく。秒針が時を刻む音が教科書を叩く鉛筆の音と重なり、時計を見つめる生徒の顔にカメラが近づいていく。いつになれば、授業は終わるのだろう？　教師さえも、それが待ちきれない。

そしてついに、終業を知らせるベルの音が鳴り響く。生徒はかばんをつかんで立ち上がり、廊下へと飛びだしていく。

そこで四拍子のリズムに乗って〝オ、ベイビー、ベイビー……〟と、ハスキー・ボイスの歌が始まり、ビートが続く。〝オ、ベイビー、ベイビー……〟

カメラは、くすんだブロンドのおさげ髪をピンクのリボンで結わえたティーンエイジャーにズームインする。カトリック系の女子高生のようだが、本当の学生というよりは、ハロウィーンのコスチュームのような制服を着ている。白いシャツをへその上でしばり、黒いミニスカートに黒いハイソックス。腰を揺すってさっそうと歩き、廊下に出てきたほかの学生たちも加わって、ダンスナンバーに合わせて動きをそろえて踊りだす。〝オ、ベイビー、ベイビー、ハス・ワズ・アイ・サポーズド・トゥ・ノウ《どうして私にわかるというの》……？〟

一九九八年の初秋、そんなふうに、世界はブリトニー・スピアーズと出会った。

＊＊＊

〈ベイビー・ワン・モア・タイム〉は、単なるデビュー曲ではなかった。それは爆発的なヒットとなった。世界的に売り上げの記録を更新し、シングル曲としては史上最大級のヒットとなった。そのミュージック・ビデオは、ビルボード誌が一九九〇年代のベスト・ミュージック・ビデオと呼び、ポップミュージック界において、史上三番目に影響力のあるミュージック・ビデオとして得票数を集めた。同じタイトルで発売されたアルバムは、アメリカ合衆国内においてプラチナディスク十四枚を獲得し、全世界で三〇〇〇万枚超の売り上げを記録した。十代のソロ・アーティストのアルバムとしては、もっとも売れた作品であり、史上もっとも売れたアルバムのひとつとなった。

4　こんなふうに、模倣は対人的なやりとりの中の標準的な部分であるため、逆に模倣がおこなわれなければ、人は拒絶された気分になる。相手と同じことをしてはいけないと言われた状態でやりとりしているとき、相手方は所属欲求が高まり、ホルモンの分泌量が増える。

幸先のよいスタートではあった。

ただ、〈ベイビー・ワン・モア・タイム〉は、それに続くさまざまな出来事の前触れでしかなかった。彼女のセカンドアルバムである〈ウップス!……アイ・ディド・イット・アゲイン〉は、女性シンガーの作品としてもっとも早く売れたアルバムとなった。三枚めのアルバムは、発売直後に、ビルボード・トップ二〇〇ヒットチャートの一位に輝いた。

あなたの好みに合うかどうかは別として、ブリトニー・スピアーズは、まぎれもなく二一世紀初頭のもっとも有名なポップアイコンのひとりだ。グラミー賞のほか、九つのビルボード・ミュージック・アワード、六つのMTVビデオ・ミュージック・アワードを受賞し、ハリウッド・ウォーク・オブ・フェイムの星にもその名が刻まれている。ツアーでの総売り上げは四億ドルを超え、一九九〇年代から二〇一〇年代にまたがるキャリアの中で、それぞれの年代にナンバーワン・アルバムとナンバーワン・シングルを実現したアーティストは彼女しかいない。

これはすごいことだ。

だがここで、これらすべてが始まるまえを振り返ってみたい。数々のツアーに出る以前、ミリオンセラーとなるアルバムが発売される以前、そして私生活がおかしな方向に展開してしまう以前（ケヴィン・フェダーラインを憶えているだろうか?）。そして、〈ベイビー・ワン・モア・タイム〉がリリースされる以前を。

時間を巻きもどして、そのころからもう一度世界が動きだすとしたら、どうだろうか?

＊＊＊

成功について議論するのはむずかしい。結局のところ、ブリトニーは一発屋ではなかった。アルバムの売上は累計一億枚を超え、史上もっとも売れたミュージシャンのひとりになった。それだけの成功を収めるには何か理由があるはずだ。そうは思わないだろうか？

もちろん、彼女には、デビュー前からスターになれる要素はたくさんあった。三歳からダンスを始め、われわれのほとんどがまだ足し算や引き算を習っている年には、すでにタレント・ショーやコマーシャルに出演していた。それに、ジャスティン・ティンバーレイクやクリスティーナ・アギレラら多くのティーンエイジ・スターを輩出した〈ミッキーマウス・クラブ〉のメンバーにも選ばれ、出演していた。こんな若くから注目されていた彼女が成功しないなどと誰が思うだろうか？

ブリトニー・スピアーズのようなスーパースターは、特別な人たちなのだと思われがちだ。生まれつきビッグになる才能や素質がそなわっているのだ、と私たちはつい思ってしまう。

どうしてブリトニーがあれほど成功したのかと業界の誰かに訊いてみれば、やはりよく似た答えが返ってくることだろう。たしかにブリトニーの声は独特だからね、と。そう、誰よりも歌がうまいシンガーではないかもしれないが、彼女は何かを持っている。ダンスのキレと、無邪気さとセクシーさが共存するそのバランスが、彼女をポップ・アーティストとして完璧なものにしているのだ。彼女がメガ・スターになれたのはこれらの資質があったからだ。だから、時間を巻きもどしたとしても、やはりビッグになるのだろう。

つまり、彼女はなるべくしてスターになったのだ、と。

私たちは、ヒット映画やベストセラー本、その他のどんなヒット商品についても、同じような推察をする。『ハリー・ポッター』が四億五〇〇〇万部も売れたのはなぜだろうか？　それはすごい本だからだ。〝古典作品となるにふさわしいすべての要素がそなわっている〟と、ある新聞は宣伝した。また別のところでは、〝人を惹きつけるストーリー〟を読んでいると〝興奮してしまう〟とも評されていた。あれほどの部数が売れる本なのだから、類書とくらべても格段に質が高いはずだ。ほかよりおもしろいはずだし、上手に書かれているのだろうし、読者に訴えるものが多いに違いない。

しかし実際のところ、こうした成功は、私たちが思う以上に変則的に起きている可能性はないだろうか？

もし、ブリトニー・スピアーズのようなアーティストが、あるひとつの側面が優れているだけで売れるというのなら、業界の専門家なら最初から見抜けるはずだ。たしかに、音楽性を考えればブリトニーはベストではないかもしれないが、でもヒットを飛ばす、ポップ・アーティストにふさわしい歌声は持っている、と。だから、批評家の評価が厳しくても、業界の目利きなら、はじめて声を聞いた瞬間にこれはいけるとわかるはずだ。彼女が未来のスーパースターであることは、最初からわかったはずなのだ。

同じことは、ハリー・ポッターにもいえる。一九九〇年代の中ごろ、J・K・ローリングが、『ハリー・ポッターと賢者の石』の原稿を売りこむために、出版社をまわっていたとき、出版社はこぞって、それを出版したいと飛びついたことだろう。ちょうど、ワイン愛好家なら、そこそこのカベルネと極上のカベルネの違いがわかるように、出版社で十年も経験を積んだ編集者なら、石の山から玉を選り分けることくらいたやすくできるはずだろう。素人にはわからなくても、目利きの彼らにはできたのではないだろうか。

それが、そうではなかった。

ローリングが書いたハリー・ポッターの原稿は、最初にあたった出版社十二社から断られたという。長すぎるというのが、その理由だ。児童書はお金にならない。今の仕事は辞めてはいけないと、アドバイスまでされたという。

そして、こういうケースはJ・K・ローリングに限った話ではない。『風と共に去りぬ』は、出版に至るまでに三八回も出版を断られている。エルヴィス・プレスリーは、トラック・ドライバーにもどれと言われたというし、ウォルト・ディズニーは、〝想像力に欠けていて、よいアイデアを持っていない〟という理由で、初期には解雇されている。

ハリー・ポッターに関していえば、出版されなかった可能性さえあった。状況が変わったのは、ひとりの編集者がその原稿を娘に見せたときだった。その娘は父親に、これは素晴らしい本だと何度も伝え、それでようやく作者のローリングにオファーが出された。そして、またたく間に彼女を億万長者に変えてしまった。

もし、ヒットする作品としない作品の違いは質にあるというならば、何がヒットするかは前もって予測できるはずだ。あなたや私にはできないかもしれないが、少なくとも業界の目利きといわれる人たちには可能なはずだ。よいものとよくないものを見分けることができるようになることが仕事である、そうした人にとっては。

とするならば、専門家でも間違えるということは、何を意味しているのだろうか？

これは、プリンストン大学の社会学者マシュー・サルガニクが博士論文執筆時に悩まされていた問題だ。本でも、音楽でも、映画でも、ヒットする作品というのは、類似の作品とくらべて、私たちにわかる質の違い以上に成功の度合いが大きい。

だが、ベストな作品が、ほかの作品とくらべてそのよさが際立っているのなら、なぜそれを見極めるのに専門家たちまでもがそれほど苦労するのだろうか？　なぜそれほど多くの出版社が、J・K・ローリングとの契約の機会を見送ったりしたのだろうか？

それを調べるために、サルガニクと仲間の研究者たちは、簡単な実験をすることにした。まず、最初にしたのは、誰でも無料で音楽をダウンロードできるウェブサイトをデザインすることだった。ただし、そこには有名な曲やすでに名前の売れているバンドの曲は含めず、無名のアーティストの知られていない曲だけを集めた。歌っているのは、《ゴー・モルデカイ》とか、《シップレック・ユニオン》とか、《52メトロ》とかいう名前で、地方で活動を始めたばかりのアーティストや、はじめてデモテープをつくったという結成間もないバンドなどだ。

楽曲は、一曲ずつリストにきれいに並べられている。それをクリックすれば、曲を聴くことができ、気に入ったらそのままダウンロードできる。ただし、リストの曲の並びは、すべての楽曲に向けられる注目度を均等にするために、ユーザーごとにシャッフルされるようにした。そして十四万人を超える人々が、このサイトを利用した。

ユーザーの一部には、バンド名と曲名のほかに、それまでにサイトを利用したほかのユーザーがどの曲を気に入ったかという情報が提供された。そして、曲ごとに、何回ダウンロードされたかの回数も表示した。たとえば、《52メトロ》の〈ロックダウン〉という曲が、一五〇回ダウンロードされていれば、一五〇という数字が曲名のとなりに表示される。

そして、〝社会的影響力をもつ〟それらのユーザーには、ベストセラー・リストのように、楽曲を人気順に並んで見えるように表示した。もっともダウンロード数の多い曲が、リストのいちばん上に来て、次に多い曲が二番目、その次に多い曲が三番目という具合だ。ダウンロード数とリストの順番は、あらたに曲がダウンロードされるたびに自動的に更新された。そうして、サルガニクは、どの曲が人々にダウンロードされたかを調べてみた。

単純に、ほかのユーザーがどれを選んだかについての情報を提供しただけだったが、影響は大きかった。それを見たとたんに、人々はほかのユーザーの行動に追従する傾向を見せ始めたのだった。暗室で光の点を見たときと同じように、人々は、先に聴いた人が気に入った曲を聴き、ダウンロードしたのだ。

人気は集中していった。人気のある曲とそうでない曲との差はどんどん大きくなっていった。人気のある曲はさらに人気を集め、それほど人気のない曲は、どんどん注目されなくなっていった。曲自体は何も変わらなくても、社会的影響力によって、最高のものはさらによくなり、最低のものはもっと悪くなっていった。

だが、サルガニクはそこでやめなかった。人のまねをするという人々の傾向が人気に影響したのがわかったのはよかったのだが、それだけでは先の問題が解決したことにならない。もちろん、ある種の歌や本はほかのものより人気があるかもしれないのだが、なぜマーケットリサーチで武装した業界のエキスパートたちにその成功が前もって予測できなかったのだろうか?

その答えを見つけるために、サルガニクはもう一歩踏みこんでみた。

現実の世界では、一度起こったことをやりなおすことはできない。時間を止めたり、逆戻りしたりすることは誰にもできないので、もう一度はじめからそれが起こるところを見ることはできない。そこで、同じ世界を再現する代わりに、サルガニクはそれぞれに異なる八つの世界を設定した。それぞれに異なる八つの世界として設定された八個の異なるグループは、見た目はそっくり同じだ——少なくともはじめは。

この判断がカギとなった。

よい実験の美しさは統制のよさにある。この場合は、用意された八つの世界がそっくり同じかたちで始まるというところだ。アクセスできる情報はみんな同じだ。全曲ダウンロード数0からのスタートだ。というのも、それぞれの世界への人の割り当てはランダムで、参加者が別の世界の人であっても見分けがつかないからだ。だから、パンクが好きな人もいるかもしれないが、ラップが好きな人もいるかもしれないという感じで、それぞれの世界にいる人の音楽の好みはおしなべて見れば変わらない。可能な限りどの側面においても、八つの世界は同じ状態でスタートした。

だが同じように始まったにもかかわらず、八つの世界はそれぞれ別々に進化していった。それはあたかも八個の異なる地球が近くに並んでそれぞれに自転しているかのようだった。

もしも成功というものが、質だけに左右されるものならば、最終的には八つの世界がみんな同じになるはずだ。よりよい曲がより売れ、よくない曲はそれほど売れない。そして、ひとつの世界で人気の出た曲は、全部の世界で同様に人気が出るはずだ。たとえば、八つの世界のうちのひとつで、《52メトロ》の〈ロックダウン〉がダウンロード数一位になったら、残りの七つの世界でも、その曲が上位にランクインしているはずだ。

だが、そうはならなかった。

曲の人気は、それぞれの世界で大きく異なった。ある世界では、《52メトロ》の〈ロックダウン〉がいちばん人気だった。しかし、別の世界では、その曲は人気がなく、全四八曲中四〇位と、最下位に近かった。

曲は同じであり、グループ間で参加者にも差がないのに、結果として成功の度合いが大きく異なったのだ。同じ初期条件で、異なる最終結果。

なぜ、こんなにも結果にばらつきが出たのだろうか？

それは社会的影響力がはたらいているからだ。《52メトロ》が人気のある世界に、そうでない世界より、パンクが好きな人が少なかったというわけではない。けれども、人には前例に従うという傾向があるために、**ランダムに起きた最初の小さな違いが、雪だるま式に大きくなった**ということだ。

なぜそのような現象が起こるのかは、移動遊園地や屋台の出る祭りの仮設駐車場を例に考えてみると理解しやすいだろう。仮設なので、駐車場としてきちんと整備されているわけでもなく、交通整理する係員もいない。ただ、車に乗ってきた人が好きなところに停めていけるただの広場だ。やってくる人々も、車の停めかたにはそれほどこだわりがなく、それよりも、早く綿菓子を買って、観覧車に乗ることのほうに関心が向かっている。一台ずつの駐車スペースが白線で仕切ら

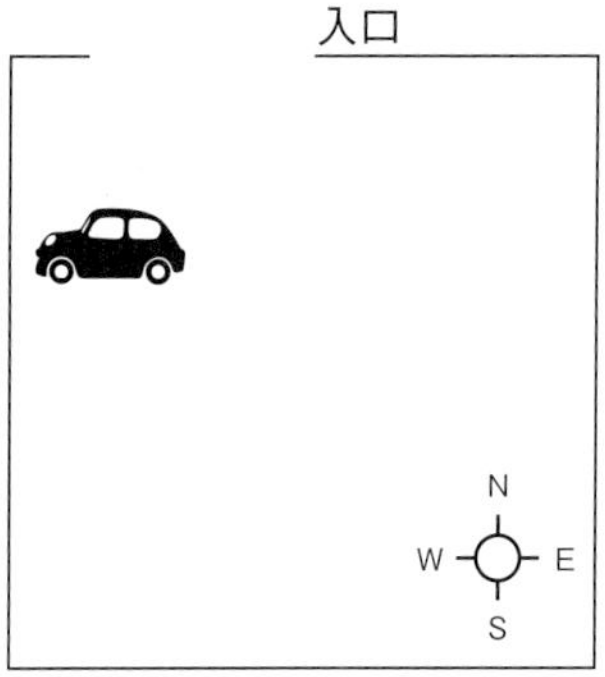

れていているわけではないので、最初に入ってきた車はどこでも好きな場所に駐車できる。

　最初にやってきた車は、ウェスト家の家族が乗った車だった。ウェスト家の人々はどちらかといえば車は西向きに停めるのが好みなので、駐車場へ入ったあと、右へ曲がり、西側を向くように車を停めた。

　次に、二組目の家族がやってきた。この家族、サウス家の人々は、駐車場は西向きよりも南向きが好みだ。けれど、どうしてもというわけではないし、先に停まっている車が西向きに停めていたということもあり、その隣に、同じく西向きに車を停めた。

　そうこうしているうちに、次々と車が入ってきた。車に乗っている人々には、それぞれに停める場所のちょっとした好みはあるのだが、先に停まっている車を見て停めるので、やがて駐車場はこうなる。

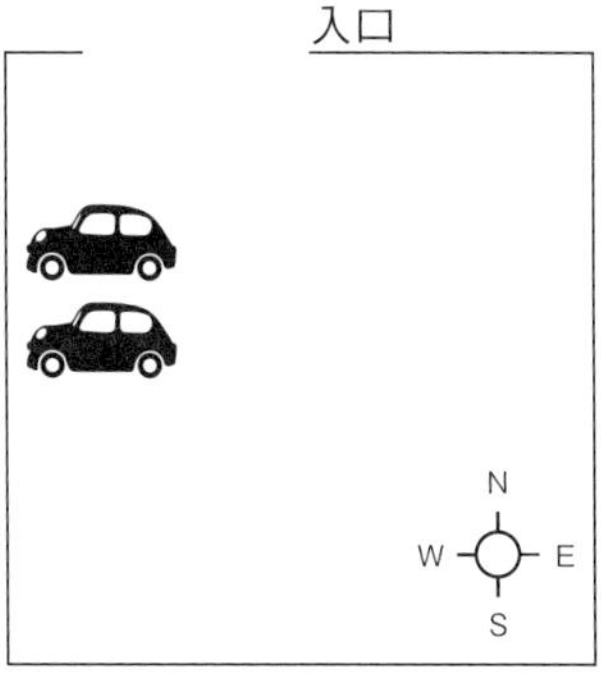


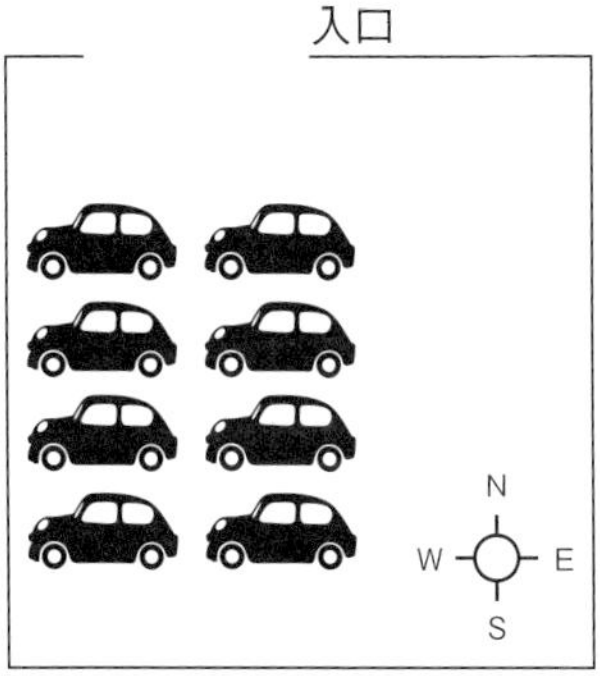


　なるほど、納得の結果だ。

だが、どうだろう。もし、最初にやってきたのがウェスト家でなく、サウス家の車だったらどうだっただろう。いちばん乗りした彼らはどういうふうに車を停めただろうか？

どちらかといえば南向きを好むサウス家の人々の傾向を考えれば、西向きではなく、こんなふうに停めるのではないだろうか？

さて、次にウェスト家の車がやってきた。どちらかといえば西向きが好きだという好みはあるだろうが、しかし、すでに一台、南向きに停まっている車があるので、それに倣って同じ向きに停めた。さらにたくさんの車がそれに続き、やがて駐車場はこんなふうになる。

同じ八台の車で、駐車する向きに関する好みも全体としては変わらず、結果はまったく違っている。全員が西向きではなく、南向きに停めている。たまたま最初に停めた人の好みがそうだったというだけで。

音楽ダウンロードの実験も、プロセスはこれと同じだ。社会的影響力を調べるために、ふたつの世界があると想像して

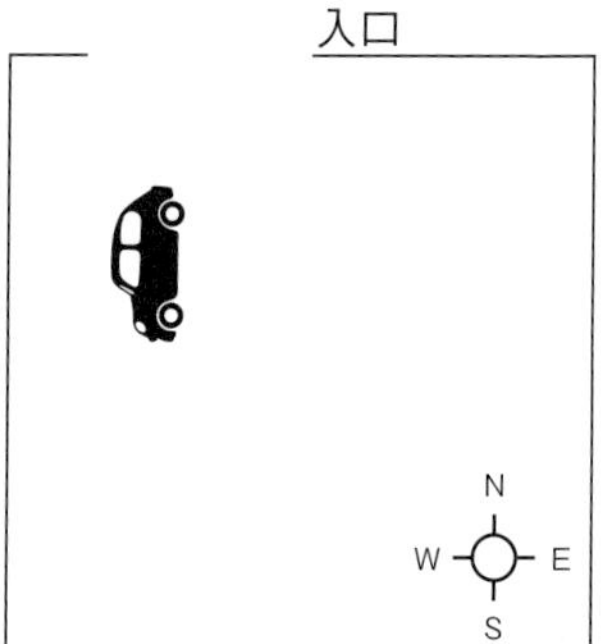


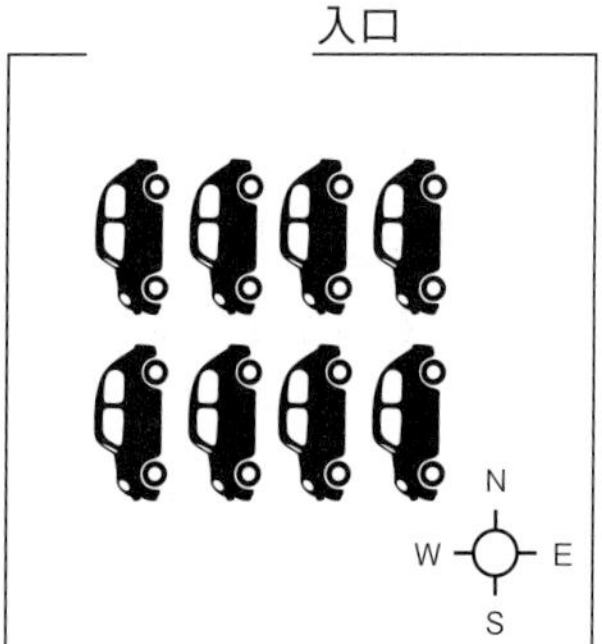

みてほしい。それらは基本的には何もかもそっくりで、同じだ。曲はまだひとつもダウンロードされていない。実験参加者もおしなべて同じだとしよう。

だが、ウェスト家とサウス家がそうであったように、どんな人にもちょっとした好みがあるかもしれない。ある人は、どちらかといえばラップよりもパンクのほうが好きかもしれないし、逆にパンクよりもラップのほうがどちらかといえば好きな人もいるだろう。

そして、そのふたりのどちらが先に好みを表現するかの順序は、決まっていない。

ある世界では、パンクが好きな人が、先にサイトを訪れる。何曲か試聴して、好みにあったパンクの曲があったので、それをダウンロードする。これで、パンクのダウンロード数は1となり、対してラップは0のままだ。

ふたりめのユーザーがサイトを訪れ、すでにサイトを利用した人の評価を参考にする。すると、パンクのダウンロード数のほうが多いので、より目につきやすい。このユーザーは、どちらかといえば、ラップが好きだが、パンクも好きだし、その曲はかなりよさそうに思えたので、それをダウンロードした。パンク2対ラップ0になった。

もうひとつの世界では、これもたまたまではあるが、ラップが好きなユーザーが先にサイトを利用した。そこからのプロセスはほぼ同じだが、結果は異なる。何曲かを試聴して、好みに合ったラップの曲があったので、それをダウンロードする。パンクが嫌いというわけではないが、ほんのわずか、ラップへの好みが優るだけだ。ダウンロード数は、パンク0対ラップ1になった。

次に、パンク好きのユーザーがサイトを訪れるが、すでに二番目だ。だからどちらかといえば好きという程度の、自分の好みを押しとおすよりも、他人の影響を受けて、やはり同じラップの曲をダウンロードする。これでダウンロード数は、パンク0対ラップ2になった。

やがて、はじまりはまったく同じだったふたつの世界は、少しずつ違ってくる。一方の世界では、パンクの曲がリストのトップの位置を占め、もう一方ではラップの曲がその位置にくる。

ここでも、ひとりの人間がある曲が好きだというだけでは、ほかの誰かの好みを完全に変えるには充分ではない。けれど、スケールを傾けるにはそれで充分だ。リストの上位に表示される曲は、より注目を集めるので、聴いてもらえる機会も多くなり、その結果、ダウンロードされやすくなる。そのため、ひとつめの世界では、パンクの曲がよりダウンロードされやすくなり、ふたつめの世界では同じことがラップの曲のほうに起こる。そして、三人目のユーザーがサイトを訪れたときにも、同じプロセスが繰り返される。

ゆっくりとではあるが、確実に、臨時の駐車場に停められた車と同じで、社会的影響力はこのようにふたつのまったく同じ世界を別々の方向に押しやっていく。それが、何千人もの人々の選択に広がっていくと、結果としての違いはとても大きい。

それが意味するところは、単純であると同時に衝撃的だ。**ヒットというものは、質よりも、場合によっては単に運と群衆に導かれて生まれるものがあるかもしれない**ということだ。もし時間を巻きもどして世界をもう一度動かすことができるなら、ブリトニー・スピアーズは（J・K・

ローリングも)、人気者にならなかったかもしれない。ブリトニーのミュージックビデオは、ちょうどいいタイミングでリリースされたために、誰かが好きになり、それで、ほかの人々も右へならえで追従したというわけだ。だが、彼女自身は、私たちが名前も聞いたことのない、ほかの何千人ものミュージシャン志望者とくらべて、とくにどこがよかったというわけでもなかったのかもしれない。

とすると、どんなものでもヒット商品になる可能性があるということになるのだろうか? とんでもなくひどい本や映画でも、よい作品と同じように売れる可能性があるというのだろうか?

そういうわけではない。サルガニクの実験でも、**質と成功はやはり関連があった**ことが示されている。〝よりよい〟曲、すなわち、それぞれの世界において、より多くダウンロードされている曲は、さらにたくさんダウンロードされる傾向があり、〝より悪い〟曲のダウンロード数は減っていく傾向がある。いちばん出来のいい曲のダウンロード数がまったく伸びないことはないし、いちばん出来の悪い曲が、すごく売れることもない。

しかし、バリエーションはいくつもあるわけで、それが意味するのはつまり、**質がよいだけではかならずしも充分ではない**ということだ。

世の中には何千何万という本や映画や楽曲があって、多くの人々からの注目を一度に集めようと競い合っている。そして、全部の本の表紙に目を通したり、すべてのサンプルクリップを試聴したりできる人はどこにもいない。ほとんどの人は、膨大な選択肢の中からその一％だけでも試してみたいと思ったところで、それだけの処理能力は持ち合わせていない。

そこで、私たちは他人を利用して近道をしようとするわけだ。つまり、フィルターとして使うのだ。ある本がベストセラーリストに載っていれば、その本の概要に目を通す可能性は高くなる。もしある曲がすでに人気があるなら、それをためしに聴いてみる可能性は高くなる。誰かについていくことは、時間と労力の節約になり、そして（うまくいけば）自分が楽しめることのできる何かにたどりつける。

では、そうしてたどりついた本や曲を私たちは全部気に入るのだろうか？　かならずしもそうではない。だが、それらをチェックして、試してみようと思うことは多くなるだろう。そして、競合する商品が何千もあることを考えると、このように注目が集まることは、その商品に勢いを与えるには充分なのだ。

ほかの誰かが何かを気に入ったとわかることで、その何かに対する疑わしい気持ちが好意的に変わることもある。ベストセラーリストに載っていると、信頼できる気がしてくる。[12]それだけ多くの人が買っているのなら、きっとよいのだろうと思うからだ。

J・K・ローリングは、ペンネームで本を出版したとき、図らずもこの考え方を実践していた。『ハリー・ポッター』が成功を収めたあと、ローリングは『カッコーの呼び声』という探偵小説を書こうと決めた。『ハリー・ポッター』によってローリングの知名度は上がったが、シリーズ後半の作品に対しては批判的な評価も多かった。だから、知名度の高さが新しい小説への反応を歪めるのではないかと心配したのだ。彼女は作品そのものの力で勝負したかった。そこで、『カッコーの呼び声』はロバート・ガルブレイスというペンネームで発表した。ロバート・F・ケネディと、彼女が子供のころに考えた空想上の名前であるエラ・ガルブレイスを組み合わせた名前だ。

ロバート・ガルブレイス名義で発表したその小説は、複雑な成功を収めた。『カッコーの呼び声』を実際に読んだ読者には、おおむね評判がよかった。彼らはこの作品を〝見事〟で〝惹きこまれる作品〟だと評した。

しかし、残念ながら、そのような評価をした人の数は少なかった。当初、読者がわずかしかいなかったのだ。大々的な宣伝なしで刊行された『カッコーの呼び声』は、発売後三カ月間でハードカバー一五〇〇部しか売れなかった。

ところがある日、アマゾンの本の売り上げランキングで、四七〇九位から急上昇してベストセラーリストに登場した。すると、あっという間に何十万部も売り上げが伸びたのだ。

これは、人々がロバート・ガルブレイスの才能に気づいたということだろうか？　そうではない。『カッコーの呼び声』の文章を入念に調べた結果、その文学的価値が明らかになったのだろうか？　それも違う。

理由は、単にローリングがその本の本当の著者であることが知れ渡ったからだった。

J・K・ローリングが書いたものでなければ、『カッコーの呼び声』は、注目を集めようと競い合っている何千ものよく書けた探偵小説のひとつであったにすぎない。それが、J・K・ローリングが書いたものであることが明らかになったとたん、四億五千万部突破の文字が注目を集め、これから読むかもしれないより多くの潜在読者の目に触れるようになった。なんと言っても、一〇〇万人以上がいいと言っているのだから、悪いわけがないだろう?

## 社会的影響力を味方にしよう

ここまで述べてきた模倣の科学に関する知見には、重要な含意がたくさんある。

他人を説得したり、説き伏せて何かをさせたいとき、私たちは当然のように賞罰を与えてなんとかしようとしがちだ。月間でトップの成績を上げた社員に一〇〇ドルの賞金を与えて名前を貼りだしてみたり、野菜を食べなければ、デザートのアイスクリームはあげないと子供に言ったりするようなことだ。

しかし、賞罰というのは、短期的には有効であっても、その人たちがしようとしていることを妨げてしまうこともよくある。

たとえば、あなたがエイリアンの惑星に囚われてしまったとして、ディナーとして与えられたものが、〝ザグワーツ〟と〝ガルブラッツ〟というものだったとする。どちらも聞いたことすらないもので、見た目も怪しいが、お腹がぺこぺこなので、何か食べなければならない。

どちらから手をつけようか考える暇もなく、ホストのエイリアンは、「ザグワーツを食べるまえに、ガルブラッツを食べなければならない」と言いにきた。

さて、これらふたつのうち、どちらがおいしいとあなたは思うだろうか？　ザグワーツか、それともガルブラッツか？

子供たちは、アイスクリームと野菜のどちらを先に食べるかで、よく似た推論をする。アイスクリームは好きで、野菜は好きでないかもしれないが、ご褒美としてのアイスクリームは、それがなければ子供たちが持ちえたかもしれない野菜に対するポジティブな感情を削いでしまうものでもある。結局のところ、野菜がもともとおいしければ、それを食べることに対して、どうしてご褒美がいるというのだろうか？

アイスクリームのご褒美は、野菜はそれだけでは食べる価値がないものだと暗に示すシグナルとなる。その子供たちは野菜を食べるために（アイスクリームという）報酬を受ける必要がある。そして、親がその報酬を与えるのをやめたら、子供たちは野菜を食べなくなるだろう。そして、食べるものを自分で選んでよいときには、野菜はいつも脇へ追いやられることになるのではないだろうか。従業員についても同じことがいえる。遅刻せずに出社したり、よいサービスを提供するのは、そうすればもらえるお金が増えるということだけが理由であり、自分の仕事を大事にしているからではないと推論し始める。

実は、社会的影響力を利用するほうがもっと有効だ。赤と青のトウモロコシを与えられたサルの例とちょうど同じように、人間は、他人の選択と行動のまねをする。もし、親がブロッコリーをたくさん食べているように見えなければ、子供たちも同じように食べない。

残念なことに、野菜はおいしくないというシグナルを子供に対して送ってしまう親は多い。親自身があまり野菜を自分の皿に盛らず、チキンやステーキやその他のなんでも先に出てきたものから食べる。それに、もし、親が野菜を食べていないなら、どうして子供が食べたいと思うだろうか？

だが、もし親が自分の皿にブロッコリーを最初に盛り、そしてそれを最初に食べていたとしたら、子供たちもきっと同じことをする。それに、両親がいたとして、親同士が最後の一切れをどちらが食べるか言い争っていたりするようならなおさらよい。親が何かを食べているのを——それもおいしそうに——見る機会が多ければ、それだけ子供も同じことをする可能性は高くなる。

模倣はまた、ツールとしても役に立つ。

ある晴れた春の日に、職場の同僚数人とランチに出かけたとしよう。地元のパブの屋外テーブルに座って、メニューをひととおり眺め、頭の中で食べたいものがはっきりと決まったところだ。

そこへウェイターがやってきて、注文を尋ねる。そして、あなたの口からは、注文したいメニューが次々に出てくる――「ブリュッセル・バーガーを焼き方はミディアムで、ベーコンとチェダー、それからサイドディッシュのサラダをひとつ」

「かしこまりました」ウェイターはそう言い、注文を繰り返す。「ブリュッセル・バーガーを焼き方はミディアムで、ベーコンとチェダー、それからサイドディッシュのサラダをおひとつ、ですね?」

「はい」あなたは、興奮ぎみにこう答える。すでにお腹はグルグル鳴っている。

さて、何が起こったか、お気づきだろうか? たぶん、お気づきではないだろう。でも、このようなことは、私たちの一日の中で、一〇〇回とは言わずとも、何十回かは起こっている。ウェイターは、単に注文を聞いただけではなく、復唱している。「わかりました」あるいは「すぐにお持ちします」と言うだけでも用は足りるのに。だが、このウェイターはそれだけですまさなかった。彼は、注文を復唱した。一語一語あなたが言ったことをそっくりそのまま繰り返したのだ。

ささいなことに思えるだろうか? そうかもしれない。

だが、調査によれば、この復唱をおこなうだけで、ウェイターのチップは七〇%増えることが示されている。

**契約をとりたいとき、誰かに何かをしてもらいたいとき、あるいは単純に誰かに好かれたいときに、なにげなく相手の言葉やしぐさを繰り返してみせると、スムーズに進めていくことができ**

**る**。たとえ、メールのやりとりで、相手が使ってきた呼びかけの言葉（〝ヘイ〟とか、〝ハイ〟とか、〝ハロー〟とか）を同じにするだけでも効果はある。

＊＊＊

人はなぜ他人を模倣するのかを理解すると、他人からの影響を受けにくくする方法を学ぶこともできる。

集団の意思決定では、しばしば同調やグループ内での調和を求める気持ちが、グループをよくない意思決定に導いてしまう、**集団浅慮**《グループシンク》というものに影響される。フォーカスグループで意見を共有したり、委員会が誰を雇い入れるかを決定する場面を見ていると、誰が最初に発言するかによって結果が大きく変わることがわかる。ちょうど、音楽ダウンロードの実験で、最初に聴いた数人の好みによって、どの曲に人気が集まるかが決まったのと同じように、話し合いや票の集まる方向は、たまたまであっても誰が口火を切るかによって大きく左右される。

グループの中でも、中立的な立場にいるメンバーは同調しやすく、誰かが強く反対しなければ、反対意見を持っていたとしても外に出さない。それほど不満の声が上がることもなく、そのグループは静かに、まったく逆方向に進んだ可能性も同じくらいある状況で、ある一方向に進んでいく。

集団浅慮は、スペースシャトル・チャレンジャー打ち上げ事故からキューバ危機まで、愚かな意思決定がなされたさまざまな事例において、その原因として語られることが多い。

〝群衆の叡智〟という言葉があるが、群衆が賢いのは、グループが全員の情報にアクセスできる場合においてのみである。それらの情報をすべて集結したならば、メンバーの誰かがひとりができるよりもよい意思決定ができるかもしれない。しかし、みんながほかの誰かに追従するだけだったり、情報を共有できなければ、グループであることの価値は失われてしまう。

したがって、メンバーがそれぞれに持つ情報を全員から引きだすことが不可欠になる。では、どうすればそれができるのか？　どうすれば、反対意見を持つ人に、声を上げてもらうことができるのだろうか？

ひとつ言えるのは、**異論を唱える声はひとつあれば充分**だということだ。もし、アッシュの実験で、先に答えた協力者の中に、正しい答えを口にした人がひとりいたら、真の参加者は、正しい答えを言うことができただろう。部屋にいる半数の人がそれを言う必要はなく、共犯者はひとりいればそれでいいのだ。私たちは多数派のひとりになり、気持ちよく感じる必要があるのではなく、ただひとりではないと思いたいだけなのだ。

おもしろいことに、自分以外の少数意見は、自分の意見と一致している必要すらない。たとえば間違った答えを主張して（Bの線でなくAと答える）いても、多数派と異なる意見を述べる人がひとりいれば、それだけで、人は解放され、正しい答え（C）を言えるようになる。たとえひとつでも、（多数派と）異なる意見が出てくるだけで、たとえそれが自分の意見とは違うものであっても、人はずっと自分の意見を表明しやすくなったと感じるものだ。

さて、反対意見がひとつ出たことによって議論の性質は変貌した。もはや正しいか否か、あるいは、グループ対反対者という構図はそこにはなく、あとはどんな意見を出すかの問題だ。そして、もし、いろいろな意見が存在することが明らかになれば、みんなもっと気持ちよく自分の意見を表明することができる。

異なる視点にもとづく意見を促すために、会社によっては、誰かひとりを指名して、どんな場合にも反対意見を出すことを仕事として与えていることもある。それによって、その反対意見に同意する人が声を上げやすくなるばかりでなく、それ以外のいろいろな意見をもった人も口を開きやすくなるからだ。

プライバシーの効果もまた強力だ。〝猿まね〟を表わす英語のことわざに〝サルは見たとおりにまねをする〟という言い方があるが、このことわざの中でも〝サルは見たとおりに〟の部分の重要性に私たちはあまり気づいていない。もし人間が、目が見えず、他人の行動を観察できなければ、他人からの影響を受けようにも受けられない。もし一匹のサルが、ほかのサルが赤または青のトウモロコシを食べるかどうかを見ることがなければ、ほかのサルの選択に影響されようがない。社会的影響力というのは、ほかの誰かの意見や行動が観察可能な場合にのみはたらくものである。[5]

したがって、**影響力に左右されないでいるためには、選択や意見の形成はひとりでおこなうのがよい**といえる。会議での採決は、挙手よりも投票形式にしたほうが、独立性が高く、集団浅慮を避けるのにも役立つ。無記名の投票なら、自分の思ったことをより書きやすい。会議が始まるまえに、参加者にその時点での暫定的な意見を書いておいてもらうというやり方もよい。ちょっとしたことだが、他人と交流するまえに書面で記録を残しておけば、自分の信念からそれていきにくくなるし、多様な意見を聞く機会も増える。

これと同じ一般原則に沿っていけば、他人に影響を与えることもできる。ひとりの意見はときに雑多な意見の中に埋もれてしまうこともあるが、それでもグループのサイズを小さくすれば、ひとつの意見は重みを増す。部屋にいる全員を動かそうとするよりも、事前にひとりずつ全員に当たっていくほうが、合意の形成はずっと容易になる。同意してくれる人から始めれば、小さな連合体を形成することは可能で、のちに中立的な立場にいる人々の同意を得るのに役立つこともある。

いちばんに発言するというのもまた、議論の方向性を決める簡単な方法のひとつだ。全員が同

5　これはまた、私たちそれぞれの選択をも認めるものである。もし自分が何かを選ぶときに他人の影響を受けたくなければ、誰にも言わずに自分だけの秘密にしておくのがいい。子供の名前を決めていても、生まれるまで秘密にしておくのはそのためだ。言わずにおけば、それを聞いたおじさんが、ほとんど聞いたことのないような真菌性の病気とその名前を結びつけたりして、またはじめからやりなおすなどといった煩わしい目に遭わずにすむ。

意してくれるとはかぎらないが、それでも最初に発言したことが重みとなり、中立の人を動かす助けになる。

この考え方でいくと、チーズケーキでも、クロナッツでもなんでも、〝いま流行りの〟食べものには行列ができるが、わざわざ並ぶほどの価値はないことがわかる。近くに同じくらいおいしくて、五〇分待たなくてもいい食べ物は、かならずほかにもあるはずだからだ。

フィラデルフィアを訪れた旅行者がチーズステーキを食べたいと探していると、かならず〈パット〉か〈ジェノ〉の店をすすめられる。サウス・フィラデルフィアにあるこれらの有名店では、細長いロールパンに薄切り肉をはさんでプロバロンチーズかアメリカンチーズ、あるいは好みでチーズウィズソースをかけたサンドイッチが食べられる。夜遅い時間や週末になると、これらの店の前には長蛇の列ができる。

しかし、これらの店は本当に、よそとくらべて格段においしいのだろうか？　実のところ、これらの店がベストかどうかは、はっきりしない。

とはいえ、なぜそんなことが起こるかは明らかだ。もう何年かまえになるが、質と運がうまくかみ合ったのだろう、外部から街を訪れる人々に対して、これらの二店がおすすめされることが突出して多くなった。そして、そこに行った人は友だちに話し、話を聞いた人がまた別の友だちに話し、またその友だちにと繰り返され、ちょうど音楽ダウンロードの実験でもそうであったように、最初は小さかった違いが、すぐに大きくなった。

**群衆以上に群衆を引っぱれるものはない**。

だから、ディズニーワールドで半日をかけてスペースマウンテンに乗ったり、新商品を手に入れるために店の前で徹夜したりするまえに、ほかに代わりになるものがないかを考えてみるのは賢明だ。旅行というのはどこかで見たハイライト映像を再現する機会になりがちだ。名所をいくつも訪れてはそのつど列に並び、人ごみをかき分けて橋や宮殿をバックに写真を撮る。楽しければそれもいいだろう。だが、楽しくないのなら、その先の角をひとつ曲がってみてはどうだろうか？　おそらくあまり混んでおらず、かつ同じくらいよい場所が待っていることだろう。

最後に、これらの知見が示すように、ほんのささいなことから重大なことまで、他人によって方向づけられることは広範にわたっている。私たちは、自分の意思によって何かを選んでいるつもりになっていることが多い。嗜好や、偏愛や、心理的な好き嫌いがその根拠になっている、と。だが実際には、**自分で選ぶ食べものから、使う言葉、そして、どの商品に人気が出るかまで、私たちは驚くほどに他人の影響を受けている**。交渉がうまくいったという人に、それは相手があなたのまねをしていたからかと尋ねてみれば、頭がおかしいのかと笑われるかもしれない。だが、その成功はやはり影響によって方向づけられたものなのだ。

多くは知らず知らずのうちに、他人の行動が私たちの行動に影響を与えていることは明らかになった。だが、そうした影響によって、私たちはつねに同じ行動をするように導かれているのだろうか？　あるいは、ときには何か違うことをするように導かれることもあるのだろうか？

第2章

# その違いが決定的

A Horse of a Different Color

あるべきものが、そこになかった。

十二歳のモーガン・ブライアンは、友だちの家でコンピューターの前にすわり、脚をぶらぶらさせながら、画面に視線を走らせていた。必死になって見ているのは、名前が書かれたリストだ。まず、Aチーム。次にBチーム。そして最後にCチームと、上から下まで全部見た。

同じクラブチームの仲間たちの名前は、全部そこに載っている。自分ひとりを除いて十人全員が、オリンピック強化プログラムのチームのメンバーとして選ばれたのだ。

モーガンは打ちひしがれていた。これまでの人生をサッカーに捧げ、オリンピック強化選手に選ばれることだけを目標にしてきたのに。そのうえ、クラブチームの仲間たちはその夏、地区の強化合宿に参加するために、アラバマ州のモンテヴァロへ出かけていってしまうのだ。彼女ひとりを残して。

つらい夏になったが、それは貴重な時間でもあった。失敗によってモチベーションが上がったからだ。モーガンはそれまで以上に練習に打ちこんだ。

モーガンは身体が小さかった。一緒にサッカーを続けてきた年上の仲間たちとくらべて、ずっと身長が低くてやせていたので、チームメイトたちからは〝プランクトン〟というあだ名で呼ばれていた。

だが、体格も技術も成長は速かった。チームの練習の前後にも自主練習を続け、練習相手を見つけては基本の技を磨いた。胸トラップにボレーキック、両足・両サイドでのボールタッチ。同じシンプルな動きを何度も何度も、第二の本能のように身につくまで繰り返し練習した。

一年後、モーガンは州代表チームのメンバーに選ばれていた。それに次いで、地区代表チームにも。そしてついには、全米ユース代表にも選ばれた。一〇年後、モーガン・ブライアンはアメリカ代表チームの最年少メンバーとしてフィールドに立っていた。二二歳になった彼女は、二〇一五年の女子サッカー・ワールドカップで、アメリカ合衆国代表チームの得点の要として勝利に導いた。

得点力のあるミッドフィールダーとして、モーガンはディフェンスとオフェンスをつなぐ接着剤だといわれてきた。また、彼女をアメリカ・サッカーの未来だと考える人もいる。アメリカの次のビッグ・スター、第二のミア・ハム［女子サッカー史上最高選手のひとりといわれる。一九八七―二〇〇四全米代表。］だと。

そんなモーガンだが、彼女の人生において最初に立ちはだかってきた敵は、器用なブラジルのフォワードでも頑強なドイツのディフェンダーでもなく、姉のジェニファーだった。ふたりは家の前で、夕食の時間まで一緒にボールを蹴って育った。ジェニファーは、モーガンより五歳上なので、一対一で勝負してもあまり勝てなかったが、かえってそれがサッカーへの興味を駆り立てた。

実は、これはモーガン・ブライアンだけの話ではなかった。全米代表レベルの女子サッカー選手は、長子でない傾向が強いのだ。たとえば、二〇一五年の女子サッカー・ワールドカップ全米代表チームのメンバーを見ていると、二三人のうち十七人までが兄か姉がいる。

これは偶然だろうか？

どんな組織でもそうだが、全米代表チームでは、将来性のある選手をつねに探している。だがそこで、ほかの選手とくらべてパフォーマンスがよくなる選手は何が違うのだろうか？　何か特定の要素が成功と深く関係しているのだろうか？

全米代表チームそのものもそうだが、そこを目指す中学生くらいからのクラブチームまでを考えてみても、プレーできる人数は限られている。エリート選手として生き残っていけるのはほんの少数しかいないのだ。とはいえ、選手の選別というのはむずかしい。チームに迎え入れるべき選手をどうやって見極め、将来全米代表クラスへと成長する選手をどうやって予測すればよいのか？

その答えを見つけるために、研究者たちはあらゆる年齢の選手についての調査をおこなった[1]。調査は、アメリカ合衆国内の女子サッカー選手で、全米代表チームの強化合宿に一回以上参加したことのある、十四歳以下のレベルから二三歳までを対象としておこなわれた。調査項目としては、身体能力や心理的側面をはじめ、居住地区や目標まで、幅広い要素について測定した。

それらすべての項目には、興味深い関連性が見られた。成功している選手は、両親がそろっていることが多く、父母のいずれかがボランティアでチームを支援していたり、また親が高等教育を受けているケースが多いことがわかった。

だが、これらさまざまな要素のなかでも、際立った特徴がひとつあった。きょうだいのなかでの出生順だ。全米代表クラスのこれらの選手たちの四分の三には、少なくともひとり以上、兄か姉がいたのだ。

この傾向は、サッカーだけに限られたものではない。全米で三〇種以上の競技を対象に調査をおこなったところ、同様のパターンが認められた。**トップアスリートはきょうだいの二番目以降であることが多いのだ**[2]。

年上のきょうだいがいることで、スポーツが得意になる理由はいくつも考えられる。まず、兄や姉がしていることを見ているので、早くに始める機会があること。年上のきょうだいは手本となり、インスピレーションの源になる。

年上のきょうだいはまた、練習相手にもライバルにもなる。きょうだい間のライバル意識については、よく言われるだけのことはある。年上で、おそらくは自分より大きい家族の誰かと張り合うことで、年下のきょうだいは急速に成長する。弟や妹は、小さい身体で、多くの場合動きも遅いながらについていかねばならない。兄や姉についていく、あるいは場合によっては打ち負かすためには、早く学ぶ以外に方法はない。自然と自分を〝大きく見せる〟ことになる環境によって、弟や妹が抱えるリスクは大きくなり、それがスキルの向上につながっていくのだ。

だが、興味深いことに、たしかにトップレベルのアスリートには年上のきょうだいがいることが多いのだが、そのきょうだいがかならずしも本人と同じスポーツをしているわけではない。兄や姉も活動的で、何かのスポーツをしている場合が多いのだが、それがのちに弟や妹が成功を収める競技と同じであるとはかぎらないのだ。たとえば、全米代表レベルのサッカー選手の兄や姉が、サッカーでなく、野球やバレーボールをやっている場合もあるということだ。

では、もし弟や妹が、単に兄や姉から学んだり、競い合ったりしていることだけが理由ではないとしたら、彼らのほうがより成功できるのはなぜだろうか？

長子として生まれた子供は、学業成績が優秀であることが多い。[3] GPAでも、SATでも、優秀学生奨学金《ナショナルメリット》の選考でも、全体にスコアが高い。大学進学率も高く、選抜基準の厳しい学校へ進学するケースも多い。

そんなふうに、いちばん上の子が学業で優秀な成績を収めることができるのは、親がほかの子よりも手をかけたり、より多くのリソースが集中したりするためだとする説もあるが、もうひとつ別の説明として、もっと社会的な側面がはたらいているとする説もある。

当然のことながら、いちばん上の子は、ほとんどの場合、きょうだいの中で最初に学校にあがる。そして、かならずしも勉強が得意でなくても、少なくとも勉強をがんばる子は多い。たしかに、いちばん上の子には、勉強好きの子やまじめな子が多いのだ。[4] したがって、『WHO’S《フーズ》

WHO《フー》』の人名録やノーベル賞などの大きな賞の受賞歴のある科学者のリストに、長子が占める割合が大きいのは驚くまでもない。長子は、アメリカ合衆国大統領を含め、世界の政治指導者の中に占める割合も大きい[5]。

　そうした環境に生まれる二番目以降の子供は、選択を迫られる——兄や姉と同じように自分も学校の勉強をがんばるか、あるいは別の道を行くか。すでに踏み固められた道を行くこともできるが、そこからはずれて新しい道を切り開くこともできる。

　そして、差別化を考えるならば、兄や姉とは別の道を見つけて追求するのがひとつの方法だ。スポーツができる子に二番目以降の生まれが多いのは、このことと一致する。第二子以降の選手の割合が多いのは、全米代表レベルの選手だけでなく、優秀なスポーツ選手全般にいえることである。

　三〇万人以上の大学一年生を対象に、課外活動についての調査をおこなったある研究がある。調査対象となった学生は、二年制の小規模校から、四年生の総合大学まで合わせて五五〇以上の学校から集められた。全米代表レベルの学生はほとんどいなかったが、この研究では、もう少し基準をゆるめて、学校代表チームに選ばれたことのある学生まで範囲を広げた。

　そして、明らかになったのは、高校で優秀なスポーツの成績を収めている学生は、年上のきょうだいがいる場合が多いということだった。長子よりも、第二子以降の学生のほうが、高校で学校代表チームのメンバーに選ばれていることが多いのだ[6]。また、年上のきょうだいがいる学生のほうが、友だちとスポーツの話をしている時間が長いこともわかった。

これらのことには、きょうだいが全部で何人いるかは関係がないようだった。重要なのは、彼らに兄か姉が少なくともひとりいるということだった。きょうだいのなかで、いちばん上の子が学校代表チームに選ばれることは少なく、ひとりっ子の場合は、さらに少なかった。

こんなふうに、きょうだい間で違いが見られるのは、学業とスポーツだけに限ったことではない。[7] **長子として生まれた人は、政治的・社会的な考え方がより保守的になりやすい**。中絶や不特定多数の相手との性交渉を是認するようなことは少ない。それが第二子以降になると、よりリベラルな考え方をする人が多くなる。礼拝などの宗教行事に参加することはより少なく、テストでのカンニングや高校生の飲酒にもより寛大になる傾向が見られる。

ただし、これはあくまでも傾向であり、一般化しすぎるのはよくない。こうしたきょうだい間の違いの多くは、統計学的に有意差が認められているとしても、それほど大きな開きがあるわけではなく、平均的に見てどうかという話であって、法則ではない。第二子以降でも、兄や姉と同様に勉強ができる子はたくさんいるし、むしろよくできる場合もある。同様に、長子であっても、スポーツが得意な子は多いし、カンニングをする子もいるし、第二子以降でも保守的な考え方をもっている場合もある。

だが、おしなべて違いはある。事実、性格という点では、ランダムに選んだふたりの人間よりもきょうだいのほうが多少は似ているとされている。[8]

環境が人の性格に与える影響は大きい。ある推定によると、性格の違いの半分は、その人の生まれ育った環境によって説明できるという。子育てのスタイルによって、子供が社交的になったり、神経質になったりすることがあるというのだ。

だが、データが示すところでは、同じ親から生まれても、実際には大きく違った環境で育つ場合があるということだ[9]。たとえば、ふたり一緒に育てられた双子の性格が、別々に育てられた双子よりも、系統的に性格が似ているということにはならない[10]。一組の双子が同じ家庭の養子になり、一緒に育てられた場合でも、性格面ではまったくと言っていいほど相関関係は見られない[11]。自分の子供が昼と夜くらい違うと感じているとしたら、それが手がかりになるだろう。ひとりはとても楽観的なのに、もうひとりは悲観的だとか、ひとりはひょうきん者で、もうひとりは静かで引っこみ思案だとかいったことだ。

こうした違いはランダムに現れるわけではない。

きょうだいのライバル意識とは、誰がサッカーが得意だとか、最後に残ったアイスクリームを食べるのは誰かといったことだけにはとどまらない。それは、きょうだいの中で、誰があるタイプの人間になり、また誰が別のタイプの人間になるかという問題になる。おもしろいのは誰で、頭がよいのは誰か。より母親に似ているのは誰で、より父親に似ているのは誰か。

**きょうだいがいることで、模倣と差別化の両方が促進される**。子供はよく兄や姉を偶像化し、どこで何をするときでもついてまわることがある。たとえば芸術的なことが好きな兄がいれば、その妹は、兄が通う絵画教室についていったり、画材店で過ごす時間が長くなったりする。すべてのことが、上の子のようになれるように下の子を駆り立てる。

だが、模倣によって弟や妹が、兄や姉と同じ道に進んでいくことがある一方で、その道はすでに誰かが通った道であることにも彼らはじきに気づく。芸術家タイプ、お笑いタイプ、学者タイプ、アスリートタイプ、あるいはそれ以外の何であれ、兄や姉がすでに押さえてしまった役まわりは自分のものにはできないことを知るのだ。芸術家タイプはもういるのだから、そうなると自分は芸術が好きなだけでは充分ではない。もっとそれを意識して知識をつけるか、あるいはもっとがんばって兄や姉を押しのけてでも、その領域は自分のものだと主張する必要がある。きょうだいというのは社会的比較が起こりやすい関係であり、いつも劣った側にいるのは気持ちのいいことではない。

だから、兄や姉がよりよい環境を見つけて出ていかないかぎり、弟や妹は、最終的には別の道を行くことが多い。それが親からよく見られるためであれ、自分のためであれ、下の子は、自分自身のニッチを生みだそうとするのだ。

このことは、とくに年の近いきょうだいによく当てはまる。三人きょうだいでは、末っ子は、すぐ上よりも、いちばん上の兄や姉と似ることが多い[12]。差別化はまた、異性のきょうだいよりも、同性のきょうだい間のほうが、その差が大きくなる。異性のきょうだい間では、性別という大きな点で最初から違っているため、ほかの点が似ていたとしても楽でいられる。

きょうだいの性格は、時間とともに互いとは反対方向へ変わっていくようにさえ見える。[13] ひとりがより社交的になっていくのに対して、もうひとりはより内向的になっていったり、陰陽のようにひとつが動くと、それに合わせてもうひとつも動く。つながりは永遠に続くが、違いを求める努力もまた永遠に続くのだ。

きょうだいとは、したがって、重要な機能を果たすものだといえる。遊び相手にもなれば、腹心の友ともなり、盟友にも、友人にもなる。しかし、それはまた、ロールモデルとなりかつ差別化のポイントとして、人が成長する環境をかたちづくるものでもある。

「彼女からは多くを学んだと思います」と、女子サッカーのスター選手モーガン・ブライアンは自身の姉について語っている。「姉はサッカーが好きだったと思います。でも真剣に追求しているわけではなかった。たぶん私は逆を行きたかったんだと思います」

## 人とは違っていたいもの

今あなたは一枚の絵画を買おうとしているところだとしよう。そのような買い物をしょっちゅうしているわけではないが、たまたま通りかかったギャラリーで目に留まった絵が気に入ってしまったのだ。

印象的な絵だ。やや抽象的だが、みずみずしい色使いに美しい線、そして、大胆な構図。同じ画家が描いた一五枚セットのうちの一枚だという。その絵には語りかけてくる何かがあり、それに色合いが自宅のリビングルームにぴったりマッチする。

正式な買い取り手続きを二日後に控えたその日、たまたまあなたはコーヒーでもどうかと誘われて、隣人の家に立ち寄る。その隣人とはそこそこ親しく、頻繁に互いの家を行き来している。隣人は今度の休暇に行こうと思っているフロリダ旅行の計画を話し、あなたは重要な会議中にいつも居眠りしている上司のことを話して、それから最近観たハリウッド映画について語り合った。

そのあとのことだ。隣人が絵画の話を振ってきた。「絵を買うんだってな」と、彼は言う。「実はぼくも最近絵を買ったところでね。買うまえにきみも一度見ておくといい。とにかく完璧なんだよ。ずいぶん長い時間眺めているんだけど、これほどハッピーな気分にはなれなかったほどなんだ。きみもきっと気に入ると思うよ！」と。

それで、見せてもらうことにした。

外に出て、隣人がガレージをあけると、そこにはきらめくばかりの素晴らしい絵画があった。しかし、なんとそれは、あろうことにもあなたが買おうとしていた絵と同じ絵だったのだ。

同じ画家の作品。同じ抽象的な形。同じ美しい色使い。構図にいくらかの違いはあっても、基本的には同じ絵だ。

さて、あなたはどうするだろうか？　それでもまだあの絵を買うだろうか？　それとも別の絵を探すだろうか？

研究者たちは、これとまったく同じ実験はしなかったが（絵画を買うのは費用がかかりすぎるので）、ある地方の醸造所でこれと似たような実験をした。[14]

消費者心理学を研究するふたりの研究者が、ウェイターに扮して、ビールのテイスティングの会場を設定した。グループごとに着席した客たちには、まずは、ミディアムボディのレッドエール、ゴールデンラガー、インディア・ペールエール、ババリアン・サマースタイルビールの四種類の中から一種類選んでもらった。それぞれに飲みたいものを選ぶと、四オンスの無料サンプルがもらえるという趣向だ。

無料のビール？　そこにいたほとんどの人は大喜びで参加した。

ビールがふるまわれたあと、参加者にはいくつかの質問が用意されていた。そのビールはどの程度好みに合ったか？　違う種類のビールを選んだほうがよかったと思ったか？

さて、実験にはもう少ししかけがあった。テーブルについた半分の人々には、通常と同じやり方で注文を聞いた。ウェイターがメニューを渡してそれぞれのビールについて説明し、それから、テーブルをまわって、ひとりずつ、どのビールがいいか訊いてまわった。

テーブルの残り半分の人々には、ほかの人の注文がわからないように個別に注文を訊いた。

ウェイターがメニューを渡し、それぞれのビールの説明をするところまでは同じだが、そのあと客はそれぞれに、渡された紙に注文を書き入れて、それを折ってウェイターに渡すので、ほかの客が何を注文したかはわからない。

ふたつのグループのあいだで、注文をする状況にほとんど違いはなかった。メニューに記載されたビールの種類は全員同じで、ほかに与えられた情報もすべて同じだ。唯一の違いは、各自が注文するまえに、ほかの人が何を選んだかがわかるかどうかだけだ。

だが、データを分析した結果、ふたつのグループのあいだに大きな違いがあることが判明した。ほかの人の注文がわかる状態で注文をしたグループでは、自分の選択に対する参加者の満足度がずっと低かったのだ。そして、自分の選択を後悔しているという回答の数が、もうひとつのグループとくらべて三倍多かった。

これはなぜか？　その理由は、参加者の多くが、ほかの人の頼んでいないものをあえて注文したからだ。つまり、**ほかの人と注文が重ならないように、いつもなら自分が注文していただろうものとは別のものを注文していた人が多かった**のだ。

たとえば、三人のグループがいたとしよう。ポールはペールエールが好きで、ラリーはラガーが飲みたいと思っている。そしてピーターもペールエールが飲みたい。ほかの二人の注文がわからない状態で、それぞれに注文するとしたら、三人とも自分が好きなものを注文するはずだ。その結果、ポールとピーターはペールエールを飲み、ラリーはラガーを飲む。

だが、もし三人がテーブルを囲み、ひとりずつ声を出して注文していったとしたら、注文の順番があとになる人は選択がむずかしくなる。ポールがペールエールを注文し、ラリーがラガーを注文したところで、ピーターの番がきた。ペールエールを頼みたいが、でもポールがすでに頼んでいるので、同じビールを注文するのは妙な感じだな、とピーターは思うかもしれない。ちょうど、隣人が同じ絵を持っているのを見て、買うのをやめていたかもしれないのと同じだ。だから、ピーターは結果的に満足度が下がってしまうかもしれないけれども、別のビールを選ぶかもしれない。[6]

ときに人は、ほかのみんなとは同じになりたくないと思うものだ。自分は違っていたいと思うことがあるものなのだ。

## 「初期の作品はよかったんだけどね」

プロ野球選手は、今ではフルタイムの仕事だ。シーズンの七カ月間におこなわれる一六〇以上の試合に加えて、シーズンオフには次のシーズンにそなえた準備で予定がいっぱいになる。その

6　グループで注文する場合も、最初に注文をする人は影響を受けない。その人よりまえに注文をする人が誰もいないので、自分の好きなものを自由に選び、かつ違いが感じられる。

期間に、体重を増やす努力をする選手もいれば、厳しいダイエットに取り組んで減量をおこなう選手もいる。コーチにシェフ、エクササイズの専門家がチームを組んでデザインしたメニューをこなし、パフォーマンスの最適化を図るわけだ。

しかし、ずっと昔からこうだったわけではない。かつて野球はそれほど稼げる仕事ではなかったので、選手は家族を養うために、シーズンオフにはバットとグローブを置いて、収入を得る手段をほかに見つけなくてはならなかった。野球の殿堂に名を連ねるケイシー・ステンゲルは、タクシードライバーをしていた。投手として活躍したウォルター・ジョンソンは、電話会社が電柱を立てる穴を掘っていた。名遊撃手として名を馳せたフィル・リズートは、洋品店で働いていた。

ヨギ・ベラは、セントルイスでも屈指の有名イタリアン・レストラン〈ルッジェーリ〉で案内係兼給仕長として働いていた。一九五〇年のワールドシリーズでヤンキースを優勝に導いたあとでさえ、シーズンが終わると、タキシードに身を包み、レストランで客を出迎えていた。

球団から支払われる報酬が増えるにつれ、シーズンオフの期間も選手たちが野球のことに費やす時間が増え、それ以外のことをする時間は減っていった。けがなどで本業に影響が及ぶ危険を冒してまで、別の仕事をする必要がなくなってきたのだ。

〈ルッジェーリ〉もまた変わっていった。料理の評判と、ベラの名声（本人がやめたあとも）のおかげで、店はどんどん有名になっていった。

新たに手に入れた名声は、店主にとっては恵みであったが、みんなが喜んでいるかというとそうでもなかった。たとえば、ベラ本人は、行くのをやめてしまった。その理由を友人に訊かれたときには、こう答えたという。「あそこにはもう誰も行かないよ。人が多すぎるからね」[15]

伝統的な経済学の考え方によれば、個人の選択は、他人の行動によって影響されるはずはないことになる。絵画の選択やビールの購入といったことは、価格と品質にもとづきおこなわれるはずだ。だから、画家が絵の価格に数千ドル上乗せしたり、醸造所が水で薄めたビールを売ったりしなければ、人々の好みが変わることはないはずだ、と。

もし変わるとすれば、それは他人のまねをするからだろう。暗室で光の点がどれだけ動いたかを当てようとしたときと同じように、他人の選択は情報源となる。選ぶ人が多ければ多いほど、それはよいものに違いない。そうでなければ、どうしてそれほど多くの人がそれを選ぶのか？もし人気が質を示しているのなら、人気のあるほうを選ぶはずだ。すでに誰かがしているのと同じことをする可能性が高くなるはずだから。

だが、いつもそうとは限らない。〈ルッジェーリ〉がそうであったように、人気が出すぎると、人はしばしばそれを避けるようになる。

〝スノッブ効果〟という用語で説明できるケースがそれで、個人が求めるモノやサービスへの需要と、市場における需要の間には負の相関関係があるというものだ。自分以外の人々のあいだで何かの所有や使用が増えすぎると、それを買ったり使ったりすることに新たに興味を持つ人が減る。

**ほとんどの人は、自分ひとりだけで何かをするのは嫌だと思うが、同じことをする人があまりに増えると、次へ進んで別のことをしたくなる。**ケールやキヌアが流行りすぎたときには反動があった。また、ストライプの次に流行るのは水玉だとみんなが話しだしたときには、最初に水玉を着ていた人たちはもう次に行っていたりする。ほかの人たちもそれが好きになったからというだけの理由で、自分が好きなものを諦めることになったとしても、だ。

それには現実的な理由がある場合もある。あまりに混んだレストランでの食事は楽しいものではない。テーブルに案内されるまでに時間がかかるし、まえもって電話で予約しておかなければならないかもしれないし、まわりの客の話し声に負けないように、大声で話しながら食事を楽しむことはむずかしい。

だが、実際のところ話はもっと複雑だ。

音楽好きの人に、人気が出始めたばかりのバンドの話を振ってみれば、どこかで聞いたようなこんな台詞が返ってくるかもしれない――「《アジアン・スパイダー・モンキー》？　ああ、昔の曲は好きだよ。今みたいに売れるまえの初期のアルバムとかさ。あのころは本物っぽい音を出してたんだよな。今ほどポップな感じはなくて、もっとエッジが効いててさ。もっとリアルだったんだ」

さて、この《アジアン・スパイダー・モンキー》というバンドの初期の音楽が、本当に今よりよかったという可能性はたしかにある。キャリアとともに成熟していくアーティストもいるが、アイデアが尽きていくアーティストも多い。

しかし、たとえばビートルズやマドンナを含め、成功を収めた多くのアーティストの場合、人気が出たあとよりも、まえのほうがよかったという可能性はどのくらいあるだろうか？　それに、誰かが人気のないバンドの初期の作品がいいと言っているのを、一度でも聞いたことがあるだろうか？

人気がクリエイティビティを吸い尽くす〝クリプトナイト〟［バットマンの力を吸い尽くす架空の鉱石］となる可能性はたしかにあるが、もっと説得力のある説明はできる。音楽が変わったかどうかにかかわらず、バンドの人気が出ると、そのバンドのファンでいることで、その人の個性が薄れてしまう、というものだ。

もしもあなたが《アジアン・スパイダー・モンキー》がコーヒーハウスでおこなったはじめてのライブにたまたま居合わせた十二人の見物客のひとりだったとしたら、あなたは規模の小さい、選ばれたグループにいることになる。まだ彼らの名前すら誰も聞いたことがない。だから――デイヴ・マシューズ・バンドやベートーヴェンが好きだというのとは違って――《アジアン・スパイダー・モンキー》の軽快でオフビートなサウンドが好きだといえば、違いを示すしるしになる。はたで聞いている人には、『オズの魔法使い』の大蜘蛛《スパイダー》とか、サル《モンキー》にとりつく寄生虫か何かの話をしているとと思われるかもしれないが、それでも《アジアン・スパイダー・モンキー》が好きなあなたは異彩を放って見える。たしかに何かにとりつかれる話であるにしても、とりつかれたのはあなただけであって、それはあなただけのものだ。

だが、もし《アジアン・スパイダー・モンキー》の人気がブレイクしたら、全部無駄になってしまう。

そのバンドが『ローリングストーン』誌の表紙を飾ったときには、多くの人が聴き始める。インディー好きの音楽マニアから、にわかファンまであらゆる人がそこに群がる。そして、それまであなただけのバンドだった彼らが、いまやみんなのものになっている。かつてのあなたの個性のしるしは、一般化されて広まってしまった。

では、真の《アジアン・スパイダー・モンキー》ファンはどうすればいいのか？

ひとつのオプションとして、そのバンドを完全に手放すという手がある。コンサート会場で買ったTシャツを捨て、彼らの曲をプレイリストから全部消してしまうのだ。

だが、それはちょっとやりすぎだ。結局のところ、あなたは彼らの音楽がまだ好きなのだから。それに、みんなよりまえから好きなのだから！

だから、そのバンドをすっかり手放してしまうのではなく、多くの人が見つける、忠誠心を保ちつつ、あらたな違いの源を求める手はまだほかにある。〝**昔の作品のほうがよかった**〟と言うのがそのやり方だ。

《アジアン・スパイダー・モンキー》の初期の曲が好きだと言うことによって、ファンであることをやめずに、かつ、みんなと一緒にされないですむ。そうして付加的な**ソーシャルカレンシー**［話題に取り上げることによって、他人の目に映るその人の印象がよくなるようなモノやアイデアが持つ価値］の源泉をもつことで、新参者たちより一歩先を行くことができる。実際のところ、彼らはみんなと同じように、同じ人気のあるバンドの曲が好きなだけだが、みんなよりまえからそのバンドのことを知っているという点が肝心なのだ。

こうした反応は、人気が出るまえでさえ起こることがある。何かが流行の兆しを見せただけで、それが嫌いになるという人もいる。みんなが同じことをするまえに、自分は先に行っていなければ意味がないのだ[7]。

## 違いをアピールする理由

アメリカでは、感謝祭《サンクスギビング》に七面鳥を食べるが、この祝日の由来について考えてみたことがある人は、あまりいないのではないだろうか。あえて考えてみてほしいと言われれば、きっと幼稚園

7　ほかのみんなが好きなものに反対する立場をとったり、嫌ったりすることで、差別化を図ろうとする人というのはいる。「みんな〈モモフク・ミルクバー〉のコンポストクッキーが大好きだけど、でも私は？　私はそんなのなんとも思わない。みんなジェフ・クーンズの絵が好きみたいだけど、あんなのアンディ・ウォーホルの焼き直しをマルセル・デュシャンふうにちょっと味付けしただけじゃないか」。このように、ほかのみんなが好きなものを積極的に嫌いになることで、人は自分を差別化することができる。蓄積された知識を、群衆に溶けこむよりもむしろ、自分だけが抜きん出るための手段として使うのだ。

のころに聞いた話を思いだすことだろう——巡礼始祖《ピルグリム》たちとインディアン、あるいはプリマス・ロックとメイフラワー号だろうか。だが、クランベリー・ソースと白いボンネット帽以上に、独立以前のアメリカにやってきた当時の人々は、現在のアメリカの価値観に驚くほど強い影響を与えている。

一六二〇年九月、およそ一〇〇人の人々を乗せた船が、イギリスの港から、信仰の自由を求めて新世界へと旅立った。彼らの多くは英国国教会の分離派、すなわち、宗教改革の程度と、英国国教会のカトリック的なやり方に満足しない急進的な清教徒の一派に属する人々だった。オランダで一時期を過ごしたあと、プロテスタントである彼らは、あらたな定住の地を求めていた。どこか経済的に展望が開け、英語を失わずにすむ場所だ。

当時、個人と神のあいだにあるほぼすべての関係は、司祭が仲介しており、彼らだけが聖なるものとの直接的なつながりを持っていた。彼らは贖罪と赦免を与え、聖書を解釈、補足して説き、そして、触媒として総合的に活動した。儀式と祭式が一日を支配していた。

これら最初の入植者たちと、ほどなくして海を渡ってきた人々は考え方が違っていた。あとから来た人々は、自分の運命は自分でコントロールする権限を民衆にも与えられることを望んだ。現世においても、来世においても同様に。

司祭の言葉を単に受け入れるだけでなく、彼らは、民衆も聖書を勉強し、自分で解釈することを求めた。すべての人々が、自らの信仰を通して、それぞれに直接神とつながり合うことができれば、すべての人がそれぞれに自分の司祭になれる。考えなしにただ権力に追従するのではなく、人々が自分のために考え、感じることを奨励した。独立を保つために。[16]

独立、あるいは個人主義という概念は、強い影響力を持つことがわかった。それは入植者たちの宗教信仰のかたちだけでなく、仲間同士の交流の仕方までも規定した。それはマサチューセッツ湾植民地（私たちが今日も称賛するプリマスの港に着いた建国始祖たちによる）の建設だけでなく、この最初の入植者たちから続くアメリカ文化のより広いルーツにも影響を与えた。人々は、他人とは独立して、それぞれに自分の目的を自由に追求できるようになった。自分の道を拓き、自分の道を行くようになった。

年月が経って、フランスの歴史学者アレクシ・ド・トクヴィルが新世界の急速に成長しつつある民主主義的な秩序の調査をおこなったとき、個人主義は新たに登場した主要テーマのひとつとなっていた。ネガティブな利己主義やエゴイズムではない、〝市民を同胞全体から切り離す、思慮ある静かな感情〟であると。[17]その精神は独立宣言でも貫かれ、合衆国憲法および権利章典に記される市民の自由の保護にもつながっている。人民が、不適切な影響を受けることなく、自身で選択することができる自由である。

今日まで、個人の独立という問題は、この国の政治論の多くの根底をなすものとなっている。どの程度まで、個人の意見を表現する人民の権利を、政府が守るべきなのか？　ある個人の自由を保護した場合、どこからが別の個人の権利の侵害になるのか？

　独立と自律の上におかれた歴史的価値を踏まえて考えると、アメリカ人が差別化に価値を見出すことに不思議はない。仲間と違ったことをする自由。その自由が神の言葉の解釈においてであっても、違う種類のビールを注文することにおいてであっても。[8]

　アメリカにおいては、選択というのは、外部の要件を反映させるものというよりも、各自が内にもっている好みや、個人の欲求、願望を反映させるものととらえられている。ただし、その自由には、責任がつきまとう。もし、選択が、それを選ぶ人の人となりを示すものであるならば、文化的に意味のあるやり方で選択をおこなうことがいっそう重要になる。衣服は単に着るだけのものでなく、私たちが誰であるかを表明するものになる。それに、独立性を表現するのに、他人と違うものを選ぶよりよい方法があるだろうか。

　想像してみてほしい。あるパーティーに出かけてみると、あなたとまったく同じドレスを着た出席者がいたとしたらどうだろうか？　あるいは、ある朝出勤してみると、上司があなたとそっくり同じネクタイをしていたら？

　ほとんどの人は、その場は感じよく笑ってすませても、心の中では気まずい思いをしていたり、少々居心地が悪かったりするのではないだろうか。なぜなら、相手がひとりであれ、一〇〇万人であれ、他人と似すぎているというのは、負の感情反応を引き起こすことが多いからだ。つまり、人を動揺させたり落ち着かなくさせたりするものなのだ。

だから、**私たちは何かを選ぶとき、どこか違う感じを出そうという意識がはたらく。**誰も聞いたことのないようなブランドやまだ再開発の進んでいない地域のマンションを選んでみたり、限定品のTシャツを着たり、カヌーでしか行けないようなポリネシアの島へ旅行をしてみたりするのはそのためだ[18]。

ニッチなハイテクガジェットが受けいれられる理由も、この〝違い〟というものによって多少は説明できる。グーグルグラスは、ウェアラブル・コンピューティングの未来だといわれていた。頭部装着型の視覚ディスプレーで、ユーザーの視野に小さなスクリーンを映しだすそのデバイスは、二〇一二年当時最高の発明のひとつだといわれていた。それを使えば、メモをとったり、スナップ写真を撮影したり、方向を表示したりと、そういうことが全部ハンズフリーで実行でき、自由になった人々は物事を効率よく進めることができるというふれこみだった。

しかしながら、すぐに壁にぶちあたり、展望どおりにはいかなくなった。人々の許可なしに見たものを記録していくことに関して、プライバシーの懸念と倫理上の問題が浮上したのだ。研究の結果、このデバイスによって集中力が散漫になるとの問題が示され、多くの州では、運転中の

8　別の見方をすれば、同調がネガティブに映ることはよくある。それは、主導権を放棄すること、あるいは、自分が誰かの言いなりになることを許すことと見られるからである。ジョージ・オーウェルの『一九八四』や、アイン・ランドの『水源』といった小説は、画一化の危険を警告し、独立した思考を称賛している。ディストピアを扱った多くの映画では、人々は単なる取り換えのきく歯車として描かれる（まわりのみんなとは違う、ヒーローやヒロインがある日空からやってきて、助けてくれるまで）。

グーグルグラス装着を禁止する動きが出始めた。早くに使い始めたユーザーたちの自慢ぶりがすごかったので、彼らは〝グラスホール《gl-asshole》〟という上品でない名前で呼ばれた。やがて、グーグルグラスは問題を求める解決策（その逆ではなく）とみなされるようになった。

ところが、それだけの欠点があるにもかかわらず、このデバイスを求める人々はいまだに存在する。それをひとつ手にするためだけに、十万ドルに近い金額を出しても、売り手を探したり（一般には入手不可なので）、競り落としたりしようと努力する。

その理由は、グーグルグラスを買うことには、それが役に立つかどうか以上のものがあるからにほかならない。ハイテク分野のイノベーターたちにとっては、最新のガジェットは、単なる生産性を上げるためのツールではなく、差別化のツールでもあるからだ。それを所有していることによって、ほかのみんなより先を行っていることを示すことができる――〝ほかのみんなは、同じ恰好をして、同じ行動をして、同じことを言っているみたいだが、自分だけは違う！　徹底した個人主義者なのだ。特別な存在であり、みんなとは違うのだ〟と。

## 人との違いが「私」を決める

他人と違っていることで得をすることはよくある。みんなより魅力的であれば、デートに誘われる機会は多くなる。みんなより背が高ければ、バスケットボールの選手にもっとも選ばれやすいかもしれない。

だが、個性というのは、ほかのみんなよりも何かが優れているというだけの話ではない。もちろん、よい意味で目立っているのは気持ちのよいものだ。頻繁にお誘いがあったり、最初に選んでもらえたりすると、人は特別な気持ちになるものだ。だが、それだけではない。

あなたは今、新しい仕事を見つけたところだとしよう。はじめての職場での一日目はオリエンテーションで、一緒に入社した同僚たちのことを知ることから始めなければならない。まずは緊張をほぐすためのアイスブレイクに参加した。部屋に集められた新入社員たちは、それぞれに自分のことを少し話して自己紹介をしていく。

〝三六歳で、子供がふたりいます〟

〝ボルチモア出身で、オリオールズを応援しています〟

〝親は医師と芸術史の研究者です〟

さて、あなたはなんと言って自己紹介をするだろうか？　もっと根本的な問い方をすると、あなたは誰だろうか？

この問いは、非常に哲学的であると同時に、ものすごく現実的でもあり、また、ぼやかして答えることもできるが、はっきりと答えることもできる。

学校でも職場でも、新生活が始まるとき、私たちはいつも互いに自己紹介をする。名前を言って、それから自分のアイデンティティを示すものについて少しの情報をみんなに知らせるのだ。

ＩＴ化の進んだ現代社会では、自己紹介がヴァーチャルにおこなわれることも多くなった。ウェブサイトに経歴を載せたり、あるいはソーシャルメディアのプロフィール欄から、〝アバウト〟のセクションを見れば詳細がわかる。そうしたオンライン上の情報をざっと見れば、相手と直接対面しなくても、その人がどんな人かをなんとなく知ることができる。

ツイッターは、自分の完全な自己紹介文を載せるには充分なスペースが用意されていないが、それでもユーザーはその限られたスペースを、独特の使い方で使用する傾向がある。たとえば、〝ＬＯＶＥ〟という言葉は、単語としてもっとも頻繁に使われている。[19]

しかし、それは、その言葉を使う人々がロマンチックだからではない。彼らは単に自分の好みを示すためだけにこの動詞を使っているのだ。彼らは自分の好きなものや、好きなことを表わすためにこの言葉を用いる――〝私は犬が好き《アイ・ラブ・ドッグス》〟〝フットボール観戦が好きです《アイ・ラブ・ウォッチング・フットボール》〟〝子供たちのことが大好き《アイ・ラブ・マイ・キッズ》〟という具合に。

ほかにもカテゴリー別によく書かれているものを見てみると、職業や役割について書いてあることが多い――〝ソーシャル・メディア・マネジャーです〟とか、〝家庭を大事にする男です〟とか、〝大学教授です〟とかいうふうに。

こうした自己紹介は、単なる儀礼的なあいさつではない。より深いレベルで、それらは私たちが自分自身をどのように見ているかを覗き見ることのできる窓になる。それを見れば、世界中に何十億といる人間のなかで、私たちが自分自身をどのように定義づけているかを知ることができるのだ。
カテゴリーの枠に入れられてしまうことを好む人はいないが、一方で、物も人も、ほかの何かと関連づけができてはじめてなんらかの意味を得る。リンゴを見たことがない人に、それはリンゴだと言っても意味をなさない。何か別のものと関連づけた説明をして――それは小さい、赤か緑のフルーツだ、など――はじめてリンゴの本質が明確になる。リンゴが属するカテゴリー（ここではフルーツ）を引き合いに出すことによってはじめて、その意味を伝えることができるのだ。

フルーツは食べられるものが多いから、リンゴは食べられるはずだ。フルーツは甘いことが多いから、リンゴもたぶん甘いのだろう。リンゴはフルーツであるということによって、それが地面から生えて育つものであり、食べることができ、そしておそらくはそれなりの数のビタミンを含んでいるのだろうということを、なんとなく示すことができるのだ。

だが、意味というのは、リンゴがなんであるかだけでなく、リンゴがなんでないかという情報にもついてくる。リンゴはフルーツであるということはまた、リンゴとはフルーツで〝ない〟ものとは違うことを暗に示すことにもなる。たとえば、たぶんそれには脚がなく、そしておそらく家具として使うには不向きだというようなことだ。いくらかの違いの感覚が得られなければ、意味はぼやけてしまうのだ。

同じことは、私たちが自分をどう説明するかにも当てはまる。もし誰かが、大学教授だと自己紹介すれば、その人がどんな人であるかの感覚はいくらか伝わるだろう。それにより、「自分は大学教授です」と自己紹介するほかの人々に共通する性質が、その人にもあることが暗に示されるわけだ。つまり、その人はおそらくは読書好きで、思索が好きで、もしかしたら部屋から出ないで過ごす時間が少々長すぎるかもしれない、というようなことだ。

しかし、それはまた、自分のことを大学教授だと説明しない人とは違うということも示すことになる。その人はおそらく、自分をバスケットボールの選手だと説明する人よりは背が低く、アーティストだと自己紹介する人とくらべて想像力が乏しいと思われるかもしれない。

なぜなら、もし誰もが大学教授なら、〝大学教授〟というのはカテゴリーとして意味を持たなくなる。単に〝私は人間です〟と言ったところで、たいした情報にはならないのと同じだ。それでは何十億といるその人以外の人々からその人を区別するものにはならない。

したがって、**違いは、何かを定義づけるものとしての価値が高い**。もしすべての人がまったく同じならば、自己の感覚を持つことが困難だろう。どこからが自己で、どこまでが他人なのか？そこで差別化がアイデンティティの感覚を確立するのに役立つ。その人が誰で〝ある〟かと誰で〝ない〟かの両方の輪郭をくっきりと描きだすことになるからだ。

これは、子供が大人へと成長する過程でよく見られることでもある。十二、三歳までの子供は、基本的に親の延長だ。親が着せる服を着て、親が調理した食べものを食べ、親が住んでいる場所に住む。子供は親のクローンではない（口応えはするし、食べものの好き嫌いもある）が、自分を差別化するようなことはほとんどしない。

しかし、大人になるということは、一部にはほかの誰でもない自己を定義づけることでもある。親とは別の自己だ。だから、ティーンエイジャーは反抗する。厳格な菜食主義者《ヴィーガン》になったり、不良っぽい男の子や女の子とつるんだり、親が学校へ迎えにいくと退屈そうにしたり反抗的な態度をとったりするのはそのためだ。

彼らがそのような態度をとるのは、親を怒らせようとしているからではない（そう見えるかもしれないが）。彼らは個性的で、ほかのみんなとは違う自分らしさを手に入れようとしているのだ。そのために、親と自分とのあいだに境界線を引き、どこからが自分のアイデンティティであるかを明確にしようとしているのだ。

## ほとんど同じでも、大きな違い

ごく最近の話だが、弁護士をしている友人と話をする機会があった。いま私が取り組んでいる仕事について尋ねられたので、社会的影響力についての本を執筆中だと答えたところ、友人は、そのテーマに関連して、自分の同僚たちの嘆かわしい状況を話し始めた。

「みんな同じになりたがるんだ」と、彼は言った。「若い弁護士たちがボーナスをもらって最初にすることといえば、みんなこぞってＢＭＷを買うことなんだ」

「そうはいっても、きみもＢＭＷに乗っているじゃないか」と指摘すると、こんなふうに反論してきた。「そうさ。でも、みんなが乗っているのはシルバーのＢＭＷなんだよ。ぼくが乗ってるのはブルーだからね」

どんな選択、あるいは決断にも、みなそれぞれにいろいろな属性や側面がある。車なら、ブランドや、モデル、色、あるいはその他の機能で説明できるだろう。旅行なら、行ってきた街や州、あるいは国、泊まったホテル、そこで何をしたか、などだろうか。

他人とは違っていたいという欲求は、人に、よりめずらしい車を買わせたり（たとえば、トヨタ・カムリよりもフォルクスワーゲン・バスとか）、よりめずらしい土地へ向かわせたりする（オーランドよりもアンギラのような）。だが、差別化への欲求によって、人はまた、自分の選択がより個性的だと本人が感じる側面に、より意識を集中させるようになる。実際のところ選んだものが同じであったとしても、だ。

たとえばパーティーの会場で、自分とまったく同じドレスを着ている人に出会ってしまったら、その人は、履いている靴が違うことや持っているハンドバッグが違うという事実に意識を集中させるかもしれない。ＢＭＷに乗っている人は、自分が買ったモデルの色や機能に注目するかもしれない。人は差別化の必要性を支持する情報に注目し、記憶するものなのだ。

ここにふたつのバッグがある。どちらもフランスのブランド〈ロンシャン〉のものだ。また、どちらも大部分がナイロン製で、アクセントに革が使われている。そして、商品説明によると、どちらもあなたが日常必要なものを運ぶのにぴったりのサイズだそうだ。ふたつのバッグの違いは、実は、色だけだ。

私は、このふたつのバッグがどの程度似ているかを人々に尋ね、一から一〇〇のスケールで答えてもらった。すると、ほとんどの人は、これらは非常に似ていると答え、スコアは九〇前後が多かった。

理由を訊いてみると、先ほど述べたのと同じような答えがたくさん返ってきた。これらは同じサイズであり、同じブランドだから、などだ。とても似ているので、回答者のなかには、なんのいたずらでそんな質問をするのかと思った人もいた。

ところが、これらのバッグのどちらかを持っている人に同じ質問をしてみると、まったく異なる答え

「ほら、色がこんなに違うでしょう！」と、ロンシャンを持つ人々は言った。「全然似ていない」という声が返ってきた。

誰かに、その人が大事にしているものを言ってみてもらってほしい。お気に入りのネックレスでもシャツでもキッチン小物でもなんでもいい。それが聞きだせたら、それと同じものを持っている人は何人いるかと訊いてみてほしい。

間違いなく、人々は少なめに見積もった数字を言う。一桁少なく言うことだってあるだろう。何かが自分にとって重要なときほど、私たちの目にはそれが違って見えるものなのだ。

さらに、保育園へ行って、何十人もの子供たちがマカロニを使って工作をしているところを見てみるといい。あるいはドッグパークへ行って、子犬が追いかけっこをして走りまわっているのを見てみるのもいい。外部から来た者にとっては、みんなとてもよく似て見えるはずだ。もちろん、違いはあちこちにあるが、それでも類似性のほうが目に入る。

だが、子供の親や子犬の飼い主に訊いてみれば、きっと別の答えが返ってくるだろう。彼らの子供は、ほかの子とはぜんぜん違うし、彼らの犬はかつて地球上を歩いたことのある犬のなかでいちばん個性的なのだ。間違いない。

ある意味、違いというものの核心はそこにある。実際に、リアルな違いを求める場合はもちろんある。私たちは友だちや隣人とは違うブランドを買い、違う意見を支持し、違う場所へ旅をする。リサイクルされたチーク材や線路の枕木でつくられたアンティークふうのコーヒーテーブルを買うのはそういうわけだ。

しかし私たちは、この違いを求める欲求を頭の中だけで満たしてもいる。どんなふうにみんなと似ていて、どんなふうに似ていないかということに意識を集中させることでそれは起こる。つまり、自分が買ったそのシャツは、ほかの何千人もの人と同じ店で買ったものだととらえるか、それとも、ほかに持っている人の少ない特別な〝オフ・オフ・グレー〟という色味のものととらえるかということだ。

＊＊＊

こうした頭の体操は、多くの人が〝違い〟と聞いたときに感じる戸惑いの解消に役立つ。

今度、スーパーマーケットへ行ったり、地下鉄の列車待ちをしたりしているときにでも、周囲を見まわしてみてほしい。そうすると、人々のほとんどがよく似て見えることに気づくだろう。私たちはみんな目がふたつで、耳もふたつ、鼻がひとつ、口がひとつある。よく似た服を着て、よく似た食べものを食べ、よく似た住居に住んでいる。だが、この類似性の海のなかにいながらでさえ、私たちは個性の感覚をもっている。**自分は違う、特別なのだ**、という感覚だ。

そしてその一部は、違いの幻想につながっていく。私たちは、核心的な部分では実際のところはほとんど同じだとしても、他人とは違う部分に目を向ける。

だが、この違いを求める欲求は、誰もが同じ強さで感じているものなのだろうか？

## 違いを好む層、気にしない層

この章で紹介した、シナリオが急展開した例を思いだして、もう一度考えてみてほしい。隣人が同じ絵を持っているのを知ったときに、まだその絵を買いたいと思うかどうかや、頼もうと思っていたビールを友人が先に頼んでも、まだ同じものを注文するかどうかということではなく、あなたがすでにやっていることとまったく同じことを誰かがやり始めたら、どうするかということだ。誰かにまねをされたとき、あなたはどんな反応をするだろうか？

今あなたは新車を買ったところだとしよう。その車を何人かの友人に見せ、そのなかのひとりが同じ車を買ったことを知ったとする。メーカーもモデルもまったく同じものだ。どんな気分だろうか？

ノースウェスタン大学のニコール・スミスが、ＭＢＡの学生にこの質問をしたところ、得られた回答は予想通りのものだった。

苛立ちを感じた、または嫌な気がした、というのがその答えだった。彼らは友人が同じ車を買ったことで裏切られたような気分になり、その車がもう自分だけのものでなくなり腹が立ったというのだ。自分と同じ車を誰かが買ったことで、差別化の意味がなくなり、その車がどこにでもあるものになってしまったと感じたのだ。

こうしたネガティブな反応は、個性について、ここまでに述べてきたことのすべてと一致する。人はどこか個性的でありたいもので、差別化の感覚が脅かされると感じるときには、負の感情反応が起こる。そして、他人とは違っていたいという欲求とも矛盾せず、MBAの学生たちは、誰かにまねをされたときには腹を立てた。

ニコールは別のグループにも同じ質問をした。ふたつ目のグループのメンバーは、MBAの学生たちと多くの点で似ていた。年齢層が近く、ほとんどが男性だった。

異なる点はひとつだけあった。比較的裕福な学生たちと違って、このグループのメンバーはブルーカラーの生活をしていた。年間十万ドル以上もかかる特権的なビジネススクールに通う人々ではなく、身体を使って仕事をしていた。

彼らは消防士だった。

その消防士のグループに、「もし友だちが自分と同じ車を買ったとしたら、どう思うか」とニコールが尋ねたところ、イライラするとか腹が立つとかいう答えはほとんど誰の口からも出てこなかった。実際、結果を集計してみたところ、彼らの回答は圧倒的に肯定的であることがわかった。腹を立てるどころか、彼らは友だちのそのような選択を喜んでいたのだ。そんなことは全然かまわないし、それに友だちはいい車に乗れるのだから、というのが彼らの答えだった。

消防士のひとりは、こんなふうにそれを表現していた――「そりゃいい。自動車《カー》クラブを始めようぜ！」

なぜ消防士たちの回答はこんなふうに違っていたのだろうか？　他人と似てしまうことを、MBAの学生たちは嫌だと思うのに、なぜ消防士たちはそう感じていないのだろうか？　またこのことは、他人と違っていたいという欲求について、私たちに何を教えてくれるのだろうか？

ニコールが、自分がふたつの世界で育ってきたことに気づいたのは、大学に入ってからのことだった。両親と、その両親、そのまた両親と同じように、ニコールは、フロリダ州のウェスト・パーム・ビーチで生まれた。裕福な家庭ではなかったが、貧乏でもなかった。父親がベトナム行きを逃れるために大学へ行き、のちに消防士になって、副業として高圧洗浄を扱う清掃会社を立ち上げた。事業は大きくなり、じきに従業員を何人か雇うことができた。その後、地域全体の郵便配達車両の清掃を請け負うようになった。駐車場が何百台もの郵便配達車でいっぱいになり、ニコールときょうだいたちも子供ながらに手伝ってこづかいを稼いだ。

両親はニコールに、一生懸命働くことを教えた。〝ルールにしたがって遊び、学校でよい成績をとっていれば、チャンスがめぐってくる〟のだと。

だから、がんばった。ニコールはよい生徒だった。完璧主義といえるくらいに。スペリング大会で一位にもなったし、クラスで一番に近い成績で卒業した。

大学への進学を考えたとき、ニコールにはやりたいことがあった。フロリダを離れたことはなかったが、映画の中でみんながしているみたいに大学へ行くのが夢だった。ニューイングランドにある小規模で感じのいいリベラルアーツの大学に入って、落ち葉の舞うキャンパスの中庭で、セーターを着た学生たちと笑い合うのだ。

マサチューセッツ州のウィリアムズタウンにあるウィリアムズ大学《カレッジ》から入学許可の通知を受けとったときには、ニコールは大喜びだった。まさに願いが叶ったのだから。

しかし、両親は納得していなかった。「なにもそこに行かなくても。フロリダにだって奨学金をもらって行けるいい学校はある。どうしてわざわざそんな学費の高い学校へ行く必要があるのか？　そこへ行けばいい仕事に就けるとでも？」学費の高さを考えれば、実にまっとうな意見だった。

そこでニコールは、大学の同窓会事務所に電話をした。そして、データや統計、その他なんでも、投資に見合う価値があることを両親に示すことのできる資料を探していると伝えた。

同窓会事務所はニコールの問い合わせを歓迎し、たくさんの資料を提供した。その結果、ニコールの主張を聞いたあと、両親は折れた。ウィリアムズはいい学校だ。

こうしてニコールの大学生活は始まった。ウィリアムズ大学は多くの面で完璧だった。つねに国内でもベストに数えられるリベラルアーツの大学のひとつだったし、授業も教授陣も素晴らしかった。ニコールのもうひとつの情熱であるバスケットボールでも、いろいろなチームと試合をすることができた。人生は素晴らしい。

だが、同時に、何かがずれているような気もしていた。自分でははっきりと言いあらわすことのできない何かが。学業の面では準備が足りている自信があったが、でもどこか、自分がまわりの学生たちに馴染んでいないような気がしていた。

ある意味、ニコールは特権意識をもっていた。彼女がバスケットボールのチームに入って練習を続けてきたフロリダのリヴィエラ・ビーチに近いその場所は、そこに暮らす家庭のほぼ三分の一が貧困線を下回る貧しい地区だった。チームの中で白人の女子はニコールただひとりで、チームメイトの多くは、治安の悪い、貧しい地域で暮らしていた。ニコール自身は何不自由なく、安定感のある協力的な家族の中で育ったのだった。だから、自分だけ多くを持っていて、チームのみんながあまりに持っていないことには気まずさを感じていた。

ところが、ウィリアムズ大学に来てみて、ほかの学生たちが、それまで存在すら知らなかった多くの機会を享受していることにニコールははじめて気がついた。ハンプトンに家があったり、授業料の高いプレップ・スクールの出身だったり、かっこいい家庭教師をつけていたりするのだ。親の職業も華やかで、政治家や、医師や、弁護士だったりする。何世代にもわたって各界につながりのある家庭の出身者も多かった。ニコールの持っていた特権とは、まるで次元が違った。

それらのことを全部つなぎ合わせ、自分がしてきた経験を理解するまでには何年もかかったが、それはのちに、人がもつ文化的背景というものが、その人の人生を大きく左右するということを理解するのに役立った。そしてその洞察を大学院にもちこみ、ジェンダー、人種、社会的階級がいかに人々の経験と成果に影響を及ぼすかについて、さらに深く掘り下げて研究を進めた。

個性的であることをよしとする考え方は、アメリカ文化の中に染みこんでいる。子供は生まれてすぐ自室を与えられ、自律を促される。バーガーキングは、人々に〝自分流に食べる〟ことをすすめ、たばこ会社は消費者が〝普通でないものを選ぶ〟ように仕向ける。違いこそが価値あるもののように考えられている。

けれど、誰もがそんなふうに感じているのだろうか？

ニコールは確信が持てなかった。もしかしたらそこに社会的階級の影響がはたらいていないだろうかと思った。育った環境が、中流階級であったか、労働者階級であったかによって、似ていることを好むか、違うことを好むかが分かれるのではないか、と。

それをたしかめるために、ニコールはまず車を観察することから始めた。調査は地域のふたつの商業施設でおこなった。ひとつは、上流とはいわずとも、中流以上をターゲットにしたアウトドア型のショッピングモールで、〈ルイ・ヴィトン〉や〈ニーマンマーカス〉といった高級店も入っている。もし駐車場の空きスペースを自分で探すのが億劫なら、駐車場係に頼んで代わりに停めてもらうことができるような場所だ。買い物に来て、ちょっとおいしいものでリフレッシュしたいと思えば、〝一日一日の充実感とバランスを見つけるために、現代人はシンプルかつ簡便な、日々の慌ただしいスケジュールに対応できるようとりそろえたフレッシュなツールで身を守る必要がある、という発想から生まれた〟しぼりたてのフレッシュなジュースを飲むことができる。

もうひとつの店は、確実に労働者階級向けのものだ。そこには車係はおらず、高級店も入っていないし、九ドルするルートジュース〔赤ビーツから採れるジュース。一酸化窒素やビタミン類を豊富に含む〕とセロリの組み合わせこそが、クレイジーなこの世の中で落ち着きを見つけるために人々に必要なものだという考え方もない。おもに労働者階級の人々が、ただ単に安くてよいものを買いにいくところ——〈ウォルマート〉の駐車場である。

ニコールは、両方の駐車場をまわり、停まっている車のメーカーとモデルを一台一台調べていった。中・上流向けのショッピングモールでは、日産セントラ、ＢＭＷ３２８ｉ、ボルボＳ６０などが停まっていた。ウォルマートのほうは、トヨタ・カムリ、アキュラＴＬ、またカムリ、その次の列も、またその次の列も同じような感じだった。

次に、それぞれの駐車場で、車のボディタイプはいくつあったかを数えた。メーカーとモデルの組み合わせが何種類あるかについても調べた。

人々が個性的でありたいと思う場所では、多くの車種が見られるはずだ。メーカーもモデルも同じ車に乗っている人もいくらかはいるかもしれないが、選択はばらけて、よりたくさんの種類の車が集まっているはずだ。

一方で、みんなと似ているものを好む人々が集まる場所では、車種が重複することが多いだろう。より限られた種類の車に人々が集中するはずだ。メーカー、モデルの数も、三〇にはとどかず、二〇程度かもしれない。

集計してみると、消防士を対象に調査したときと、いくらか類似性のある結果が得られた。ハイエンドのショッピングモールとくらべて、ウォルマートの駐車場では停まっている車のメーカー、モデルの種類が少なかった。各人がそれぞれ違う車に乗るよりも、同じ車に乗っている傾向が強かったのだ。[9] 労働者階級の人々はより似ているほうを好んでいた。

＊＊＊

あきらかになったのは、違いを求める原動力には違いがあるということだ。つまり**人々が他人と似ていることを好むか、違っていることを好むかの違いだ**。中流階級のバックグラウンドをもつ人々は、人気のあるアイテムを選ぶのを避け、自分が持っているものを誰かが選ぶと、それが

9　もしかしたら、これは差別化を好むかどうかというよりも、買えるかどうかの問題ではないかと思われるかもしれない。経済的に余裕があれば買える車の選択の幅が広がるのだから、ウォルマートの駐車場に停まっている車のメーカーやモデルの種類が少ないのは、労働者階級の人々には高級車を買う金銭的な余裕がないからかもしれない。もちろん、それは現実の一部ではあるが、全部ではない。車の色をくらべた場合にも同じようなパターンが見られるのだ。中流階級向けのブランドの自動車は、一般に労働者階級向けのそれよりも、より多くの色が用意されている。たとえば、ＢＭＷの平均的なモデルでは、ホンダの平均的なモデルとくらべて色の種類は二倍ある。色のような側面でさえ、差別化における違いがはっきりと出ているのである。

好きだった気持ちが薄れる。ところが、労働者階級の人々は、人と同じになることにそれほど抵抗がない。彼らは人気のないものよりあるものを選び、自分と同じものを誰かが選ぶと、それがもっと好きになる。違いが少ないほど好まれる。[10]

だが、これは実は社会経済学的なステータスだけの話ではない。労働者階級あるいは中流階級に属する個人のあいだでさえも、個性的であることに対して感じている必要性、あるいは好みはさまざまに異なる。[11] つまり、人気のある商品やブランドが好きな人もいれば、そういったものを避ける人もいるということだ。ある人は、誰にもまねのできないパーソナル・イメージをつくりだそうとし、また別の人は、より中道を行こうとする。[20]

異なる文化のあいだでも、違いが果たす役割は変わってくる。アメリカには、〝きしむ車輪は油をさされる〟ということわざがある。目立つ人、目につきやすいことをする人ほど、注目を集めるという意味だ。ところが日本へ行くと、〝出る杭は打たれる〟ということわざがあるくらいで、まわりに溶けこむことこそが重要で、目立つのは悪いことになってしまうことがある。

多くのアメリカ人が個性を自由と独立のしるしと考えるのに対し、東アジアの文化では調和とつながりにより重きが置かれる。まわりのみんなとの違いが大きすぎれば、それは逸脱とみなされ、集団でやっていく能力がないと思われてしまうのだ。

このように異なる規範と足並みをそろえるように、ある研究では、アメリカ人とくらべて、中国人や韓国人はより似たものを選ぶという結果が示されている。[21] 東アジアの人々に、より一般的な選択肢とそうでない選択肢からどちらかを選んでもらったなら、より一般的なほうが選ばれるだろう。韓国人にどのイメージがいちばん好きかと訊いてみれば、馴染みの少ないものより、より馴染みのあるほうが好きだと答えることだろう。

したがって、**個性とは、正しいとか正しくないとかの問題ではない。どちらがよくて、どちらが悪いというものではなく、文化的背景から派生した好みの問題なのだ。**

差別化を促す文化的背景というものもある。かつて、ある時代のアメリカにおいて、中・上流階級の子供たちは、自分たちは花開く時期を待っている〝特別な花〟なのだと教えられた。いずれ世界に向けて自分を表現しなければならないスターの卵たちなのだ、と。その子供たちは多く

---

10　社会的階級がもたらす興味深い影響はほかにもいろいろある。たとえば職業がそうだ。中・上流階級の人々がはじめて会った人に尋ねる質問のひとつに、「お仕事は何を?」というものがある。中・上流階級の人々にとって、職業とはその人の人となりを定義するひとつの要素と考えられているからだ。彼らは自分の興味や情熱にもとづいて職業を選び、その選択がひとりの人間としての自己表現であると考えている。それが彼らのアイデンティティを示すものになるのである。ところが、労働者階級の人々のあいだでは、「お仕事は何を?」という質問は、会って最初にする質問にはなりにくい。というより、もしそのような質問を最初にしたら、相手は気を悪くするかもしれない。なぜなら、労働者階級の多くの人にとって、仕事とはアイデンティティを示すものであるまえに、生計の手段であるからだ。それは生活のためにしていることであり、家族を養うために必要だからしていることなのだ。

11　労働者階級の人々にとって個人は仕事以上のものであり、彼らにとっては、仕事以外の生活の多くの側面のほうが大切である。その人の特徴を定義するものが、生計を立てるためにしていることで決まると決めつけてしまっては、相手を傷つけてしまうことにもなりかねない。

の機会が与えられたばかりでなく、自律と選択、そして、個人の好みにもとづいて、どの可能性が自分にいちばんふさわしいかを自分で決める裁量が与えられた。つまり、彼らが個人として自分をどう見るかにもとづいてそれをおこなうのだ。[22]

だから、自然の流れとして、そのような文化的背景をもって生まれてきた子供たちは、違いを当然と思うようになる。自分はほかのみんなと同じではないのだから、そのことを反映した選択をすべきなのだ、と。

とはいえ、すべての文化的背景が、同じくらいに差別化を促進するわけではない。

労働者階級の文化的背景は、違っているよりも相互依存を促進する。スター選手になるよりも、チームプレーヤーであることがよしとされるのだ。傾向として、労働者階級の家庭の子供たちは家族と過ごす時間が比較的長く、育児についても直接的なふれあいが多い。子供たちは〝あなただけのことではない〟ことを教えこまれ、全体の一部となることは重要だと教えられる。[23]

だから、労働者階級の家庭で育つ子供たちは、周囲へより気配りができ、適応力がある。自己主張は大切だが、ほかの人のニーズも考慮に入れることもまた重要なのだ。自分だけのことよりも、全体のことを考える。

結果的に、労働者階級の文化的背景のもとに育った人々は、差別化をあまり好まない傾向がある。みんな家族や友だちやあなたを気にかけている人ばかりだというのに、なぜそのみんなと違っていたいなんて思うのか？　経験はひとりでするよりも、みんなで分かち合ったほうがいいとは思わないのか？　といった具合だ。

こうした好みの違いは、人々が住むそれぞれの世界でも表現される。[24] 労働者階級の消費者をターゲットにした広告は、同調を促しはせずとも、ほかの誰かに目を向けていること、つながっていることの大切さをほのめかすものが多い。たとえば、スポーツ雑誌の『スポーツ・イラストレイテッド』に掲載されている、トヨタや日産ＳＵＶの広告文を見てみるとよくわかる。研究によれば、それらの広告文には、友だちや家族（〝もっと家族の時間を〟）、つながり、いっしょに何かをすること（〝ふたつの素晴らしいものがいっしょになると〟）への言及が多い。ビジュアルイメージに複数の人間が使われている頻度は、ほぼ十倍になるという。

ところが、中流階級の消費者をターゲットにした広告では、〝違い〟を強調したものが多いの『ヴォーグ』や『ボナペティ』などの広告にそれはよく現れている。差別化を促すものが多いのだ。商品がほかとは違うことを強調したり（〝違いをご覧ください〟）、個性を強調したり（〝世界中を探してもこれひとつだけ〟）したものが多い。中・上流階級の消費者に向けた広告では、その商品を買うことによって、あなたをほかのみんなから差別化できることが示唆されるのだ。同じような違いは、小売りの現場でも目にすることができる。たとえば、ハイエンドのショッピングセンターや五番街のようなロケーションを考えてみてほしい。もちろん、チェーン展開している場合もあるが、それでもそこにはたくさんの、そこにしかないブティックがあり、それぞれが〝一点もの〟や〝ハンドメイド〟の商品を扱っている。ほかに持っている人がいないものを必要とする人々のための店が集まっているのだ。

商品の陳列方法を見ても、違いが強調されたものになっているのがわかる。ひとつの陳列台にひとつの商品だけが展示されていて、ほかのものから離して置かれていたりする。あるいは、陳列棚がいくつかあっても、サイズごとに一点ずつだけ置かれていたりする。まるでそれが地上にはじめてもたらされた、たったひとつしかないMサイズのオリーブグリーンの柄入りタンクトップであるかのように。そして、そのたったひとつしかないMサイズのオリーブグリーンの柄入りタンクトップがつくられたあとで、誰かが、〝これは完璧だ。このようなものはほかにあるはずがない〟とでも言ったかのように。

労働者階級向けのショッピングエリアで売られている商品には、そのような多様性は見られない。チェーン展開の店舗や施設が多く、どれも見た目が似ている。あるいは、どこかで見たようなメニューを提供する店が多い。

陳列されている商品を見ても同様だ。まったく同じ色と形で多様なサイズをとりそろえたグリーンのタンクトップが積まれているそばに、よく似たブルーのタンクトップや、よく似たイエローのタンクトップが積まれている。同じ皿やマグカップが並ぶ何列もの棚には、上下に同じ品物の在庫が用意され、ほしい人が誰でも買えるようになっている。そこでは、違いではなく類似性こそが商品なのだ。

そこに見られる差異の一部は金銭的な理由で説明できるが、しかし実際にはもっと複雑な事情がある。労働者階級の人々には、その特別なMサイズのオリーブグリーンの柄入りタンクトップがほしくても買えないだけだと反論することはできるだろう。彼らだって、もし資金があれば、七五〇人のラッキーな顧客にのみリリースされる、電池にグラフェン［大容量の蓄電を可能にする新素材］を採用したアウディのハイエンドモデルが買いたいだろう、と。

だが、それでは説明としてあまりに安直すぎるし、その根底には、どこか個性的であることは〝正しい〟のだと決めつけているところがある。誰もが個性的でありたい。でもそうなれるかどうかはリソースによって決まるのだ、と。

リソースがあれば、もちろん選択の幅は広くなる。お金を持っていれば、あるいは、機会の豊富な世界に住んでいれば、ほかのみんなから自分を差別化し、自分の選択を通して自己表現するという選択肢が生まれる。だが、リソースを持っていない、あるいは、あらゆる局面であなたに選択の機会を与えない文化的背景の中で生きているならば、そのようなやり方で自己表現する自由は少なくなるだろう。

しかし、だからといって労働者階級の文化的背景を背負った人々が、もっと他人と違っていたいと思っていることにはならない。そんなことはまったくないのだ。そのような文化的背景のもとでは、より似ていることこそが規範となっているのであり、またそれが好まれることなのだ。

どちらが正しいという話ではない。**私たちが育ってきた社会がもつ文化的背景は、私たちがどのようにふるまい、どのように自分たちの行動を解釈するかを規定する。**自分は特別な雪の結晶なのだと思いたい人もいれば、たんに自動車クラブをつくるだけで大満足な人もいるのである。

## 社会的影響力を味方にしよう

差別化とは、ティーンエイジャーや反抗的でいたい人々が感じる単なる気まぐれではない。程度の差はあれ、それは誰もが感じるものだ。つまるところ、誰もが同じだけそれを求めたとしたら、違いは生まれない。

違いというものが、どんなふうに人の行動を方向づけるものかを理解していれば、より満足のいく意思決定ができることだろう。グループで料理を注文するときには、たとえ誰かと注文が重なったとしても、自分の好きなものを注文することができたなら、そのほうが得られる満足感は大きいだろう。しかし、個性がないように思えても、あえて人と違うものを注文したり、別の面での違いに目を向けることができれば、そのほうが楽なはずだ。そして、あまり好きでないものを選んだのなら、もうそこにはこだわらず、ほかの料理に意識を向けて食事を楽しめばよい。

もしどうしても気になってしまうなら、自分が最初に注文すればいい。ウェイターに合図をして、先に注文してしまえば、誰かの注文に左右される心配はもうしなくてもいい。

また、選択できる環境を整え、選択をデザインすることによって、人々が違いを感じられるようにすることもできる。アップルのｉＰａｄには、幅広いカラーの選択肢が用意されている。青や赤ならグレーよりもその色が好きだという人がいるだろうが、黄色やオレンジになると個人の好みを超えた問題になる（いちばん好きな色が黄色だという人は少ない）。だが、アップルは、たくさんの色のバリエーションを用意することで、実際にはその商品はとても人気があり、基本的にはみんな持っているものは同じであっても、持つ人に違いを感じさせることができるのだ。友だちは緑で、同僚は紫、母親は青を持っているかもしれないが、それでも自分は個性的だと思える。それは自分が持っているのが赤だから。それはあなたのものであり、あなただけのものだからだ。

スターバックスのような場所の成功もまた、違いという観点から説明することができる。もちろん、少しいい豆を使っていたり、雰囲気がちょっとよかったりするかもしれないが、それでもコーヒー一杯の値段は、マクドナルドやその他のテイクアウト店の三、四倍はする。では、人々が喜んでその高い値段でコーヒーを買うのはなぜか？

スターバックスは、単にコーヒーを売っているだけではない。彼らはパーソナライズした体験を売っている。注文するときも客個人が好きなようにカスタマイズすることが可能だ。私たちのスターバックス・コーヒーは、前に並んでいるあの子たちの飲んでいるものとは違う。自分だけのテイストに合わせて用意されたコーヒーが、（多くの場合）自分だけの名前が書かれたカップに入って提供される。それは、四ドルを支払うことによって、自分が特別な存在であり、みんなとは違うのだということを思いださせてくれるものになる。そして、その違いを買っているのだと思えば、安いものではないか。

こうしてみると、**社会的影響力というのは、私たちを同一化と差別化のどちらにも押しやる**ものに思える。他人をまねするように仕向けておきながら、その一方で、他人と自分を区別させようとする。では、それぞれの方向へ向かうのは、どんなときなのだろうか？

結局のところ、それはその他人が誰であるかで決まる。

# 第3章

## Not If *They're* Doing it

# あいつらがやっているならやめとこう

## 〝コーヒーも飲まないで、反逆児でいようなんて無理さ〟

――サウスパーク

二〇一〇年はじめのある朝のこと、ニコール・ポリッツィが郵便受けをあけると、そこには嬉しいサプライズが待っていた。請求書やカタログ、ダイレクトメールと一緒に、箱がひとつ届けられていたのだ。そして、箱の中には〈グッチ〉の新作バッグが入っていた。

有名なインターロッキングGのパターンがあしらわれたベージュとエボニーのトートで、アクセントにライトゴールドの金具がついている。九〇〇ドルするそのバッグはシーズンのトレンドで、当時ファッショニスタたちをとりこにしていた流行のアイテムだ。

だが、ニコールはそれ以上に興奮していた。なぜなら、それは自分でオーダーしたものではなかったからだ。彼女はそれを無料で受け取った。ニコールは〈グッチ〉の競合ブランドから、〈グッチ〉のバッグを贈られたのだった。

ニコール・ポリッツィと聞いてもピンとこない方のために説明しておくと、彼女は、MTVのリアリティー・ショー〈ジャージー・ショア〉に〝スヌーキ〟という名前で出演していた。いかれたトークとごてごてした服装、そして一四五センチという小柄な体型が特徴的な女性だ。

この番組は、アメリカのイタリア系住民の中でも、とくに〝グイド〟や〝グイデット〟と呼ばれる若者たちの共同生活に密着するものだ[12]。出演していたのは、正規の仕事に就いておらず、しょっちゅう飲んでは機嫌を損ね、バーでけんかばかりしているような二〇代の若者たちだった。男たちは、筋肉の盛り上がった身体に、フェイクタン〔化学反応や塗料を利用して日焼けしたような肌に見せるスプレーやローション〕で顔をオレンジ色にして、髪をツンツンに立て、好きな曲がかかったら（あるいはほかの理由でも）すぐにガッツポーズをしているようなタイプで、女たちは、ジムに行くときも濃いメイクを落とさず、口げんかばかりしていて、豹柄のタイツは品位《クラス》を感じさせると思いこんでいるようなメンバーだ。

スヌーキはそんな男女のなかでも、最高に最悪だった。海の水が塩からいのは、クジラの精液がいっぱい溶けているからだと言ってみたり、高校の体育教師と殴り合いのけんかをしてみたり、驚くべき意見を、同性カップルのこと（〝男はみんなうすのろだから、嫌いなのよ。この国でレズビアンが増えているのはきっとそれが原因よ〟）から政治まで（〝日焼けをしたら十%の課税だってオバマが言ってるから、もう焼きにはいかないわ。あんなこと言うの、私たちへのあて

12 〝グイド（guido）〟という語には、人種差別的なニュアンスが含まれると考える人もいるが、番組のキャストたちが自分たちのことを指して言っているので、本書でもそのまま使用した。もし、この語を使用したことで気分を害された方がいらっしゃるなら、その点については心よりお詫び申し上げたい。

つけじゃないかって思うの。マケインだったら、日焼けに十％課税するなんて言うわけないわ。だって、色が白くて、たぶん焼きたいと思ってるもの。オバマはそんな悩みないものね。見るからに〉、あらゆることに対してぶちまける。

スヌーキは〈ジャージー・ショア〉でブレイクしたタレントのひとりで、その風変わりな性格で知名度と悪評を得た。以後、昼間や深夜のトーク番組にたびたび出演するようになり、友人とスピンオフの〈ＪＷｏｗｗ〉という番組に出たり、タブロイド紙や雑誌にも頻繁に写真が載ったりするようになった。

その知名度を考えれば、ファッションブランドから無料でバッグが贈られても不思議ではないだろう。プロダクト・プレイスメントは、一〇〇年以上前から使われている、標準的なマーケティングの手法だ。ひときわ目立つテレビタレントであり、有名人であるスヌーキは、毎週何十万もの人々の目に留まる。企業は、彼女にハンドバッグを無料で贈り、ブランドの宣伝につながれば、売り上げを伸ばすことができる。『ピープル』誌に彼女の写真が掲載されれば、何百万もの人々がそれを目にするのだから、自社のハンドバッグを写真に写してもらうことは、比較的安価でかつ強力な宣伝になる。

だがそこで、競合ブランドからバッグが無料で贈られるというのはどういうことなのか？　なぜ、ファッションブランドが、競合他社製品の露出を増やそうとしたりするのか？

実は、〈ジャージー・ショア〉の出演者の中には、スヌーキのほかにもファッションブランドと不思議な取引をしているメンバーがいた。同じ年、〈アバクロンビー&フィッチ〉は、出演者のひとり、マイク・〝シチュエーション〟・ソレンティーノにかなりの額の金銭を支払っていた。

もう一度言うが、有名人にお金を払ってある特定のブランドの衣服を着てもらうのは、マーケティングの手法としては標準的なものだ。アカデミー賞の授賞式では、女優たちは特定のデザイナーからかなりの金額を出してもらってドレスを着る。たとえばアン・ハサウェイが会場で身に着けていた〈ティファニー〉のジュエリーの代金七五万ドルは、〈ティファニー〉の会社から支払われている。そのように有名人に自社の商品を身に着けてもらえば、売り上げが伸びることが期待できるからだ。好きなスターが身に着けているのを見れば、人はその商品がほしくなる。

だが、〈アバクロンビー&フィッチ〉が〝シチュエーション〟にお金を渡したのは、自社の商品を着てもらうためではなかった。その逆だ。**自社ブランドの服を〝着てもらわない〟ために金を払っていたのだ**。

## アマチュアのシャーロック・ホームズ

さて、あなたは今、パーティーの会場にやってきて、話し相手を探しているところだとしよう。一緒に来た友だちが、同僚と二、三分話してくると言って行ってしまったので、豆のディップのそばであなたはひとり立っている。

ほかに知り合いはひとりもいない。だが、そばにふたり人がいて、話し相手になってもらえるかもしれない。ひとりはアートや流行に敏感なヒップスターで、スキニージーンズに履き古した革のブーツ、それからシャツはヴィンテージものだ。〈アーバンフィッターズ〉の広告から抜けだしてきたといってもおかしくない。もうひとりは、もう少し落ち着いた印象で、着ているものは、ポロシャツに、カーキのパンツ、革のボートシューズだった。

さて、あなたはどちらに声をかけるだろうか？　ヒップスター？　それともプレッピー？　どちらかに決めたら、少し考えてみてほしい。〈アメリカンアパレル〉の得意客か、それとも〈ブルックスブラザーズ〉の店員か？　その人を選んだのはなぜだろうか？　もうひとりでなく、そちらを選んだその理由は？

おそらくあなたは、それぞれが着ているものから推理をはたらかせて、どんな人かを想像したのだろう。アートに敏感なヒップスターは、ブルックリンに住んでいて、ややリベラルで、クリエイティブ・クラスに属している。クラフトビールを好んで飲み、最近聴いている音楽はダブステップふうのブルーグラスのアルバムで、アート・シアター系の映画を人にすすめたりするタイプかもしれない、と。

一方のプレッピーふうの男性については、また別の推理をしたのだろう。南部（またはニューイングランド）出身で、思想は保守的で、大学対抗フットボールに入れこんでいる。もしかしたら私立校の出身で、金融機関に勤めていて、ラクロスをやっていたことがありそうだ、と。

乱暴な一般化だって？　そのとおり。

過度に一般化されたステレオタイプを意識しすぎだろうか？　たしかにそうだ。

だが、実際のところ、私たちはこうした推理を一日に何十回となく繰り返している。アマチュアのシャーロック・ホームズのように、まわりにいる人々のことを、その人が何を選ぶかをもとに導きだそうとしている。そこで、車や着ている服は、機能的な目的以上のものとなる。自分以外の人々に情報を発信する、静かなコミュニケーションのシステムとなっているのだ。

たとえば、大きな金融機関が従業員を採用する場合を考えてみてほしい。ビジネスアナリストのポジションで新しく求人が出るたびに、送られてくるたくさんの履歴書が山のように積もっていく。ひとつのポジションに何百人もの人々が応募してくるのだ。その中から、いちばんの適任者を見つけるのは、そう簡単なことではない。資格と想像力のバランスがいちばんよい応募者は誰か？　数字に強くて、かつクライアントともうまく付き合えるのはどの応募者なのか？

理想をいえば、全員に試用期間を設けてしばらく働いてもらうのがいいだろう。それぞれの応募者に数週間ずつ実際の仕事をしてもらい、パフォーマンスを測定し、いちばん成績のよい者を採用する。たしかにそうであるが、現実的ではないだろう。

そこで、企業は応募者が発信しているサインに注目する。どこの学校を出ていて、前職は何をしていたか、あるいはそのほかなんでも、評価がむずかしい資質を代弁するものとして、簡単に利用できる情報があればそれを見る。たとえば、ブラウン大出身者だとどうだろう？　その人が仕事ができるという保証にはならないが、企業はそこで、過去の経験にもとづき推理を始める。ブラウン大出身の社員が全体によい成績を上げているならば、会社は〝ブラウン大卒〟という情報を、誰を雇うかを決めるためのシグナルとして利用することだろう。

先ほどの豆のディップのパーティーにおける、対人的なシチュエーションについても同じことがいえる。まずはあちら、次はこちらと、話し相手の候補となるふたりと少しずつ試しに話をしてから、どちらかひとりを選ぶという余裕はない。また、ほかの誰かから彼らについて先に情報を集めてみることができたとしても、骨が折れるし時間もかかる。

そこで、そういうことをする代わりに、私たちは人が何を選ぶかを、その人が誰で、どんな人かを示すシグナルとして受け止め、利用する。〈ノースフェイス〉のジャケットを着ているなら、アウトドア好きな人かもしれないと思うし、アップルのノートパソコンを使っていれば、クリエイティブな人だろうと思う。研究によると、こうした推測は、その人の買い物の中身からでさえおこなわれているのだという。たとえば、アイスクリームひとつを買うにしても、〈ハーゲンダッツ〉を買うか、それとももっと広く市販されているメーカーのアイスクリームを買うかが、その人にベビーシッターを頼みたいと思うかどうかに影響するのだという。[1]

ある意味、そのような推理をするなどばからしいことに思えるだろう。どのアイスクリームを買うかによって、本当にその人がよいベビーシッターかどうかがわかるものなのか？　そんなことはないだろう。

しかし、別の視点から見れば、それは充分理にかなっているともいえる。こうした推理をしなければ、人生はもっとずっとむずかしいものになってしまう。そうした推測なしに、パーティーで出会ったばかりの人が、楽しい話し相手になるかどうかや、どの応募者が、募集中のポジションにいちばん適任かといったことを知る方法がほかにあるだろうか？

シグナルが示してくれるのは、簡単な近道だ。[2] つまり、**意思決定を単純化する方法**である。私たちは、人の服装や話し方、あるいは車の運転の仕方といった観察可能な特徴を、その人がよい飲み友だちになれそうだとか、一緒に楽しく食事ができそうだとかいった、目に見えにくい特徴を推測するための手がかりとして利用する。その手がかりをつなぎ合わせて、パズルを完成させようとする。

さらに、そうしたシグナルは不変ではない。それらは新しい情報に更新されることもある。服装がヒップスターふうの人がいて、その人がいつ会っても退屈だったり――あるいは、もっとひどければ人の財布を盗んだとか――したなら、おそらくまたそういう服装の人と話をする機会があっても、早々に切り上げたいと思うだろう。

とはいえ、私たちは、ただそうやって他人のことを推測しているわけではない――その人たちが何と関連しているかにもとづいて、ものごとを選択しているのだ。

たとえば今、新しい福祉政策への支持を求められたとしよう。子供がひとり以上いる家庭を対象に月八〇〇ドル、ふたり目からは子供ひとりあたり追加で月二〇〇ドルが支給されるというものだ。さらに、そこには手厚い医療保障と、職業訓練プログラム、二〇〇〇ドルのフードスタンプ、住宅および託児所に関する追加補助、そしてコミュニティカレッジ二年分の学費負担までが含まれている。受給期間は八年に限られるが、そのプログラムでは、受給期間満了後も雇用が保証されており、あらたに子供が生まれた場合には受給資格が更新されることになっている。

さて、このような政策を、あなたは支持するだろうか？　それとも反対するだろうか？　こうした社会政策への態度を考えるとき、私たちはふつう、個人の意見にもとづいて考える。問題に対して自分が持っている心情や感情だ。考え方はリベラル寄りの人もいれば、保守寄りの人もいる。だから、保守的な人々がより厳しい福祉政策を好む一方で、リベラルな人々がより寛大な政策を望んでも不思議ではない。実際に、スタンフォード大学のジェフリー・コーエン教授が、この比較的寛大な福祉政策について人々の抱いた感想を調査したところ、リベラルの人々には賛成が多く、保守派の人々には反対が多いことがわかった[3]。

しかし、コーエンの調査はそこで終わらなかった。彼はもう一度、保守層の一部に、今度は同じ政策にひとつだけあらたな情報を追加して意見を聞いた。その情報とは、この政策は、共和党支持者に好まれているようだ、というものだった。共和党下院議員の九五％に支持されており、共和党の議員たちもこの政策は〝基本的な労働倫理と個人の責任感覚を損なうことなく、充分な保障を与えるものだ〟と感じている、と回答者たちに伝えたのだ。違いはそこだけで、完全な医療保険も同じ、受給期間満了後の仕事の保証も同じ。全体として、寛大な政策自体に変わりはなかった。

政策自体は、保守層が反発しそうな内容だ。彼らが信じるものに対してことごとく逆を行っているのだから。実際、当時ここに説明したほどの寛大な政策は存在しなかった。

しかし、彼らは反対しなかった。単にほかの共和党支持者が支持していると言っただけで、彼らの意見を変えるのには充分だった。いまや保守層はこの気前のよい福祉政策を支持している。支持しているだけでなく、彼らはものすごくそれを好意的にとらえている。ほかの党員もそれが好きだと思っただけで。

もしもあなたがリベラルな考え方をもっているならば、「まえから思ってはいたがやっぱりか」という感想を持たれたことだろう。共和党支持者は優柔不断な体制順応主義者《コンフォーミスト》ばかりで、なんでも党の言いなりだ、と。問題を批判的に考えず、党が進むままについていくだけだ、と。そんなことだから、共和党はこの国を疲弊させてしまうのだ。民主党支持者はその点、もっと思慮深くて、現実の問題にもっと注意を向けている。そう思ったのではないだろうか？

だが、そう結論を急いではいけない。というのも、リベラルな人々も、社会的影響力を受けやすいという点では変わらないのだから。

政策の情報だけを見たときには、リベラルの人々は厳しい政策よりも寛大な福祉政策のほうを支持していた。しかし、そこに集団のお墨付きが加わったとたん、彼らの意見は一変した。共和党支持者らが、その寛大な福祉政策を支持していると聞くと、彼らはその政策には反対だと言った。そして、狭量な政策をリベラルの人たちに示し、ただしこれは民主党支持者によって支持されているものだと伝えたところ、彼らもその政策に賛成だと答えたのだ。実は、集団の情報のないところでは、彼らは狭量な福祉政策のほうを好んでいた。政策に対する人々の態度は、その政策が誰と関連づけられているかに完全に依存していた。

しかし、政策に対する自分の態度を決めるものは何かと問うてみると、支持政党の名前はほとんど話に出てこない。政策の中身と自分の政府に対する哲学によって意思決定をしているというのが彼らの答えだ。典型的な民主党あるいは共和党支持者としての信念は？　彼らによれば、それはほとんど関係がないそうだ。

そして、そんな彼らもまた間違っている。というのも、人々の態度は、集団のお墨付きによってあちらこちらへ少し傾くという程度のものではなく、支持政党が賛成しているか反対しているかによって完全に変わってしまうからだ。その福祉政策が寛大であるか狭量であるかに関係なく、保守層の人々は、その政策を共和党が支持していると思えば賛成するし、民主党が支持していると思えば反対する。そしてリベラルの人々もまた、ついていくのは民主党が支持していると思う政策のほうだが（そして、共和党が支持する政策には反対するのだが）、やっていることは少しも変わらない。

政治的なものごとの考え方となると、支持政党は政策よりも優先されるのだ。

## 意図しないメッセージ

ホンダがコンパクト・クロスオーバーSUVの〈エレメント〉を発売したとき、同社がターゲットとしていたのは、二〇代の若者たちだった。シートは折りたたみ可能で、後部にはカヤックやマウンテンバイクを載せられる、冒険心を満足させるようデザインされたSUV車だったからだ。同社が打ち出した広告も、同様のアプローチをとっていた。ヒップな音楽を大音量で流し、サーフィンやスノーボードやその他あらゆるエクストリームスポーツを楽しむクールな二〇代から三〇代の若者たちを起用した。

アパレルの〈アバクロンビー&フィッチ〉も、ある特定のイメージを使っていた。同社の広告は、セクシーさを強調した、美しく引きしまったボディの一〇代の若者がビーチにたむろしていたり、ただ集まって楽しんでいるようなモノトーンの写真を使っていた。実際の店舗も、似たようなオーラに包まれていた。薄暗い照明、見た目のよい販売員、そして周囲の壁から発散されてくる若さの特権。

これらふたつの会社が発しているメッセージは明確だ。〝彼らのようになりたいか？　なら、うちの商品を買うといい〟。あなたが買おうとしているのは商品ではなく、ある種のライフスタイルとそれに付随するすべてのものを手に入れるためのチケットなのだ。もしあなたがアウトドアライフが好きなら、〈エレメント〉はぴったりの車だろう。肉体美を誇示したい、あるいはそういう相手とデートをしたいなら、〈アバクロンビー&フィッチ〉を着ればいいだろう。しかし、そうはいっても、企業は自社のブランドが発信しているシグナルを完全にコントロールできるものなのだろうか？

ホンダは、〈エレメント〉を大学生のための動く学生寮に見立てたり、自転車やサーフボードを持って出かけたい二〇代の車として宣伝したが、実はそれ以外の年齢層にも何かを訴えていた。〈エレメント〉は子供を載せたりたくさん買い物したりするのにぴったりだと思った三〇代、四〇代の人々にも人気の車になった。そして、乗り降りのしやすさと広々とした車内、そして比較的安価な価格でシニア層も引きつけることになった。

その後、〈エレメント〉はヒップなイメージのシグナルの発信をやめ、別のものを伝え始めた。〈アバクロンビー&フィッチ〉にも似たようなことが起こった。そこで、彼らのストーリーにもどりたいところだが、そのまえにアオガエルのオスの一生について知っておいてもらいたい。

アオガエルのオスはたいへんだ。まず、何千匹ものきょうだいとともに水に浮く巨大な卵の塊の一部としてこの世に生を受ける。一週間もしないうちに孵化が始まる。運よくヤゴや魚に喰われてしまわなければ、すぐにオタマジャクシに成長し、藻でもなんでも競い合って口に入れる。

しかし、さらに成長するにつれ、食べものを探すサギやマガモやアヒルの目につきやすくなる。その危険をかいくぐってめでたくカエルになれるのは、二五〇匹に一匹いるかいないかだ。

おとなになったアオガエルの暮らしもまた、たやすくはない。今度はつがいになる相手を見つけなくてはならない。そして、市場は厳しい。メスたちは愛を探しているわけで、それはつまり安心して卵を産めるよい場所を用意してくれるだれかを探しているということだ。しかも、いい場所を押さえているオスは、一シーズンのうちに、何度も相手を見つけることができるかもしれない。だから、春の終わりから初夏にかけて、棲み慣れた心地よい湿地を離れ、湖のいちばんいい場所を探し、産卵に適した場所に移り住む。

さんざん跳びまわった末に、ようやくよさそうな場所にたどり着く。沈みゆく夕陽の光を浴びながら、ついに完璧な場所を見つけたのだ。そこは木陰で植生もよく、水もそれほど深くない。そして、時がきたならば、声帯を使って、自分は独身で、交際が可能なのだとメスに知らせるのだ。

だが、理想のメスを見つけるまえに、アオガエルの耳にある音が飛びこんでくる。喉の奥から出るような〝ボヨ〜ン〟という音（ゆるいバンジョーの弦をはじいたときのような音だ）で、自分とよく似た声だが、もっと低くて深みがある。

これはまずい。

誰かがテリトリーに侵入してきたのだ。

アオガエルの声は、体の大きさと関連がある。体の大きいカエルほど低い声が出る。そして体の大きなカエルとケンカをすれば、ほとんどの場合、小さいほうは負ける。

では、体の小さいカエルはどうすればよいのか？　どうすれば、大事な棲処を守ることができるのか？

実は、そういうときのために、小さなアオガエルは知恵をもっている。彼らは小さな嘘をつく。ちょっとした芝居を打つのだ。

小さなアオガエルは、大きなカエルの呼び声に、いつもとはちょっと違う声を出して応答する[4]。ふだんより、太くて低い声を出すのだ。自分の棲処を奪いにきたかもしれないライバルが現れると、体の小さいアオガエルは周波数の低い声を出して、実際よりも大きくて強いように見せようとする。

それは、借り物のメルセデスで高校の同窓会に行ったり、十歳のときの顔写真をマッチングサイトのプロフィール写真にしたりするのと似ている。ほしいものを手に入れるために、自分を実物よりよく見せて、虚勢を張るわけだ。

さて、自分を大きく見せること自体は悪いことではない。誰だって経験はあるだろう。実際より少しおしゃれに、かしこそうに、裕福そうに見えたところで誰が気にするだろうか？　だから、人々は自分が求めるシグナルを発しているものを買い求めるのだ。

だが、あまりに多くの人が自分をよく見せようとし始めたり、あるいは、よそから多くの人がやってきて、機能的な理由から同じことをやり始めたり（高齢者と〈エレメント〉のような感じで）すると、おもしろいことが起きる。**シグナルが伝える意味が変化するのだ。**

たとえばアウトドア好きでない多くの人が〈ノースフェイス〉の服を身に着け始めたら、自分を冒険好きに見せたいとか、ただ着心地がいいからとか、その理由が何であれ、ワイルドなアウトドア好きのためのブランドであるというシグナルの価値が失われてしまうかもしれない。そして、人々がそのブランドと憧れてまねをするだけの人たちを関連づけてしまうと、さらにひどい。ある特定のシグナルを発していたものが、別のものを発信し始めてしまう。

そしてそれこそが、〈アバクロンビー&フィッチ〉が、自社ブランドの服を〈ジャージー・ショア〉で〝シチュエーション〟が着ていたのを見たときに心配したことだ。同社のプレスリリースはこう始まっていた。

私どもは弊社ブランドがソレンティーノ氏と関連づけられることによって、弊社のイメージが大きく損なわれる可能性を深く懸念しております。番組は娯楽目的であることは承知しておりますが、関連づけによって弊社ブランドの憧れを誘う性格とは相容れない別のイメージを喚起するものと思われ、それにより弊社ブランドを愛用なさる多くの皆様の気分を害しかねません。

したがいまして、弊社はマイク・〝シチュエーション〟・ソレンティーノ氏とMTVの〈ザ・ジャージー・ショア〉のプロデューサーらに対し、ソレンティーノ氏には別のブランドを着用いただけるよう依頼し、相応の金額をお支払いしたことをお伝えいたします。また、同番組のほかの出演者の皆様にも同様の依頼をし、回答をお待ちしているところです。

自社ブランドを有名人が着ていたら、企業は喜ぶのが普通だ。だが、〈アバクロンビー&フィッチ〉は〝間違った〟有名人がそれを着たら何が起こるかを懸念した。

なぜなら、もし〈ジャージー・ショア〉の出演者のようになりたいまねをする人々《ワナビー》が、〈アバクロンビー&フィッチ〉を着だしたら、ブランドの発する裕福なプレッピーの白人の若者のイメージが薄れ、別のものを伝えるシグナルが出始めるからだ。そして、一度それが起きてしまうと、裕福なプレッピーの白人の若者のイメージで見られたい人々が、そのブランドから離れていってしまう。

人々は、他人が何をしているかだけでなく、何人の人がそれをしているかも意識しているし、それをしている他人が誰であるかも意識している。

## ギーク《おたく》がリストバンドをしていたら

ドアのノックは歓迎すべき息抜きの合図だった。カレンはこの二時間ずっと、難解なコンピューターサイエンスの課題に取り組んでおり、ここらでひと息入れる言い訳がほしいところだった。ルームメイトのキャサリンが夜食を持って戻ってきたのかもしれない、と期待してドアをあけると、スタンフォード大学の学生寮の彼女の部屋の前には、黄色いシャツを着たふたりの学生が立っていた。

「〈スタンフォードがん啓発グループ〉の者です」。女子学生のひとりがそう言って、カレンに黄色いパンフレットを渡した。「コミュニティの啓発のために、十一月はスタンフォードの〝黄色を着よう〟月間です。私たちは、ひと部屋ずつ訪問してこの重大な病気のことを思いだしていただき、このリストバンドを販売して資金を集めています」。学生は、小さなビニール袋に入ったリストバンドをカレンに手渡した。「このリストバンドの代金として、一ドルかそれ以上の寄付をお願いしています。集まった資金は、全額がん研究に役立てられます。もし一ドルお持ちでなければ、二五セント硬貨一枚でもかまいません。どんな少額でも助かります。がん啓発に貢献できるよい機会です。ぜひ、寮生のプライドを見せてください」

「わかりました」。カレンは言った。「寄付します。一ドルあるか見てきますから、ちょっとドアを押さえておいてください」。カレンは、奥にもどり、机のいちばん上の引き出しをさぐって、くしゃくしゃになった一ドル紙幣を取りだした。そして、もう一枚持っていた一ドルと合わせて二ドルさしだし、「ルームメイトの分とふたつお願いします」と言って、リストバンド二本を受け取った。

「ありがとうございます！」男子学生が言った。「ぼくたちは、活動の理念を広く知っていただくためにできるだけたくさん売りたいと思っています。できましたら、二、三週間リストバンドを身に着けて、寮の皆さんにも広めてください。ほんとに助かります」

「わかりました。たくさん売れるといいですね!」カレンはそう言い、ドアを閉め、宿題にもどった。

翌週、カレンが社会学の授業から帰ってくると、ラウンジからなにやらおいしそうなにおいが漂ってきた。覗いてみると、中にいた寮生の半分が、いろいろなピザの箱のなかをたしかめるように見ていて、残りの半分は、手に持った紙に丸をつけている。

「何してるの?」カレンは近い部屋の学生に尋ねた。

「静かに」リサが答えた。「個別に回答するようにって言われてるの。ビジネス専攻の学生がやってる何かの調査なんだって。質問に答えたら無料でピザがもらえるわよ」。フェアな取引に思えたので、カレンは担当の学生から質問用紙をもらい、回答を始めた。

質問は、どのくらい遅くまで起きているか、といった一般的な項目のほかに、5kTシャツや黄色い〈リブストロング〉リストバンドのようなチャリティ関連のアイテムを所有しているかどうかという項目があった。5kTシャツは着ないが、黄色いリストバンドは今週買ったところなので、その質問には丸をつけた。そして、残りの質問にも丸をつけて答え、用紙を回収箱に入れて、ピザにかじりついた。

スタンフォードの学生の平均的なイメージを尋ねると、最初に聞かれるのは〝クール〟ではなく、ハイテク技術に強い〝技術系《テッキー》〟だ。〝スマート〟というのもアリかもしれない。しかし、〝クール〟が最初に出てくることはない。しかし、将来の生化学者やラップトップで音楽を鳴らす学生たちの中にも、ヒエラルキーはある。そして、〝クール〟さのトーテムポールの底辺に位置するのは〝SLE〟の学生たちだろう。

SLE、すなわち構造化教養教育（Structured Liberal Education）とは、スタンフォード大学に設置されている学業に重点を置いた特別プログラムだ。通常のスタンフォードの講座の内容ではもの足りない学習意欲の高い学生のために用意されたプログラムで、新入生が申しこみ制で特別な寮に入り、そこで開講される講座を追加で受けられるというものだ。SLEの学生は多くの読書課題が与えられ、インドの神話学や中世のキリスト教などの講座をとることができる。毎年秋には、寮生によるギリシャの劇作家アリストファネス作『女の平和』の上演が恒例となっている。

驚くまでもないがSLEの学生は、キャンパス内では〝ギーク〟、つまりオタクだと思われている。嫌われているわけではないが、別段クールだとは思われていないのだ。

さて、このオタク学生たちが、何かをし始めたら、人々はどんな反応を示すだろうか？　たとえば彼らが黄色いリストバンドをつけ始めたら、カレンのような学生たちは黄色いリストバンドを着け続けるだろうか、それとも、オタク学生と間違われないように着けるのをやめるだろうか？

それを探るために、スタンフォード大学教授のチップ・ハースと私は、リストバンドのビジネスを始めた。

まずはじめに、私たちはカレンのいる学生寮を部屋ごとに訪ね、リストバンドを売ってまわった。[5] 次に、リサーチアシスタントが、関係のなさそうな調査を装って同じ学生寮をまわり、何人の学生がリストバンドを着けていたかの報告を受けた（学生は、ピザを与えればほとんどなんでもする）。

ここで、オタクたちの登場だ。私たちは、オタクが集まるとなりのＳＬＥの学生寮でもリストバンドを販売した。

そして最後に、リサーチアシスタントたちにもう一度カレンの寮に行ってもらい、ＳＬＥの学生たちにリストバンドを売ったあとでも、カレンとその寮の学生たちがリストバンドをつけているかどうかを調べてもらった。

その時点で、リストバンドを着けたままでもおかしくない理由はいくつもあった。そのリストバンドは比較的目新しく、社会のために役立つ理念を示すものであったし、それに、カレンや寮の友だちにとっては未知のものでもなかった。みんなすでに身に着けていたのだから。だから、オタク学生たちがそれを身に着けていると知ったからといって、カレンと寮の友だちがそれを気に入るかどうかに影響するような新しい情報はひとつもなかった。さらに、ほかの誰かがしていると先に知ってしまったので手を出さないというならまだしも、気に入って身に着けていたものをはずすとしたらどうだろうか？　きっと強い動機があるに違いない。

実際、強い動機はあった。リストバンドが発信するシグナルは社会に役立つ理念を支持するものではあったし、すでに人々はそれを気に入って身に着けていた。にもかかわらず、オタク学生たちが身に着けているからという理由で、彼らはそれを手放していたのだ。オタク学生たちが身に着けだしたとたん、カレンの学生寮では、約三分の一の学生がそれを身に着けるのをやめていた。

学生たちがそれを着けなくなったのは、単に飽きたからではないのかと思われるかもしれないが、そうではない。実は、キャンパスの反対側にある別の学生寮でも同様にリストバンドを売っていた。そちらの学生も、同じ期間リストバンドを持っていたが、SLEのオタク学生たちとは離れた場所で生活しているので、リストバンドをしていても、彼らと間違われることは少ない。そして、当然ながら、こちらの学生たちはリストバンドを着けるのをやめなかった。

学生たちは、リストバンドが古くなったとか必要なくなったとかいう理由で着けるのをやめるのではなく、**オタク学生と間違われるのを避けるために身に着けるのをやめたのだ**。

人々は、アイデンティティの誤認や望ましくないアイデンティティを伝えてしまうのを避けるために違う道を選ぶ。太った人がたくさん食べているのを見た学生はお菓子をあまり食べなくなるし、子供をジュニアと呼ぶ習慣が労働者階級に広がっているのを知ると、専門職の人々がそれを使わなくなっていった。ミニバンは、サッカーママに関連づけられるようになると売り上げががた落ちしたし、ＩＴ企業のＣＥＯがスーツではなくパーカーを着るようになったのは、スーツを着るような人種だとは思われたくないからだ。[6]

アイデンティティの誤認には、大きな代償がともなう。たとえば、《アジアン・スパイダー・モンキー》のようなインディー・バンドの名前が身頃に大きくプリントされたＴシャツを着るのは、強力なシグナルになる。それによって音楽の嗜好が同じ仲間が見つけやすくなるだろうし、もしかしたら生涯のパートナーが見つかるかもしれない（〝あなたも好きなんですね⁉〟）。

だがそこで、そのバンドが次にブレイクしそうだという理由で、流行りもの好きの人々が同じＴシャツを着始めたら、そのＴシャツはシグナルとしての価値を失ってしまう。あなたはもう個性的な人ではなくなるし、それに、それを見る人にはあなたがインディー・バンドのファンなのか、それともただの流行りもの好きなのかの区別がつかない。ギターリフが好きな人なのか、プラダの春の新作コレクションが好きな人なのかの見分けがつかなくなってしまうのだ。その結果、そのＴシャツを着ているインディー・バンドのファンたちは、もしかしたら友だちになれたり結婚相手になれたりしたかもしれない人々から見過ごされてしまうわけだ。そして、代わりに別のタイプの人が近づいてきて、〝黒は本当に次のトレンドなのかどうか？〟みたいな話を聞かなくてはならなくなる。

アイデンティティの誤認は、望ましいコミュニケーションの機会を逃し、望ましくないコミュニケーションの機会を引き寄せてしまうことにつながっていく。もっと悪ければ、ポーズだけだと思われてしまうこともある。つまり、なりたがり《ワナビー》がスタイルをまねているだけで、そのサブカルチャーに参加しているわけではない、と。

しかし、ひと口にアイデンティティの誤認といっても、さまざまなケースがある。たとえば、支持政党の政治的立場のように、ひと続きの連続体の上に多くのグループが分布する場合を考えてみるといい。左から右へ、ラディカル（極左）―リベラル―中道―保守―反動（極右）となるわけだが、それぞれのグループに属する人々は、自分が属するグループに正しく分類されたいと思い、ほかのどのグループとも一緒にされたくはないだろう。だが、その中でも混同されることによって被る不利益は、ふたつのグループが遠く離れているほど大きい。もちろん、自分たちがもっともリベラルだと思っているグループは、中道派と一緒にされるのも嫌だろうが、それ以上に、保守派と間違われるのはもっと嫌だろう。そして、保守派の人々は、リベラルについて同じことを思うわけだ。

そして、混同されたものと自分が似ていなければ似ていないほど、アイデンティティ誤認のコストも大きい。自分以外の誰かと間違えられるのだから、どんな場合もそれが理想であることはないのだが、それでも、最悪なのはその相違が大きいときだ。三〇歳に見られたい二五歳はあまりいないだろうが、三五歳に見られるのは、本当に嫌だろう（あるいは十七歳に見られるのも）。

アイデンティティの誤認は、その度合いが大きいほど、代償が大きくなる。実年齢よりもずっと若く見えてしまうことで、昇進の機会を逃したり、話をまともに聞いてもらえなかったりする場合があるし、また、ずっと年上に見られることで、パーティーへの招待状が送られてこなかったり、新しくできたキックボール・リーグへのお誘いのメールがこなかったりすることもあるのだ。現実から遠くなれば遠くなるほど、アイデンティティの誤認がもたらす害は大きくなる。

ここで問題になるのは、各グループのアイデンティティそのものよりもむしろ、ある種のシグナルが伝える、もう少し扱いづらいグループの社会的性格のほうだ。たとえば、一〇代の若者が四〇代のビジネスマンと間違えられることはあまりないだろうし、また、白髪交じりのバイク乗りが髪の薄くなってきた会計士と混同されることもあまりないだろう。しかし、もし、会計士たちがタフに見せたくてハーレーに乗り始めたとしたら、それを見た人が、ハーレーに乗っている人と会計士には共通する何かがあるようだと推測する可能性が高くなる。

さて、あなたは今ステーキハウスの〈ホフブロウ〉で食事をするところだとしよう。〈ホフブロウ〉は、アマリロからダラスまで、テキサスじゅうに店舗をもつ同族経営のレストランだ。そして、テキサスのステーキハウスと聞いておそらく誰もが思い浮かべるとおり、豊富な肉料理のメニューを提供している。そこへ行けば、〝フィレ肉のベーコン包み〟からふたりでシェアできる〝テキサス・トゥー・ステップ・ディナー〟（グリルド・オニオンを敷き詰めた上にサーロイン・ステーキが二枚乗っている）まで、どんなに腹をすかせたカウボーイでも満足させられるような料理がなんでも用意されている。使われている牛肉はすべて牧草飼育で、シェフによるカットに完璧な味付けと焼き具合。

あなたが選んだのはスモークト・サーロイン。ヒッコリーのチップで燻製した肉にこしょうをまぶして焼いた、なんともおいしそうなステーキだ。そこであなたがしなくてはいけないことはただひとつ。どのサイズにするかを決めなくてはならない。

それほどお腹が空いているわけではなく、メニューを見ると、選択肢はふたつある。〝十二オンス・カット〟か、八オンスの〝レディース・カット〟だ。さて、あなたならどちらを選ぶだろうか？　十二オンス・カットか、それともレディース・カットのほうか？

あなたが女性ならなにも迷うことはないだろう。レディース・カットのほうを選べばよいのだから。実際、ある調査で、研究者たちが女性を対象に同様の選択肢を与えたところ、八〇％がレディース・カットを選んだという。

だが、あなたが男性ならどうだろう？

それほど空腹ではないので、たぶん小さいほうがいいだろう。それに、十二オンスと八オンスでは、ひと口、ふた口の違いではない。一・五倍だ。そうなれば、どちらを選べばよいかは単純明快だ。違うだろうか？

結局のところ、ステーキはステーキでしかない。レディース・カットを注文したからといって、男性が女性に見えることはない。だから、男性も心配することは何もないはずだ。ところが、消費者心理学の研究者らが、男性を対象にこの質問をしてみたところ、九五％は大きいほうのステーキを選んだ。[7] そしてその理由は、最初思ったよりお腹が空いていたことに気づいたとかいうことではなかった。そこで、研究者たちがレディース・カットの名称を〝シェフズ・カット〟に変えてみたところ、男性たちはためらいなく小さいほうを選んだという。男性たちがレディース・カットのステーキを避けたのは、あまり男らしくないと思われることが心配だったからであった。

## 白人のまねをしやがって

一九八〇年代半ばに、ワシントンDCで育ったシドニーは、学校ではいつも成績がよかった。すべてのクラスでいちばんというわけではなかったが、たいていはクラスメイトたちよりもよくできた。学校内の評定はだいたいAかBで、全国共通テストのスコアも同様に高かった。九年生で基礎学力テストを受けたときも、シドニーのスコアは学年の水準を大きく上回り、理科、社会科、言語では大学レベルに達し、また、読解と数学でも同レベルの高得点をマークした。

ところが、十一年生になるころには、注意力が散漫になってきていることに教師たちが気づきはじめた。聡明さは変わらなかったけれど、成績は振るわなかった。標準テストでは変わらず高得点を取るものの、学校の評価はかんばしくなく、評定平均はCまで下がってしまった。シドニーならもっとやれるはずだ、と教師たちは思っていた。努力を怠っているだけだ、と。しかし、なぜ、シドニーはできる努力をしなくなってしまったのだろうか？

学業成績における人種間格差は、これまで何度も確認されている。標準テストのスコア、ドロップアウト率、評定平均、あるいは大学進学率と卒業者の割合を見ても、アフリカ系アメリカ人（およびヒスパニック）学生のスコアが白人学生を下回ることはよくある。全国学力調査（NAEP）では、アフリカ系アメリカ人学生は、読解と数学の両方において平均より十％スコアが低かった。[8]（本書で述べるほかの多くの事柄と同様に、これらはあくまでも平均であり、絶対ではない。しかし、それらが繰り返し起こっていることを考えると、なぜそのようなことが繰り返されるのかを理解することが、格差是正のひとつのカギになる）

こうした格差には原因がいくつもある。ひとつはリソースの問題だ。人種マイノリティの学生は、資金不足の学校に通っている場合が多い。差別的な扱いもまた、ひとつの要因となっている。明示的であれ暗示的であれ、教師や校長によっては基準を低く設定して、人種マイノリティの学生をあまり指名せず、代わりに補習授業を受けさせる場合も多く、そうしたことのすべてが学業の妨げとなる。

だが、伝統的に言われているこれらのこと以外にも、もっと複雑な理由が存在する。

一九八〇年代中ごろに、シグニシア・フォーダムとジョン・オグブのふたりの教授は、ワシントンDCの高校における人種と学業成績の関係を調査した。その学校は――仮にキャピトル高校としよう――低所得者の多い地域にあり、シドニーはそこの生徒だった。どこの学校とも同じく、キャピトル高校にはいろいろな生徒がいた。つまり、よくできる子もいれば、そうでない子もいた。

しかし、フォーダムとオグブが彼らの成績を詳しく調べてみてわかったのは、アイデンティティを示すシグナルが大きな役割を果たしているということだった。黒人の生徒がよい点を取ったり、上級コースを取ったりすると、別の黒人の生徒たちから〝白人のまねをしている〟とか、〝オレオ〟（外は黒くても中は白い）と言われてからかわれるというのだ。図書館で長時間過ごし、一生懸命勉強する、あるいはよい成績を取ることは、〝白い〟というラベルを貼られるもので、したがって受け入れられない。

学校でよい成績を取ることが、アフリカ系アメリカ人のアイデンティティと矛盾するなどというのは、いくらなんでもひどすぎる考え方だ。シドニーと同じように、**多くの黒人学生が、学校ではよい成績を収める能力がありながら、仲間からつまはじきにされたくないがために、努力をやめてしまっていたのだ。**

よい成績を取った生徒は、その成功を目立たせない努力をしていた。ばかなふりをしたり、クラスの道化役を演じたりして、がんばっていると誰にも言われないようにするのだ。ある高校生は、〈イッツ・アカデミック〉出場チーム［高校生が学校単位で競うアメリカのクイズ番組］の学内予選を受けるよう薦められて、実際には出場しないことを条件にしぶしぶテストを受けていた。結局その生徒は、最高得点を取ったひとりだったが、やはり参加は辞退したという。

フォーダムとオグブはこのように記している。

> 黒人のアメリカ人は……学業での成功を白人の特権と定義し始めていて、おそらくは無意識に、同じ黒人たちが白人と同じように頑張って勉強すること、すなわち〝白人のまね〟をしないようになりはじめている。

驚くまでもなく、この考え方は議論を呼んだ。[9] そして、フォーダムとオグブの研究結果を悪くいう人々も出てきた。

しかし、もっと最近の分析によって、この考え方はさらに支持されるようになってきた。ふたりの経済学者が、全国から約十万人の学生のサンプルを集めて分析をおこなった結果、学校の成績と人気の関係が人種によって異なることがわかった。[10] 白人の子供の場合、よい成績は高い社会的地位に結びついている。オールAを取る白人の生徒は、成績表にAとBが交ざっている生徒より人気がある傾向があった。ところが、同様にオールAを取っていても、黒人やヒスパニックの場合は、そうでない生徒よりも人気がないことが多かった。これは〝白人のまね〟という考え方とも合致し、学業でよい成績を収める人種マイノリティの学生は、教育への投資のせいで社会的ペナルティを課せられているように見える。

肌の色もまた無関係ではない。もし勉強をがんばることが〝白人のまね〟として見られるならば、黒人のなかでも見た目が白人に近い生徒のほうが、さらにからかわれやすいはずであり、自分が望まないシグナルを発しない努力を余計にするということになる。肌の色が濃い黒人学生とくらべて、肌の色の薄い黒人学生のほうが、〝白人のまね〟をしていると思われることを気にして、その結果、さらに勉強しなくなるということが考えられる。

実際、肌の色が比較的薄いアフリカ系アメリカ人の男子は、肌の色の濃い黒人男子よりも社会的に受け入れられていないと感じている傾向が強い。それだけでなく、学校の成績も悪く、GPAのスコアをくらべると約半分しか取っていない[11]。ラテン系の男子の場合も、見た目があまりラテン系に見えないほど、授業中の態度が不真面目で、宿題をやってくることも少なく、評定も全体に低い[12]。

そして、こうした傾向は人種だけに限らない。大きく前進はしているものの、科学、技術、工学、数学、いわゆるSTEMと呼ばれる分野においては、活躍している女性の数はまだまだ少ない。アメリカでは大学卒業者の六〇%は女性であるが、これらの分野で働く人口の中で女性が占める割合は二四%にすぎない[13]。

だが、リソース、差別、その他の要因に加えて、ここでも大きな原因となっているのは、**アイ**

**デンティティのシグナル**である。[14] 調査によると、数学やコンピューターサイエンスといった分野に女性が興味を持つことが比較的少ないのは、そうした分野と関連づけて本人らが考えるアイデンティティのせいだという結果が出ている。女性たちは、コンピューターサイエンスといえば、スタートレックとＴＶゲームが好きなオタク男子が勉強するものだと思っている。そして、それはほとんどの女性にとって自分がそう見られたいアイデンティティではないため、そうしたキャリアではなく、何かほかのものを選んでいるかもしれない。アイデンティティに関する懸念は、優秀なコンピューター・サイエンティストやエンジニアになれる可能性のあった多くの優秀で資質をそなえた女性たちを、別の分野を選ぶほうへと導いた。

アイデンティティのシグナルは、親がＨＩＶを子にうつしてしまうかどうかにさえ影響する。

南アフリカでは、ＨＩＶおよびエイズ撲滅のために、何十億ドルという資金がつぎこまれているが、それでも毎年何千人もの新生児がそのウイルスに感染した状態で生まれてくる。僻地の病院を含めて国内全体に適切な薬が行き届くようにすることが課題のひとつではあるが、しかし、いちばんむずかしい課題として残っているのが心理的な問題だ。妊娠中の女性は、自分がＨＩＶに感染していることを認めたくなければ、それを理由に、生まれてくる子の命を救えるかもしれない薬の投与を拒否する。また、生まれた子に、哺乳瓶だけで授乳をしていると、地域によっては母親がＨＩＶに感染していることを示すシグナルととらえられるため、それを避けるための母乳育児で子供に感染させてしまう場合もある。したがって、公衆衛生の向上が、よい薬よりも求められている。スティグマと意味の複雑な計算式を理解することが求められているのだ。

## 人々が違いを意識するとき

これらの研究結果はどれも優れたものであるが、では、こうしたことが生活のある局面だけで起こりやすいのはなぜかという疑問は残る。アフリカ系アメリカ人の場合、彼らが白人の学生と同じペンを使っていても、〝白人のまね〟をしているとからかわれることはないだろうし、男性が女性と同じペーパータオルや冷蔵庫を使うことになっても誰も気にしないだろう。犯罪者がパンを食べているからといって、ほかの人々が全員パンを食べるのをやめてしまうこともなさそうだ。では、どんなときに違いは意識されやすく、また、それはなぜだろうか？

相違というものの性質そのものと同様に、その答えは、アイデンティティの伝達の中にある。選択の対象が、ほかのものを選ぶ場合よりも強くアイデンティティを示す場合があるのだ。

車を例に考えてみよう。あなたが一度も会ったことのない誰かに会いにいくことになり、その人がボルボのステーションワゴンに乗っていると友人から聞かされていたとしよう。そこからどんなことを想像するだろうか？　その人について、何か感じたことはあっただろうか？

車はそれに乗る人のすべてを語るものではないが、それでもある種のことは示唆する（たとえば、リベラルさとか）。

ペーパータオルの場合とくらべてみるとこうだ。もし誰かが〈バウンティー〉ブランドのペーパータオルを使っていたとして、その人についてどれだけのことが言えるだろうか？　それによって、その人がリベラルか保守かについてどれほどの情報を与えてくれるだろうか？　その人がアメリカの沿岸部の人なのか、内陸地域の人なのかどうかは？　たぶん、わからない。

ある種の選択が、ほかのものを選ぶ場合にくらべてアイデンティティとより関連が深いと考えられる理由はそこにある。

アイデンティティと関連づけられるかどうかは、結局のところ、目につきやすいかどうかによって決まるところがある。人がどんなペーパータオルや食器洗い洗剤を使っているかなどは、その人の家を覗きにいかなければわからない。だから、そうした選択がそれを選んだ人のアイデンティティを示すシグナルとして認識されることはあまりない。

だが、着ている服や乗っている車は目につきやすく、したがって、アイデンティティの推測に利用されやすい。

また、何かを選ぶ場合に、それが機能にもとづく選択でないときに、よりアイデンティティと関連づけられやすい。ペーパータオルや食器洗い洗剤の選択は、その機能面が選択の根拠となる場合が多い。そのペーパータオルでどのくらいきれいにできるか？　使うときに巻きが崩れにくいか、ばらばらになりやすいか？　ペーパータオルに限らず、この手のものを選ぶときには、実用性が優先事項となる。したがって、人は、こうした選択を他人のアイデンティティと結びつけては考えない。

だが、機能よりも好みで選択されるものごとの場合は別だ。ペーパータオルとくらべて、たとえばヘアスタイルは、機能性を重視して決める場合が少ない。同様に、車も大部分はそうだろう。もちろん、新車のほうが、ぼろぼろの旧型車よりも信頼はできる。それに、ほかの車より、燃費がよかったり、人数を多く乗せられる車もある。けれど、ほとんどの場合は、あなたをA地点からB地点まで運ぶことができれば用が足りるはずだ。選択が個人の嗜好によっておこなわれている場合、われわれはそうした選択から人のアイデンティティを推測しようとする傾向が強くなる。

そして、**違いが意識されるのは、選択が人のアイデンティティを示すシグナルになる場合**に限られる。使っているペーパータオルの種類があなたのアイデンティティと結びつけて考えられることがなければ、ほかの誰が同じものを買っていても気にはならない。オタクでもヒップスターでも、女でも男でも、あまり気にはならないはずだ。犯罪者が〈バウンティー〉のペーパータオルを好んだとしても、それによってあなたの行動が変わるわけではないだろう。そうしたものは、誰かと関連づけられるからといって捨てる必要がないからだ。

## 時を告げない三〇万ドルの時計

毎年春になると、時計業界の有力者たちが、年に一度の時計の国際見本市である〈バーゼルワールド〉が開かれる、スイスの町バーゼルに集合する。スイス、フランス、ドイツの国境に位置するバーゼルは、時計業界をかたちづくるスタイルと正確性を兼ね備えた完璧なロケーションだ。世界中から十万人以上の参加者が集まる会場には、最新式のロレックスから、多機能の操作性をそなえた画期的な新製品までが展示される。

二〇〇八年、バーゼルワールドの参加者たちに特別なアナウンスがあった。スイスの有名時計メーカー〈ロマン・ジェローム〉が、ユニークな新製品を発表するというのだ。〈DNAオブ・フェイマス・レジェンド・コレクション〉の一部として、同ブランドはそれまでにアポロ十一号やスペースシャトル・ソユーズの断片を実際に使った〈ムーンダストDNA〉を発表していた。文字盤には小さなクレーターがついていて、そこに本物の月の石のかけらが埋めこまれ、ストラップは国際宇宙ステーションで実際に使用された宇宙服から採取した繊維でつくられたものだった。一本一万五〇〇〇ドル以上する〈ムーンダスト〉は、安くはない。

しかし、〈ロマン・ジェローム〉が発表した新製品はさらに高額で、三〇万ドルの値札がついていた。

〈デイ&ナイト〉という名のこの新製品は、非常にハイエンドなモデルだった。一部に〈タイタニック〉号から回収されたスチールを使用し、通常はひとつであるトゥールビヨン［腕時計の超複雑機構］の機構を二箇所に収め、地球の重力が精度に与える影響から時計を守るデザインになっていた。ただし、ひとつだけ難点があった。厳密にいえば難点というよりも、注目すべき細部の一点というところなのだが。

それは、その時計は時を告げないという点だ。

会社のウェブサイトにはこうある。「時、分、秒の表示のない〈デイ&ナイト〉が提案するのは、時の宇宙をふたつの根本的なセクションである〝昼と夜〟に分けるという新しい時の計り方です」。いいだろう。時を告げるには告げるが、明るいか暗いかのどちらかでそれを示すというわけだ。

ほとんどの人には役に立たないが、しかし、外へ出ることがなく、家に窓がないほかはなんでも持っている億万長者にはうってつけの時計だろう。その時計は、発売から四八時間後には完売していた。

金持ちの愚行を笑うのは簡単だが、しかしそれは彼らだけではない。ドイツの時計メーカー〈エーリッヒ・ラッハー〉も〈アバカス〉の時計に関して同様のアプローチをとっている。二五〇ドルという比較的安価なその時計は、子供のころに遊んだ迷路のおもちゃを思いださせるような、文字盤の上にひとつ浮かんだ玉が時を示すものだ。文字盤が地面と平行になり、静止しているときには、内蔵されているマグネットに玉が引き寄せられ、正確な位置に止まるので時刻がわかるのだが、そうでなければ何時を指しているのかは想像するほかない。

時を告げない時計は、機能喪失型の製品、すなわち、機能面の目的を直接的に乱したアイテムのほんの一例だ。ほかの例として、シングルスピードや固定ギアの自転車もこれにあたる。

サンフランシスコは、自転車が似合う街だ。坂道は多いが、気候がよく、自転車専用レーンが設けられた道路もたくさんある。街のいたるところで自転車に乗った人を見かけるのだ。通勤のために乗る人、エクササイズのために乗る人、そして、単なる移動手段として自転車に乗る人もいる。

しかし、人々が乗っている自転車をよく見てみると、驚かされることがある。ギアがひとつしかない自転車が多いのだ。もちろん、十段変速のマウンテンバイクもあるし、もっと派手なロードバイクなら二一とか二七とかの変速ギアがついていて、タフな坂道も走れるようになっている。だが、ヒップスターたちが乗っている自転車を見てみると、ギアがひとつしかないのに気がつくはずだ。なかには固定ギア、つまりペダルが後輪に直結して固定されている自転車に乗っている人もいる。後輪が回れば、それに連動してペダルも回るということは、乗る人は、前進し続けるのであればペダルを漕ぎ続けるしかない。そして、そのような自転車にはブレーキもついていない。したがって、ブレーキをかけるには、足を使ってペダルの動きを抑え、自転車の速度を落とすしかない。

しかし、世界で二番目に坂の多い街で、ブレーキのない自転車など誰が買うというのだろうか？

実は、**機能面の利点を減らした、あるいは失くしてしまった固定ギアの自転車や、時を告げない時計は、アイデンティティを示す強力なシグナルになる**。自転車や時計といった製品は、多くの人はその機能を求めて買い求める。だから、そうした利点を目に見えるかたちで切り捨ててしまう消費は、明確なアイデンティティのシグナルを発信することになる。十段変速ギアつきの自転車は子供でも乗れるが、ギアがひとつしかない自転車は誰でも乗れるわけではない。時を告げる時計は誰でも買えるが、時を告げない時計を身に着けるのは、自意識の強い（そして、時間を知る方法をほかに確保している）人にしかできない。

このように機能消失型の製品は、導入のためのコストや障壁がある。そして、価格がそのコストであることもある。ヨットを買うにはかなりの資金が要る。

だが、コストといえば、別のタイプのコストも存在する。時間もまたコストである。たとえばワインをよく知るためや、フランス哲学に精通するためには長い時間がかかる。

機会のコストというものもある。髪をコーンロウ［ドレッドふうの編み込み］にしたり、眉にピアスをしたりすれば、よりサラリーの多いオフィスワークに就くのがむずかしくなる。

ほかにも、痛みや専念というコストもある。洗濯板のように割れた腹筋を手に入れようと思えば、腹筋運動を何百回もしたり、甘いものを我慢したりしなくてはならない。

　これらはいろいろなことをする機会を減らしてしまうコストだ。多くの人はヨットを買うだけのお金を持っていないし、フーコーを研究する時間や、糖質制限に打ち込む余裕はない。

　しかし、これらのコストを払うことには利点もある。それらは本来その分野にいる人《インサイダー》とまねをするだけの人《イミテイター》を区別する。つまり、ある特定の分野への、知識や関心のある人々を、そうでない人々から区別するのだ。たとえば固定ギアの自転車にある日突然乗ってみても、すぐに安全に乗れるようなものではない。正しい乗り方を身につけるには、時間と努力が必要なのだ。

　外国語の発音もこれと同じだ。Krzyzewski は〝シャシェフスキー〟と読むのだが、ためしに声に出して読んでみてほしい。

　大学バスケットボールが好きでよく知っている人には、なんのことはないだろう。この名前を見れば、デューク大学の〈ブルー・デヴィルス〉のコーチ、マイク・シャシェフスキーの名前がすぐに思い浮かぶだろうからだ。そして、多くのアナウンサーや、チームが好きかどうかは別として、友人たちが何百回となくその名前を口にしているのを聞いているはずだからだ。

　しかし、大学バスケットボールに馴染みのない人がこのような名前を発音するのは、早口言葉を言うようなものだ。文字を追ってひとつずつ読んでみても、「クリス - ゼエ - イイウ - スキ」みたいにおかしな発音になってしまう。シャシェフスキーの正しい発音を知るためには、大学バスケットボールの試合を何度も見ているか、そのような人々（あるいはポーランド語を流暢に話す人々）と交流している必要がある。そして、そのために必要になる時間こそがコストである。

もちろん、大学バスケットボールを一日中見ているのが楽しいと思う人もいるだろう。ために、スポーツ好きの知り合いをつかまえて、NCAAの試合を見るのは〝コストがかかる〟と言ってみれば、きっと笑い飛ばされて、部屋から追い出されてしまうだろう。彼らにとって、それは楽しいことなのだから。

しかし、誰もが同じように感じるわけではない。それに、あなたが大学バスケットボールが好きであるかどうかにかかわらず、その分野の知識を身につけるための時間は、別のことをして過ごすことができる時間でもあるわけだ。だから、何かをするのに必要な時間は、そのことをよく知っている人をそうでない人から区別するコストとしてはたらくのである。

コストという考え方をすれば、ある種のシグナルになぜ持続性があるのかも説明できる。一時的な流行のようにすぐに消えてなくならずに、なぜ、ものによってはいつまでもそこにとどまるのかということだ。

コストが大きいものは大きい分だけ、明確かつ正確なシグナルとしてその価値を持ち続けることが多い。ヨットを持っている人はお金持ちで、固定ギアの自転車に乗っている人は自転車に詳しい人だということは、はたから見てもかなりの自信を持って言える。なぜなら、それをするためのコストが高いものは、外部の人がやってきて横取りしていく確率が低い。そして、横取りされる可能性が減ることによって同時に、ある種の特徴を持つ人々を、それを持たない人々から際立たせるという価値が増す。

モヒカン刈りを例に考えてみよう。多くの人は、少しエッジの効いた見た目にしたくても、頭の両サイドを刈りあげたいとは思わないだろう。人によっては嫌だと思うそのようなヘアスタイルでは、ホワイトカラーの仕事やデートに行くには支障がある。もちろん、デイヴィッド・ベッカムやクリスティアーノ・ロナウドのような有名人が、両サイドは剃らずに控えめにてっぺんを立てたモヒカン刈りをトーンダウンさせたソフトモヒカンにしたときには、スタイルに敏感な男性はその髪型を取り入れたが、でもとことんまでやる気にはならなかった。

そして、だからこそ、モヒカン刈りはアウトサイダーのカルチャーを示すシグナルとして価値を持ち続けるのだ。一般の人々がその髪型を取り入れるには、コストが高すぎる。コストのかかるシグナルは、その意味を持続的に維持できる確率が高い。

時を告げない三〇万ドルの腕時計をつくった会社のCEOを務めるイヴァン・アルパは、こんなふうに話している。「時を告げる時計は誰でも買うことができる――時を告げない時計を買うことができるのは、本当にそのよさがわかるお客様だけなのです」

## 安いものと高いものが同じに見えるとき

私たちが調査に使うアンケートに答えてもらえないかと尋ねると、マットは喜んで協力してくれた。マットはオースティンにあるテキサス大学でコミュニケーションを学ぶ学部生で、将来は音楽業界に入りたいと思っていた。とはいえ、大学に通うにはお金がかかるので、地元のレストランでウェイターのアルバイトをしていた。それで、われわれが五ドル払うのでいくつかの質問に答えてもらえないかともちかけたところ、そのチャンスに飛びついてきたというわけだ。マットはかばんからペンを取りだすと、近くのテーブルの前に腰かけ、説明を読み始めた。

**私たちは製品認識に関心があります。まずはじめに、ファッションの知識に関する以下の説明文を読んで、あなたがどの程度当てはまる、あるいは当てはまらないかをお答えください――私はファッションのことはたくさん知っている、私はファッションのことをよく考える、……。**

マットは、自分をファッション好きだとは思っていなかった。服のことはあまり知らないし、最新のトレンドについての記事も読んでいないし、全体的に無頓着なほうだった。彼が自分でいちばん最近買った〝おしゃれな〟シャツは、モールに買い物に行ったときにガールフレンドが彼に買わせた、キラキラのへんてこな柄が入ったものだった。ほとんどの質問には〝強く反対する〟に丸をつけて、次のページへと進んだ。

**これからいろいろなハンドバッグの写真を見ていただきます。それぞれのハンドバッグについて、いくらくらいすると思うかをご回答ください。それぞれの写真のとなりに、あなたが思う値段をドルで書き入れてください。**

ハンドバッグだって？「なんと、そんなのわかるわけないよ」とマットは思った。それでも、とりあえず書いてみた。

ひとつめのバッグは、〈プラダ〉と書いたロゴがついていた。そういう名前の派手なイタリアのブランドのことは聞き覚えがあったので、そこには七〇〇ドルと書き入れた。次のバッグは〈グッチ〉のパターンが一面に入っていたので、それには六五〇ドルと書き入れた。

そして三つめ。そのバッグは、色はゴールドで、何かの素材を編んでつくったもののようだった。ただし、ロゴはついていない。旅先のビーチでがらくたのような土産物を売っている店

で売っている安物のバッグにも見えた。

マットはその写真のとなりに、二〇ドルと書き入れた。だが、それでもまだ高いように思えたので、二〇ドルを消して、十五ドルに訂正した。そして、次のバッグに進んだ。


産業革命以前は、ほとんどのものは手作業でつくられていた。綿や麻は家で紡ぎ、それを織り物にして家族で使う布は自分たちでつくった。金属部品をつくるのはむずかしかったので、ものをつくるための機械は木でできたものがよく使われた。手作業でする仕事は大変で、重労働になることも多かった。

工作機械や蒸気機関やそのほかのテクノロジーの発達とともに、ゆっくりと、着実な変化が起こった。フライング・シャトルや多軸紡績機《スピニングジェニー》の登場によって、織り物は、家庭から外へ出て、より大きな、それ専用の工場でおこなわれるように変わっていった。綿繰り機が使われるようになり、それまで一年がかりでしていた仕事が一週間でできるようになった。起業家たちは、新しい、より馬力のある機械をつくるために発明家を育て始めた。

このようなテクノロジーの変化とともに、新しい社会的階級が生まれた。人々の生活水準が上がったが、それだけでなく社会移動も起きたのだ。それ以前は、社会的地位は比較的固定化されていた。富も称号も世襲制で、次の世代へと受け継がれるものであり、階級もそれについてくるものだった。ある人が貴族なのは、その父親が貴族だからで、そのまた父親もそうだったからだ。一方に土地を所有する者がいて、他方にそこで働く者がいて、そして、両者のあいだに引かれた線を越えるのはむずかしいことだった。

だが、産業革命がそれを変えた。お金ははじめから持っているか、持っていないかのどちらかに決まっていたものから、手に入れることができるかもしれないものへと変化した。そして、手に入れるためには土地を所有している必要もない。知性と勇気と幸運を持ち合わせていれば、人は短期間で一財産築くことも可能になったのだ。富は社会的階級から切り離され、新興成金《ヌーヴォー・リシェ》が生まれた。

新興成金、もしくはニューリッチと呼ばれる人々は、動乱の中から台頭してきた新たな社会的階級として説明される。上流階級が代々受け継いできた富が受け渡されるのではなく、自分たちの力で成り上がる人々が現れたのだ。社会的に低い階級に生まれた彼らが新しく見つけた富によって、かつては身分の高い人々にしか手が届かなかったモノやサービスの消費が可能になったのだ。

しかし、単に高価なモノを買うだけでは充分ではない。新興成金たちは富だけでなく、それに見合うだけのステータスもほしがった。富とはしばしばプライベートなものである。あなたの銀行口座にいくら預金があるかは、あなた（と場合によってはあなたの配偶者）以外は誰も知らない。一方、ステータスは、社会的なものである。それは他人から見えるところで到達できるものであり、仲間たちの尊敬を集められる。

だから、新興成金の人々は、富を誇示するような消費をする。高級食材を買い、高価な食事をし、プライベートな買い物をするだけでなく、お金を持っていることがまわりの人にわかるような消費財を購入する。個人的な価値を手に入れるためだけでなく、ステータスを手に入れ、威光を示すための方法としてモノを買うのである。

目に見えるシグナルは、アイデンティティの特定を容易にする。一万ドルする歯磨き粉を買う人がいるとしたら、その人はかなりの金持ちであるはずだが、たとえそうであっても、ほとんどほかの誰にもそのことはわからない。しかし、車や服なら、もっと人目につくところで消費されるものだから、持ち主がどんな人であるかを伝えるものになりやすい。

ブランドも、目に見えるロゴやはっきりとわかるパターンを通してこのプロセスを後押しする。サイドに大きなロゴマークが入った〈ナイキ〉のスニーカーや、バーバリーチェックの高価なジャケットを着ていれば、それが身に着けている人のアイデンティティを示すものだと、見る人にわかりやすい。

一方で、安い商品は、あまりそういった目印にならないのではないかと思われるかもしれない。バーバリーの商品を買ったことは人に知らせたくても、ウォルマートで買ったものについてはあまり知らせたくないかもしれないということだ。この考え方でいけば、価格とブランドの顕在性のあいだには、正の相関関係があるのではないかということになる。安価な商品は（もしっいているならば）ロゴが小さいはずだし、高価な商品ほど大きく、より目立つロゴをつけているはずだ、と。

しかし、モーガン・ウォード教授と私が何百もの商品の分析をおこなったとき、それとは異なるパターンが認められた。[15] 私たちは、ハンドバッグとサングラスというふたつのファッションカテゴリーを選び、価格と、ブランド名かロゴがついているかどうかに注目して、何百ものサンプルにコードをつけていった。

安価な商品については、ブランドが特定できないものがほとんどだった。たとえば、五〇ドル以下のサングラスの場合、ブランド名かロゴがついていたものは十本中二本しかなかった。商品の価格が上がるにつれ、ブランドの表示はより目立ったかたちになっていた。一〇〇ドルから三〇〇ドルのサングラスだと、十本中九本までがブランド名がついていた。しかし、**さらに価格が上がると、ブランドの表示は控えめになる**。五〇〇ドル以上するサングラスでは、ブランド名かロゴのついたものは十本中三本にとどまった。

これにより示されたのは、価格とブランドの顕在性のあいだには、正の相関関係ではなく、U字型の相関関係があるということだった。

当然のことながら、ロゴがついていないということは、見る人にとってそのアイテム（と価格）を特定するのがむずかしくなる。マットのような人々にいろいろなハンドバッグの値段を当ててもらったときには、ロゴやその他のはっきりとしたブランドの表示が大きな違いをもたらした。商品に大きなロゴがついていれば、見る人には、その商品がだいたいいくらくらいかの感覚が伝わる。正確な値段は当てられなくても、高価なアイテムとそうでないアイテムの区別はできる。〈グッチ〉のバッグは〈ギャップ〉のバッグより高いということくらいはわかるからだ。

だがそこで、ロゴを取りはらってしまうと、見る人にはわからない。二〇〇〇ドルのバッグと二〇ドルのバッグを区別することができなくなってしまったのだ[13]。

もし、富を誇示するための消費を人々が意識しているのだとしたら、安物と区別できない商品に、何千ドルもの代金を誰が払おうと思うだろうか？

高価なブランド品を買うのは、質が高いからだということはできるが、しかし、それではラグジュアリー・ブランドが比較的目立たないブランド表示に対してプレミアム価格を設定していることの説明にはならない。たとえば、メルセデス・ベンツは、ボンネットに小さなエンブレムをつけている。価格が五〇〇〇ドル高くなるごとに、そのロゴは、一センチずつ小さくなる。〈グッチ〉のハンドバッグや〈ルイ・ヴィトン〉の靴も同様のパターンだ。より目立たないロゴのついたラグジュアリー・アイテムほど、高い値がついている。静かなシグナルほどコストがかかる。

では、裕福な人々は、単にロゴが嫌いだということなのだろうか？

商品によっては、誰の目にも見えるよう、ブランド名を叫ぶように目立たせているものがあるが、一方で、より目立たないシグナルを発している商品もある。〈クリスチャン・ルブタン〉の靴はすべて赤い靴底を使用しており、また、〈コトンドゥ〉のシャツには、襟まわりか袖口に独特のパターンが使用されている。ある革製品のブランドは、ハンドバッグ、トートバッグ、財布の多くに斜交平行模様を入れている。

ブランド名やロゴを大きく入れることで、広い範囲の人々により効果的に伝えることができる（なぜなら目につきやすく特定されやすいから）が、さりげないシグナルは見逃されることがある。ほとんどの人は、他人の履いている靴の底など気にとめていないし、目立たないディテールは見逃されてしまうかもしれない。そういった〝犬笛〟のようなファッションは、それを目にするほとんどの人には読みとってもらえないかもしれない。

しかし、広くシグナルを送れないことは、不利な点に見える一方で、そこには隠れた利点もある。目立つシグナルは特定されやすくはあるが、それによってその分野に無関係なアウトサイダーが侵入してきたり、コピーされたりもしやすくなる。

一面に〈ルイ・ヴィトン〉と書かれたハンドバッグを持っていると、まわりの人からはお金を持っている人だとは思われやすい。だが、そのような目につきやすいはっきりとしたシグナル

13　同じ現象は、別の商品カテゴリーでも起きた。〈アルマーニ・エクスチェンジ〉または〈アバクロンビー&フィッチ〉と身頃に書かれたTシャツは、簡単に識別できた。また、もうすこし手ごろなブランド（たとえば、小さく〝A—X〟のロゴが入っているものなど）でも、シャツにブランド名が入っていれば、七五%くらいは正しく認識された。しかし、目立ったブランド名の入っていないシャツになると、特定するのがずっと困難になり、正しくブランドを識別できたのは、回答者の六%にすぎなかった。

は、裕福でなくても、ただそのように見えたい人々からもまねされやすい。

コピー商品が出まわりやすい商品を思い浮かべてみてほしい。たとえばニューヨークのキャナル・ストリートを歩いていて、あるいはコピー商品専門のウェブサイトを見ていて、気づくのは、そこには全部の種類のバッグの偽造品はないということだ。コピー商品には、目立ったブランド名の入ったものが多いはずだ。大きなロゴやはっきりとブランド名の入ったバッグのほうがコピーされやすく、それは、コピー商品の買い手となる人々がそれが発するシグナルを求めているからにほかならない。そのような人々が質にこだわることは少なく、興味があるのは、そのバッグが伝えるもののほうなのだ。

したがって、インサイダー、すなわちある特定の分野に詳しい人々は、さりげないシグナルを好む。それらのシグナルは、広く大勢の目にはつかないが、インサイダーになりたいまねをする人々《ワナビー》から区別する手助けになる。もし、お金持ちに見えたい人々が〈ルイ・ヴィトン〉のロゴがいっぱいついたハンドバッグをほしがるとしたら、もうそれは裕福であることを示すよいシグナルではなくなる。だから本当に裕福な人は、それを持つのを避けて、ほかのインサイダーたちにだけわかるもっと控えめな標識を使うようになる。

たとえほとんどの人にそれが識別できなくても、さりげないシグナルが、それをよく知る人にだけわかる、隠れたコミュニケーションシステムとなるのだ。〈ボッテガ・ヴェネタ〉のパターンは、多くの人が気づかなくても、流行に敏感な人ならその標識を見分け、理解することができるものなのだ[16]。

実際、ファッションを学んでいる学生に、同じバッグの値段を当ててもらったところ、彼らはマットのように苦労することはなかった。ロゴつきのバッグの値段を正確に答えられただけでなく、目立ちにくい標識しかついていないバッグも見分けることができた。大きなロゴがついていなくても、高価なバッグとそうでないものを区別することができたのだ。

〈ロレックス〉の時計は、ステータス・シンボルとして広く認識されている。だが、いま述べたような理由で、本物の時計好きはたいていもう少し目立たないものを選ぶ。〈ヴァシュロン・コンスタン〉は、広く一般に知られているわけではないが、時計好きの人ならそれが発するシグナルを察知し、その選択を称賛するだろう。

マットが十五ドルと推測した、見た目の地味なバッグを思いだしてほしい。実は、あれは、六〇〇〇ドルする〈ボッテガ・ヴェネタ〉の商品だ。しかし、あのバッグが発するさりげないシグナルにほとんどの一般学生は気がつかなかった一方で、本物のファッショニスタたちは一目見てそのブランドを認識したのだ。

ここまでを前提に、次は偽造品がつくられることの利点を考えてみたい。

# なぜルイ・ヴィトンはニセモノを奨励すべきなのか

もし今までに、〈ルイ・ヴィトン〉のゴミ袋を見たことがないなら、ここでひとついいものをお見せしよう。

〈ルイ・ヴィトン〉には、実際、〈レインドロップ　ブザス〉という、ゴミ袋のような素材でできた一九六〇ドルのウォータープルーフのバッグがあるが、それのことではない。本物のゴミ袋、つまりゴミを入れて捨てるためにデザインされた袋のことだ。

　誰もが知っているゴールドの星と花のパターンが入ったその茶色い袋は、生活に美しいものを取り入れたい友だちに贈るのには最適の品だろう。自分のゴミは、ほかのみんなのゴミよりもいい、と考える人々に。

　しかし、そこで、世界はどうなってしまうのだと思うまえに、あなたはもう少しじっくりとその袋を見てみることにする。すると、〈ルイ・ヴィトン〉のモノグラムのパターンにあるはずの、〝LV〟の文字が欠けていることに気づく。さらによく見ると、〝LV〟でなく、〝V

O〟というイニシャルが入っているではないか。

この袋は〈ルイ・ヴィトン〉がつくったものではない。偽物だ。

〈ルイ・ヴィトン〉から〈レゴ〉まで、また〈ロレックス〉から〈レイバン〉に至るまで、世界で取引される商品の十%近くは偽物だ。[17] 年間五〇〇〇億ドルにものぼる、本来ならきちんとした会社やブランドの収益となるはずの金が、犯罪者の手にわたっていることになる。これはノルウェー、ポーランド、ベルギーなどの国内総生産よりも大きな額だ。アメリカ合衆国内だけで見ても、コピー商品がビジネスに与える影響は年間二〇〇〇億ドルにものぼっている。一九九〇年代後半、ライターの会社ジッポーは、本来得られるはずの収益の三分の一をコピー商品によって奪われた。

しかし、問題は収益の減少だけではない。偽物によって消費者が品質の問題を経験してしまうと、ブランドの評判に影響する。また、コピー商品が広まると、独占性が薄れてしまう。そして、安価な代替品が手に入るようになってしまうと、ブランド正規品の定価を支払ってまで買おうと思う消費者の意欲がそがれてしまう。

世界中を見わたしてみると、これはどこの港でもある程度は見られる問題である。〈ホーム・アンド・ガーデン〉のラベルのついた輸送コンテナのなかに、何千もの偽造ハンドバッグが詰めこまれてやってくる。建築資材であるはずの荷物の中身は、どれもこれもコピー商品のスニーカーでいっぱいだったりするのだ。

インターネットがさらに流通を容易にした。今ではコピー商品も、消費者へ直接届けることができる。税関の職員たちは、そうした取引を助長するウェブサイトを閉鎖させようと努力しているが、いくらがんばっても次から次へと新しいサイトが出てくるばかりだ。しかも、それらは一時的な商売ばかりではない。二〇〇八年の調査では、ｅＢａｙで売られていた〈ルイ・ヴィトン〉のバッグと〈ディオール〉の香水は、ほとんどすべてが偽物だったことが明らかになった[18]。また、〈ティファニー〉のものに見える商品の十点中八点まではコピー商品だった。まるで違法商品の海である。

驚くまでもなく、ファッションブランドは商品コピーの防止に努めている。〈ルイ・ヴィトン〉などいくつかのブランドは、〝ＬＶ〟のようなパターンを商標登録するなどの努力もしている。コピーがむずかしい商品の開発を進めているブランドもある。〈ドルチェ＆ガッバーナ〉は、ホログラムを使用したブランド認証や紫外線に反応する特別な糸を使用した偽造防止シールといった手のこんだ対策を講じている。

こうした努力をしても効果が得られない場合には、企業は法的手段に頼ることになり、コピー商品の製造者とそれらの商品を扱っている小売店やウェブサイトを追いかけまわすことになる。二〇〇四年の一年だけで、ラグジュアリー・ブランドを抱えるＬＶＭＨは、そうした暗黒市場との闘いに二〇〇〇万ドルを費やし、全世界で六〇〇〇件以上の立ち入り調査と、八〇〇〇件以上の訴訟を起こしている。[19]

要するに、ファッションブランドは、コピー商品がつくられないようにするために、多大な努力をしている。それは、自社のビジネスに悪影響を及ぼすと考えているからだ。

だが、本当のところ、コピー商品が出まわるのは悪いことばかりだろうか？　偽物の存在によって、実はブランドが得をしている面もあるのではないだろうか？

法律分野のふたりの教授がこの問題を調査し、導きだした答えは、意外にもイエスだった。[20]そして、その理由は、アイデンティティを示すシグナルに大いに関係していた。

人々は、とくにファッションに敏感な人々は、自分たちがどんな人かを伝えるがゆえに、着る服に気をつかう。彼らは流行中のものを着ていたいと思うし、少なくとも流行遅れのものは着たくない。

けれども、スタイルが発信する価値が変わらなければ、人々は新しいものを買う必要はない。同じムートンのブーツやスキニータイを何年でも身に着けていればいいのだから。もし、それらのアイテムがつねに〝クール〟だという信号を発しているなら、人々はそれらのアイテムをやめて新しいものに替える理由がなくなってしまう。同じアイテムを擦り切れるまで身に着けていればいいということになってしまうだろう。

そうなれば、ほとんどの消費者にとっては嬉しいことかもしれないが、小売業者やメーカーにとってはいい話ではないだろう。売り上げは落ちこみ、雇用も維持できないだろうから。

そこで、コピー商品をつくる業者が登場して救いの手をさしのべてくれる。**迷惑なコピー商品を流通させることで、偽造には消費の陳腐化を促進するはたらきがある。**粗悪なコピー商品は、オリジナルの商品イメージを傷つけるが、しかし、入手の可能性が広がることで、あるスタイルやブランドを身に着けることの意味もまた変わってしまうことがある。

もし、今シーズンの〈ルイ・ヴィトン〉の新作に見えるバッグを誰でも買うことができたら、そのバッグを持っていることで発せられるシグナルの意味が色褪せてしまう。格安の値段によってそのバッグが広く流通してしまうと、それはもう独自性だとか、トレンドセッターだとかいうシグナルを発しなくなってしまうからだ。それどころか、それを持っていることで、自分は大量生産の商品や単に流行を追いかけているだけの人なのだというシグナルを発することになってしまう。そしてその結果、本物のファッショニスタたちはそれを買うのをやめ、別の新しいものに向かっていく。

言葉にもまた同じようなはたらきがある。ティーンエイジャーが、〝人生一度きり《ヨロ》〟とか〝帰る《ディップ》〟とか新しい言葉を使いだすと、そのうちに親たちもそれがクールだとかヒップだとか思って同じフレーズを使い始める。しかし、アウトサイダーが取り入れることによって、それらの言葉が発するシグナルの意味が変わってしまう。以前は〝クール〟だったものが、〝がんばりすぎ〟のシグナルを発することになってしまったりするのだ。それでティーンエイジャーたちは、それらの言葉を使わなくなっていく。おばあちゃんたちが、サンクスギビングのディナーからそろそろ〝帰る《ディップ》〟ことにしましょうと言いかけたころには、もうみんな帰ってしまったあとで、まわりには誰もいない、などということが起きてしまう。

企業は、自分たちが時代を先取りしていることを示したいものなので、シックスシグマとかTQM（総合的品質管理）といった手法を取り入れたがる。大企業や成功した企業があると、あとに続く者が増えていき、小さな会社も〝革新的〟な企業はみんなやっていると思ってまねを始める。だが、まねをする者があまりに多くなると、そうした手法には、それを取り入れた企業がその分野のパイオニアであることを示すシグナルとしての価値がなくなってしまう。だから、傑出していたい企業は、次に行かなければならない。

つまり、**アイデンティティを示すシグナルは、ものごとを流行らせるほうにも、すたれさせるほうにもはたらく**といえる。言葉にしても、経営管理の手法にしても、最初は一部の少数が使うことから始まる。そうした初期の採用者たちが、クールだとか、革新的だとか、あるいは望ましいと認識されると、ほかの人々も、望ましいアイデンティティのシグナルを発信しようとまねを始める。そして、さらに多くの人々が流れこんでくるにつれ、言葉も経営管理の手法も、あるいはその他の文化的アイテムでも、それが流行となり、人気が出る。

しかし、そんなふうに遅れてきた採用者たちがいったん流入してしまうと、アイテムがもともと発信していたシグナルに変化が現れ始める。かつては、〝クール〟だとか〝革新的〟だというシグナルだったものが、別の何かを伝え始めるのだ。だから、初期の採用者たちは、望ましくないアイデンティティのシグナルを発してしまうのを避けるために、そのアイテムをやめてしまう。そして、それによりシグナルの変化はさらに速くなり、最後には、そのアイテムが発していたもともとの望ましいシグナルの意味が失われ、遅れてきた採用者たちまでもがそのアイテムを使うのをやめてしまうのだ。かつて、人気を集めていたものが、その逆になってしまうというわけだ。

流行にはサイクルがあり、移り変わっていくものではあるが、コピー商品の流通は、そのプロセスを加速させるのに一役買っているということになる。**コピー商品は、広く市場に出まわることによって、流行の衰退を後押しすることになる。だが同時に、消費者を新しいものに向かわせるはたらきも持っているのだ。**シェイクスピアの言葉にもあるように、〝流行というものは、着る人間が古くなるまえに古びてしまう〟ものなのである。

## 社会的影響力を味方にしよう

人種マイノリティの学生が学校でいい成績を取れるのに取らなくなったり、どんな人と思われるかが心配で薬物治療を受けない人々がいたりするのは、とてもつらいことだ。だが一方で、どんなことにもプラスの側面はあり、同様の考え方も正しく応用されたならば、よい意思決定のために生かすこともできる。

公共広告、とくに公衆衛生の分野では、情報にフォーカスを当てたものがよくある。喫煙が健康に与える害について語るものや、〝薬物の危険性についてお子さんと話しましょう〟と親に向けて訴えるキャンペーンの広告などがこれにあたる。アイデアとしては、その情報によって、人々の考えが変わるだろうというもので、喫煙や薬物乱用、食生活の乱れが引き起こす、ネガティブな影響について知らせれば、人々は態度を改め、正しい行いをするだろうという期待がそこにある。

残念ながら、情報がたくさんあるからといって、それだけではよい意思決定にはかならずしもつながらない。喫煙習慣のあるティーンエイジャーは、そのリスクを知っているが、だからといってやめるわけではない。甘いお菓子やポテトチップスは身体によくないと知ったからといって、子供たちの行動が変わるわけではないのだ。

それよりも、望ましい行動と人々があこがれるグループや自分もそんなふうに見られたいと思われるようなアイデンティティとを関連づけた場合のほうが、効果的なことが多い。ポパイは力を出したいとき、いつもほうれん草を食べていたが、このイメージの関連づけが、アメリカのほうれん草消費量を三分の一押し上げた。[21] 以前からこのことに気づいていた広告主は、マイケル・ジョーダンのようなスターを、靴から食品、ソフトドリンクまであらゆるものと関連づけて起用してきた。〝マイクのようになりたいか？ それなら、この商品が手助けするよ〟。人々が偶像化している誰かが何かをしていれば、人々も同じことをしたくなるのだ。[14]

そんなふうには見られたくないと人が思う、望ましくないアイデンティティとの関連づけもまた同様に効果がある。飲酒は大学のキャンパスで大きな問題となっている。必要以上に飲みすぎてしまう学生もおり、その結果、さまざまな事故や健康問題が起きている。

この問題に取り組み、克服するために、行動科学者のリンゼイ・ランドと私は、学生が飲酒と関連づけるアイデンティティを変えるという取り組みを始めた。[22] まず、大学の学生寮へ入り、オタクっぽい見た目の青年が酒を手にしたポスターを貼った（内心ヒップホップにあこがれるまじめ学生と『ギリガン君SOS』の船長を足して二で割ったような感じの）。そのポスターは、〝飲むときは考えよう。誰もこんなふうには見られたくないだろう〟と学生たちに思わせるものだった。どんちゃん騒ぎの宴会を、学生が望まないアイデンティティに関連づけることによって、学生たちの行動が変わることを期待したのだ。

そして、それはうまくいった。従来からあった情報を伝えることに重点を置いたポスター（たとえば、年間一七〇〇人の学生がアルコールに関連するけがで命を落としていることを踏まえて、〝飲むときには考えよう。あなたの健康は大切です〟と書いたもの）を見た学生たちとくらべて、どんちゃん騒ぎの宴会と望ましくないアイデンティティを関連づけたポスターを見た学生たちが報告してきたアルコールの摂取量は、前者の五〇％にとどまっていた。

これと同じ考え方で、私たちは人々により健康な食事を摂ってもらうようにもはたらきかけてみた。地元のレストランの常連客にアプローチし、彼らが一緒にされたくなさそうなグループが大量のジャンクフードを食べていることを思いださせるよう試みた。すると、常連客らは自分にはふさわしくないと感じるシグナルを発しているアイデンティティとジャンクフードが関連づけられると、脂っこいハンバーグよりもヘルシーなサラダを選んで食べるようになった。シグナルを変えることは健康にも役立つのである。

アイデンティティをベースにした、これらとよく似た介入の例は、さまざまな場面で役立てることができる。〝白人のまね〟をすることのネガティブな効果の話にもどると、オバマ大統領は、アメリカは、〝本を持っている黒人の若者に、白人みたいにふるまっているなどと言う中傷をなくす〟ことが必要だと述べている。

しかし、ステレオタイプを変えるためには、人々の言うことを変える以上のことが求められる。それには、学業成績のよさと結びつくアイデンティティを、もっと明確に人種マイノリティの学生に結びつけたものにシフトさせる必要がある。

アフリカ系アメリカ人学生が多数を占める学校では、学業成績のよさと社会的地位のネガティ

14 子供たちは、ワンダー・ウーマンがカリフラワーからパワーをもらっていることや、あこがれのスポーツ選手がビール好きであることには気づいていないかもしれないが、情報を共有することによって、野菜やその他の健康によい食べものを子供が摂取する量は増える。ある親は、ふたりの幼い息子にブロッコリーは恐竜みたいに見えるから、ブロッコリーを食べていると、自分たちも首の長い恐竜みたいになれると思いこませた。すると、恐竜好きの兄弟は、それはすごくクールだと思い、友だちに話し、じきに保育園のクラス中の子供たちがみんなブロッコリーを好きになったという。ブライアン・ワンシンク著『そのひとクチがブタのもと』（集英社、二〇〇七）を参照のこと。

ブな関連性は当然ながら薄い。なぜなら、こうした学校では、成績優秀な学生のほとんどがアフリカ系アメリカ人なので、よい成績をとることが白人のまねをしているなどという考え方は薄れてしまうからだ。成績優秀な黒人学生を何人も見ていれば、よい成績をとることが白人のすることだとは考えにくくなる。

プログラムのデザイン次第でも、そうしたシグナルを変えることはできる。女性と科学、テクノロジー、工学、数学の場合などは、ほんの少し環境を変えるだけで、ずいぶんと違うかもしれない。たとえば、教室に（スターウォーズのポスターやSFの本のような、ステレオタイプ的に考えて男子向けのものよりも）もっと一般的な内容の雑誌や観葉植物などが置かれているとか、あるいは（たとえば〝I CODE, THEREFORE I AM（われコーディングする、ゆえにわれあり）〟と書かれたTシャツでなく）、普通の服を着たコンピューターサイエンス専攻の学生と交流する機会があれば、コンピューターのクラスに入りたいと思う女子学生は増えるだろう。中立的な環境や、ステレオタイプからはずれた交流相手がいることで、女性の帰属感は高まり、適応できると感じさせることができる。[23]

学業成績の優秀なマイノリティの学生に注意を集めることで、とくにその学生が人気者になれたなら、人種に対するイメージもポジティブなものに変えられる。ある特定の行動や行為に関連づけて考えられるアイデンティティは、それが与える〝機能的な〟価値と同じくらい重要であることが多いのだ。[24]

スティグマ［不名誉・不利益なレッテル］とシグナルの関連づけは、健康リスクの捉え方を理解する上でとくに重要だ。人は、自分たちがある病気にかかりやすいと思えば、検査を受けようと思う気持ちは強くなり、行動に変化が起きるものだ。だが、ある病気にかかる原因のリストに、スティグマと関連づけられた理由（無防備なセックスなど）が付け加えられると、逆説的に、人は自分がその病気にかかっている可能性や、検査を受けようと思う気持ちも認めにくくなる。

スティグマと関係のない方法で（人ごみでうつる、など）病気のことを伝えられた人とくらべて、スティグマと関連する原因をリストに加えた場合には、それだけで、人々は自分がその病気にかかるリスクを六〇％少なく見積もることになった。感染経路をひとつ付け加えたところで、感染にさらされるリスクが高くなる（感染経路が以前より増えたということで）だけのことであったとしても、その付け加えられた病気の原因にスティグマがつきまとうことが理由で、自分が抱える感染の危険を認めることに抵抗を感じてしまっていた。[25]

より一般的なところでは、アイデンティティのシグナルをうまくコントロールできれば、何かをかならず流行らせることができる上に、人気を維持させることもできる。もしも人々が、何かの理念や商品について、それが伝えるものが好きだからという理由で支持したり買ったりするのであれば、人々が追従するにつれて、賛同者も売り上げも急激に増えていくだろう。

だが、流行はすたれるのも速い。今日はクールだといわれているものが、明日になれば、みんなもう次のホットな問題やアイテムに行ってしまっていて、時代遅れだといわれることもある。

英国の高級ブランド〈バーバリー〉は、まさにこの問題に直面した。このブランドは、ゴルフを愛好する白髪交じりのビジネスマンに代表される高所得層に支持されていたが、二〇〇〇年代初頭から、ブランドが発するシグナルの意味に変化が起きていた。ブランドの顔でもあるキャメルのチェック柄が〝チャヴ〟と呼ばれる、酒を飲み、サッカーを好む労働者階級の白人フーリガンのような若者が制服のように着る必須アイテムになっていた。そのために、タクシーの運転手は、〈バーバリー〉の野球帽をかぶった客の乗車を拒否し始め、薬物使用の問題を抱える女優が娘とベビーカーとともに、バーバリーチェックをまとって登場したころには、このブランドのもともとの顧客層は、すでにほかのブランドへ逃げてしまっていた。

〈バーバリー〉ブランドのかつての輝きを取りもどすため、あらたにCEOに就任したアンジェラ・アーレンツは、コピー商品の製造業者を摘発しただけでなく、チェック柄の使用を控えめにした。製品ラインナップの九〇％で、ブランドのアイコンであるチェック柄をやめ、チェック柄を使う場合も、表側全体ではなく、コートの裏地に使用する程度にとどめた。

この戦略は成功した。売り上げは上昇し、会社はアイデンティティを取りもどした。ブランドの明示を控えめにすることによって、〈バーバリー〉は、高品質というステータスを維持しつつも、ブランドが発するシグナルがほしいだけでつきまとってくるものたちを振りはらうことに成功したのだった。

別の解決策として、複数の製品ラインナップを用意する方法を採った企業もあった。安全で、信頼できる車であることを理由にトヨタの〈カムリ〉に乗っている家族は多い。しかし、家族が乗る車だからということで、ほかの客層が離れていってしまうこともある。もし、あなたが仕事で大昇進を果たしたところで、それをまわりに知らせたいとしたなら、郊外の父親をイメージさせるシグナルを発している車を買うのはちょっと違うと思うだろう。

そこで、トヨタは〈レクサス〉をつくった。〈レクサス〉というブランドは、よりラグジュアリーな感覚があり、よりハイエンドの車として価格も高く設定されている。これは、ひとつには、〈カムリ〉よりも華やかなものを求める顧客に訴えるためである。しかし、ひとつには、これもやはりアイデンティティがかかわっている。〈レクサス〉は、〈カムリ〉のような車に乗っていたかもしれないドライバーに、自分は〈カムリ〉に乗っているようなファミリーとは違うのだと思える方法を提供している。ひとつ上を行っている。けれども、トヨタ・ブランドからははずれてしまうこともない。

〈サイオン〉もトヨタ・ブランドのひとつだが、これもまた同様に、自分の車をカスタマイズしたい若いドライバーのために用意されたものだ。それぞれの車についている機能もさまざまだが、ほかとは違う販売の仕方もまた象徴的だ。〈サイオン〉に乗っていることによって発せられるシグナルは、単にトヨタ車に乗っていることから発せられるそれとはかなり違う。そして、こうしたいくつものサブブランドを持つことにより、客層ごとに違っていながら同時に望ましいシグナルを提供することによって、さまざまな客層を維持することが可能になる。
シグナルが持つこうした意味は、より広範囲をカバーするアイデンティティを想起させることによってコントロールすることもできる。共和党支持者は、リベラルな理念をサポートすることには警戒し、民主党支持者は、保守的な理念に対して同様の警戒心を抱いている。しかし、何かを、たとえば人権問題の枠に入れてしまえば、それを党派を隔てる境界線の向こうに押し上げる手助けになる。このような上位のアイデンティティは、より多くの人々に受け入れられやすい。そしてまた、広範なアイデンティティを想起させるため、人々が避けにくいものにもなる。

さて、ここまでは、社会的影響力が行動を左右するふたつのルート――模倣と差別化を見てきた。他人と同じことをするか、違うことをするか。だが、もうひとつ、第三の道もある。**これらふたつを同時におこなう**というものだ。

第4章

Similar but Different

# 似ていたいけれど違っていたい

毎年二回、ヨーロッパのある場所で、ある秘密の会議が開かれている。さまざまな国の代表が、非公開の場所に用意された人けのない部屋に集まり、意思決定がなされるまで何日も議論が続けられる。プレゼンテーションがおこなわれ、議論が繰り返され、そして採決がとられる。

それは、核安全保障の会議でも、G8サミットでもなく、人によってはそれ以上に私たちの日常生活に大きな影響を与えるイベントだという。それが、〝今年の色《カラー・オブ・ザ・イヤー》〟を決める会議だ。

一九九九年以来、色の預言者たちはこうして一堂に会し、次の十二カ月のあいだファッションショーやデパートの売り場を支配する色を選定しているのだ。

二〇一四年、その年の色として選ばれたのは、色番号一八－三二二四番。別の言い方をすれば、ラディアント・オーキッドだった。ピンクがかった鮮やかな色味のパープルで、〝より広範なクリエイティビティとオリジナリティ〟を促進すると称賛された。

二〇一三年は、エメラルド。幸福と均衡と調和を表わすみずみずしいグリーンだった。こうした色調は人気があり、それまでもターコイズ、ハニーサックル、タンジェリン・タンゴといった色が選ばれている。

パントーンは、標準フォーマットで作成した何千もの色見本を、様々な業界に提供している色の会社で、この会議も同社が開いているものだ。会議に先立ちパントーンでは、世界中のメーカーや小売業者、デザイナーを対象に、次の年どの色を使おうと予定しているか、またどの色が浮上してくると思うか調査をおこなっている。そうして集められた情報は、整理され、ふるいにかけられ、会議の出席者によって議論され、結果は『パントーンレビュー』という七五〇ドルの冊子にまとめられる。そしてこれが、〈ギャップ〉や〈エスティー・ローダー〉などのブランドをはじめとして、パッケージ・デザイナーやフラワー業界まであらゆる業種を対象に販売されている[15]。

顧客となる企業の願いは、翌年の色の流行りをなんとか読み解くことだ。来年は、ブーツカットとスキニージーンズのどちらが流行るのか、あるいは、チューリップとバラのどちらが売れる

---

15　生産のための適切な色選びには、ゲーム理論が少し関係してくる。ほとんどの企業はトレンドからはずれているよりも乗っていたいが、何を生産するかについての各社の決定は、トレンドに対応するだけでなく、それ自体がトレンドの形成を促す。企業が何をつくるかが、消費者が何を買うかに影響し、それが何が流行るかにつながっていく。また、多くの企業が同じものを参考にしていることもある。もし、業界をまたいで多くの企業がその年に同じ色に群がれば、それらの色が流行る確率は高くなり、したがって売り上げも伸びる。だから、パントーンの色予測は貴重な調整機構としてはたらいているのだ。同じひとつの情報源にしたがうことにより、企業は、ほかのみんながオレンジに向かっているときに、ライムグリーンのほうを向いているというような、間違った色選びをしないようにしているのだ。
　また、パントーンの予測が、すでに起こっていることを反映しているだけなのか、それともこれから流行ることに影響を与えているのかははっきりしないところがある。パントーンは、これからやってきそうな波の早期探知システムなのかもしれないが、そもそもそれが、波を起こすだけの充分な刺激になっているのかもしれない。

のかを予測するのは、それだけで充分むずかしい。しかし、そこに色が加わると、事態はさらに複雑になる。消費者が求めているのは、紫のチューリップなのか、それとも赤いチューリップなのか？　グレーのジーンズは売れるだろうか？　それとも、黒のほうが確実だろうか？

商品生産のための長いリードタイムを考えると、色は何カ月も前に決めておかなければならない。農家は正しい球根を植えなければならないし、工場は正しい糸を発注しなければならない。それに、シーズンの終わりに、売れ残りの在庫品を値下げしてさばくのはできれば避けたいものだ。

しかし、これだという色に賭けることは必要ではあるけれど、どの色が確実に流行るかを言い当てることは、個人にも企業にもデザイナーにもなかなかできることではない。どの企業も、自社だけで持っている情報など、パイ全体のほんの小さな一切れ分でしかない。それぞれは、限られた国の、限られた商品の中で、人々が何を買うかを見ているだけにすぎないのだ。

だから、推測に何らかの根拠を求めるうえで、パントーンは頼みの綱となるわけだ。パントーンは、世界中から幅広くデータを収集してひとつにまとめたものを提供することで、バイアスのかかっていない（と期待される）視点を与えてくれる。いま世界で何が起きていて、次に何が起こりそうかという、おおまかな印象を企業に教えてくれる。これからどんな色が流行りそうかを予言してくれるのだ。

とはいえ、〝今年の色〟を年代を遡って見てみると、おもしろいパターンがあることに気づく。二〇一二年の色であるタンジェリン・タンゴは、その前の年のタイガーリリーに驚くほど似ているのだ。そして、二〇一〇年の色、ターコイズは、目を凝らしてよく見なければ、その何年かまえのブルーターコイズと見間違えそうだ。

もしかして、文化的進化には何か構造的なものがあるのだろうか？　いま流行っているものが、次の流行りを規定するのだろうか？

## ヒット商品を予測できるか

ヒット商品というものはどんな業界にも存在する。映画ならメガヒットに、IT業界ならユニコーン企業、そして音楽ならプラチナアルバム。出版では、『フィフティ・シェイズ・オブ・グレイ』は三部作合わせて一億二五〇〇万部以上売れた。ギリシャヨーグルトは、どこからともなく現れてアメリカでもっともホットな食べもののひとつになった。

当然のことながら、カルチャーのトレンドは、企業、消費者、文化評論家のいずれにとっても大きな関心事だ。新しく出版される本は、ヒットするだろうか、それとも失敗作だろうか？　今度の公共政策のイニシアティブはうまくいくだろうか、それとも行き詰まるだろうか？　成功を予測することができたなら、その見返りは大きい。

他社より先を行くために、企業は複雑なアルゴリズムを使って、ある商品や曲が充分に人の心をつかめるかどうかを予測しようとする。トレンド予測の専門家といわれる人たちは、紅茶の葉の動きを見つめながら、次に起こることを予測しようとがんばっている。

だが、将来の予測というのは、誰もが知っているとおり、むずかしいことだ。J・K・ローリングのエピソードからもわかるように、たとえ、エキスパートと呼ばれる人々であっても、実際にうまくいき始めるまでは、何が流行るかを特定するのはむずかしい。なぜなら、オーガニックフードのムーブメントを予言する〝未来派〟の人がひとりいれば、〝機械式のハグブース〟の波がきそうだと言う人が十五人いたりするからだ。

音楽ダウンロードの実験で示されたように、人には他人の行動に倣って動くという習性があるため、成功は変動しやすい。ある曲、食べもの、あるいは色であっても、それらがどの程度流行するかを予測するのはほとんど不可能に思える。何かが流行り、何かが流行らないのは、でたらめに起こっているように見えるのだ。

だが、実際のところは、見た目ほどでたらめではないのではないか？

それを調べるために、ペンシルベニア大学ウォートン・スクールのエリック・ブラドロウと、アレックス・ブラウンスタインとヤオ・ツァンのふたりの統計学者たちと私は、少なくとも誰もが何らかの知識を持っているある分野で、それを検証してみることにした。[1] その分野とは、人の名前、ファーストネームだ。

セザールは、男の子がほしいと思っていた。心からそう願い、ときには一日に二度も祈りを捧げていた。妻のレベッカとのあいだには、すでに四歳になる双子の女の子がいたが、周囲に少しばかり赤い色が多すぎるのが唯一気になる点だった。娘たちはサッカーもすればピアノも弾くし、それに加えて、バレエのレッスンも受けさせていたが、ただ、家の中にもうひとり男がいればいいなと思うのだった。X染色体が多すぎる家庭内のバランスをよくするためのY染色体だ。

そこで、彼はそれを実現するためにできることはなんでもした。最初は簡単なことから始めた。子供部屋の中を青い色に統一し、下着はブリーフでなく、ボクサーパンツを選んで穿いた。じきに、あらゆる種類の疑似科学の方法もためすようになった。自分は飲むコーヒーの量を増やし、妻には、〝男の子〟の食べもの、すなわち、赤身の肉や魚、パスタなどを食べさせた。中国式の産み分けカレンダーを眺めては、男の子を授かるタイミングを計り、妻には粘液を緩くするグアイフェネシン配合の咳止めシロップを飲むように頼んだ（理由は訊かないように）。さらには、霊能者にも相談に行った。

こうして、苦しい四カ月半が過ぎた。

そして、ついに超音波画像が見られる日がやってきた。ふたりは画面を見つめ、性別を示すしるしを探した。

そのとき、セザールがまさに待ち望んでいた言葉を医師が口にした。「男の子でしょう」

セザールと女子たちはみんな有頂天になった。うちにもうひとり男が増える。しかし、同時に、もっとむずかしい問題が立ちはだかってきた。なんと名づければよいのか？

レベッカは候補となる名前の長いリストを用意していた。エリ、ジュリアン、マイケル、ジェイソン、ダニエル、リーアム。それから、ギャヴァン、ジェームズ、ホールデンにタッカー。

レベッカは、双子の出産までは教師をしていたので、どの名前にも何かが関連して思いだされた。ゲイブリエルは響きがいいと思ったが、いちばん扱いにくかった生徒のひとりがその名前だった。だからダメだ。ホールデンもいいけれど、過去何年かのあいだ、その名前の子は学校にたくさんいすぎた。

生まれてくる子の名前は、双子の姉たちの名前――パーカーとアリー――とも合うものにしたかった。音節の数が同じくらいで、昔からある名前よりも新しい響きがするもの。

ふたりがこれだというところにたどりつくたび、まわりの誰かがやってきては、それを見事に打ち砕いていった。「マイケルは響きが古すぎる」と、レベッカの母親がそう言ったかと思うと、「リーアムなんてニューエイジっぽすぎる」と、親戚の誰かが口を挟んでくる。だから、それからは新しい考えが浮かんでも、ふたりだけの秘密にしておいた。

そして、二〇〇六年のはじめ、ついにキーガンが誕生した。

人の名前は、ほかのどんな単語とも同様に、音素と呼ばれる基本的な音の連なりに分解することができる。音素とは、ある言語の中で、それぞれが違う音として認識される音の最小単位を表わすものだ。たとえば、ジェイクという名前を例にとると、それは、/j/（〝joy《ジョイ》（喜び）〟や〝jam《ジャム》〟などと同じ音）で始まる。次に来るのが、/a/（〝lay《レイ》（横たえる）〟や〝make《メイク》（つくる）〟の〝エイ〟の音）で、最後は/k/（〝take《テイク》（取る）〟や〝bake《ベイク》（焼く）〟の〝ク〟の音）で終わる。音素記号はアルファベットの文字と似ているが、大事な違いがいくつかある。英語のアルファベットは二六文字しかないが、音素記号は四〇以上あり、その理由のひとつには、同じアルファベットの文字がいくつか違う音で発音される場合があることが挙げられる。

たとえば、〝cat《キャット》（猫）〟と〝laugh《ラフ》（笑う）〟という単語を何回か繰り返して発音してみてほしい。どちらの単語も、「a」の文字が表わすのは「ア」という音だ。

では今度は、〝Jake《ジェイク》〟や〝maid《メイド》〟という言葉はどうだろう。先ほどと同じ「a」の文字だが、「ア」ではなく「エイ」と発音される。

これと似たようなことが、「e」の文字でも起こる。〝end《エンド》（終わり）〟や〝friend《フレンド》（友だち）〟などの単語に含まれる「e」は、「エ」の音になるが、〝be《ビー》〟や〝key《キー》（鍵）〟に含まれる「e」の文字は「イー」と発音される。Jake《ジェイク》という名前の綴りに含まれる「e」は、発音されない。

また、異なる文字の発音が同じになることもある。〝kit《キット》〟や〝rack《ラック》〟という単語の「k」は、「ク」と発音されるが、〝cat《キャット》〟や〝car《カー》（車）〟に含まれる「c」の文字もまた同じ発音になる。ためしに〝cat〟の「c」を「k」と入れ替えても（つまり、Kit《キット》 Kat《カット》の〝kat〟の綴りにしても）、発音はまったく変わらない。

キーガンという名前は六文字のアルファベットからできているが、含まれる音素は五つだけだ。/k/の音（〝kick《キック》（蹴る）〟や〝kaleidoscope《カレイドスコープ》（万華鏡）〟）で始まり、つぎに/ē/（イー）の音（〝feet《フィート》〟や〝leech《リーチ》（蛭）〟の〝ee（イー）〟の音）がきて、そのつぎに/g/（〝gas《ガス》〟や〝gill《ギル》（鰓）〟と同じ）、そして、/a/（〝fat《ファット》（脂肪）〟や〝hat《ハット》（帽子）〟の〝ah（ア）〟）がきて、最後は/n/（〝Nancy《ナンシー》〟や〝nice《ナイス》〟の音）で終わる。

レベッカとセザールにとって、キーガンはパーフェクトな名前だった。なにしろ、すべての要求を満たしているのだから。力強い響きはあるけれど、長すぎない。充分に現代的だけれど、いかにもという感じでもない。レベッカの旧姓とも近い感じがある。

しかし、キーガンが幼稚園に上がったとき、担任の先生がおかしなことに気がついた。クラスにキーガンはひとりしかいなかったけれど、似たような響きを持つ名前の子が何人もいたのだ。クラスの名簿を見てみると、キーガン、ケヴィン、キンバリー、キーリー、カーソン、カーメン。**二〇人の子供たちのうち、六人までがkの音で始まる名前だったのだ**。そんなに多くの子供がよく似た音の名前を持っているのはなぜなのだろうか？

その理由は、ハリケーン・カトリーナにあった。

名前とは何なのか？　エミリーやエリックからアップルやブルーアイヴィーまで、名前は誰もがひとつずつ持っている。死ぬまでその人につきまとうだけでなく、私たちが送る人生にも影響を及ぼす。ファーストネームは、その人がどのくらい魅力的に見えるかから、将来の雇い主から折り返しの電話がかかってくるかどうかまで、あらゆることに影響するものだ[2]。

だから、親たちが必死になって子供の名前を選ぶのも不思議ではない。生まれてくる子の親は、長い時間を費やして、名づけの本を読んだりブログをいくつも見たりして、可能性を吟味するのだ。

しかし、名前の響きがよいとか悪いとかを決めるのはなんだろうか?

連想は明らかに関係している。いい印象を持っていない知り合いを思いだしてしまうという理由で、レベッカがゲイブリエルを避けたように、名前が誰を思い起こさせるかは名づけに大きく影響する。エヴァが持つ古めかしい響きをよしとするかしないかは、その人の好みによるだろう。親たちが子供にアドルフのような名前をつけない理由は言うまでもない。

しかし、時間の経過とともに変化する名前の人気を分析してみると、おもしろいことがわかってきた。

米社会保障局は、社会保障番号を発行するという仕事を通して、親たちが子供につけた名前を記録している。一二五年以上にわたって、毎年、一年間に、どんな名前を持った人が何人生まれてきたかの記録をとっているのだ。そこには、一九〇〇年、一九〇一年、あるいは一九〇二年に、何人のジェイコブが、あるいは、スーザン、カイル、ジェシーが生まれたかの記録が保管されており、二億八〇〇〇万以上の出生件数と、七〇〇〇種以上の名前の記録がある。

いくつかの名前（ルークやミアなど）は、時間が経つにつれて人気が高まっていったが、ほかの名前（チャールズやエリザベスなど）の中には時間とともに人気がなくなっていったものもあった。またいくつかの名前（ポーラやテス）など一時期人気が上がったが、また人気がなくなったものもあったし、またいくつかの名前（ジャックやローラなど）は、人気のピークが二度あり、人気が出たり、なくなったりしていた。

そうした全部のデータを調べていくうちに、われわれは、ハリケーンが新生児の名前に影響を与えていることを見つけたのだった。二〇〇五年のハリケーン・カトリーナのあとには、たとえば、（前年とくらべて）k《ク》の音で始まる名前をつけられた新生児の数は十％近く増えていた。一九九二年のハリケーン・アンドリューのあとには、やわらかい〝ah《ア》〟の音で始まる名前が七％増えていた。つまり、**たまたま大きなハリケーンがやってきたというだけで、何千人もの赤ん坊に、ある種の決まった名前がつけられたのだ。**

一見、意味がわからない。なぜハリケーンにちなんだ名前を子供につけたりするのか？

ハリケーン・カトリーナは、建国以来、アメリカ合衆国が経験した中で、五大ハリケーンに数えられるほど大きなハリケーンだった。財物の破壊による一〇〇〇億ドル以上の損害をもたらし、一八〇〇人もの人命を奪った。[3] そんな恐ろしい自然災害と関連した名前を、誰がわが子につけたいと思うだろうか？ そんなことをするのは、息子にスターリンと名づけておいて、連想はやめてほしいと願うようなものだ。
そう考えるのも間違いではない。カトリーナという名前そのものの人気は、ハリケーンの襲来後、約四〇％減少した。ハリケーンの直後はこの名前を聞くとどうしてもハリケーンそのものを連想してしまうので、多くの人は子供にこの名前をつけるのを避けた[16]。
だが、ハリケーン・カトリーナが名づけのパターンに与えた影響はそれだけではなかった。ハリケーンによってカトリーナという名前そのものの人気は落ちたが、カトリーナと同じkの音で始まる名前の人気が高まったのだ。たとえば、キーリーという名前は二五％増えた。ケイリンと名づけられた子供の数は五五％増えている。キンジー、ケイト、カーミン、コラも人気が高まった。

そして、その理由に大いに関係してくるのが、**そこそこの類似性**だ。

子供の名前を選ぶとき、親たちは、その名前がどのくらい人気があるかを考える。なかにはユニークな名前（モクシー・クライムファイターとか）をつける親もいるが、ほとんどの親がつけ

16　実際には、ハリケーンのあとで、ハリケーンそのものと同じ名前に人気が集まるケースもある。もともと思いつく人の少ない名前なら、たとえネガティブな印象であっても、人々の頭に最初に思い浮かぶようになることで、人気が出ることがあるのだ。同僚と私が以前共同でおこなった、ネガティブ広告についての調査でもまったく同じことが示された。書評が出る以前にはあまり知られていない本の場合、否定的な内容であっても書評が出ることで実際に売り上げが伸びることがある。

ようとするのは、なんというか、もう少しスタンダードな名前だろう。とはいえ、人気がありすぎるものは、避けようとするかもしれない。

しかし、ハリケーンそのものの名前以上に、その他の名前の人気が高まるのはどういうことなのだろうか？

もちろん、まわりにキーガンという名前の子がたくさんいることが、親たちの名前選びに影響を与えたかもしれないが、ケヴィンもカレブも流行っているとなると、これはどういうことなのか？　これらの名前が共通してkの音で始まることが、生まれてくる息子の名前をキーガンにしようという親の決断に影響を与えたということはあるのだろうか？

答えはイエスである。名前というのは近い時期に、似た音を持つ名前が流行っているときに人気が出る。

マイケルやマディソンという名前の赤ちゃんが多いときには、人々は自分の子にモーガンやマギーといった名前をつけやすくなる。また、レクシーやランスが最近流行っているなら、自分の子にリサやライルという名前を選ぶ可能性が高まる。

ハリケーンの名前が同様に名づけに影響するのは、その名前がどのくらい人々の耳に入り、どんなふうに響くかに影響するからだ。

カトリーナのようなとくに破壊的なハリケーンがやってきたときには、人々はその名前を何度も繰り返し聞くことになる。カトリーナの影響で地滑りが起きそうだと、夜のニュースで流れ、買い物に出れば、カトリーナが国をどれほどの混乱に陥れたかと人々は話している。何度も何度もその名前を聞いているうちに、その名前を構成している音も同じだけ聞いていることになる。それが反響室《エコーチェンバー》のようにはたらき、名づけをする親たちに、カトリーナそのものを避けさせ、しかし同時に似た音を持つ名前に向かわせるのだ。

これとよく似たパターンは、ほかの多くの分野でも目にすることができる。たとえば自動車には、標準的な形、つまり市場に出回っているほかの車の多くと似た形のものがある。フォルクスワーゲン〈ジェッタ〉などがそうで、街を走る多くの車に似たところがたくさんある。標準的なグリルに緩く傾斜したヘッドライトなど、よく見なければ、トヨタや日産、その他の車とも見分けがつきにくい。

一方、ほかの車とはかなり違った形をしたものもある。フォルクスワーゲン〈ビートル〉などは、市場に出ているほかのどんな車とも似ていない。まんまるのヘッドライトに、ドーム型の屋根、そして、正面から見るとまるで笑っているみたいな形のグリル。実は使われているシャーシは標準的な外見の〈ゴルフ〉と同じもので、使われている技術も同じだ。しかし、外見はかなり違う。

こうした見た目の違いによって、売れ行きは予測できる。大衆車でも高級車でも、また、価格や広告のようなものでコントロールしたとしても、典型的な形、つまりまわりの車に似た形のモデルはよく売れる[4]。

類似性は、単純接触に効果があるのと同じ理由で、評価を（そして売り上げも）押し上げる。目に触れる機会が多ければ多いほど、私たちはそれを好きになり、それと似た特徴を共有するほかのものも好きになっていくのだ。

さて、新しい形、もしくははじめて見る形を目にしたとき、人はどのくらい素早く判断を下すことができるかを調べる、こんな実験があったとしよう。あなたも実験に参加するつもりで考えてみてほしい。

実験では、いろいろな絵柄がついた何枚ものカードが、素早く差しかわりながら参加者の目の前に示される。一枚目のカードと次の絵柄のカードのあいだには、このような黒、白、グレーの水玉の背景模様だけが入ったカードがはさみこまれている。これは、次の絵柄が見えたときに目が焦点を合わせやすいようにするためのものだ。カードはとても素早く入れ替わっていくので、見るといってもなかなかむずかしいのだが、できる範囲でよく見てほしい[5]。

最初のカードは、このようなものだ（【影響】）。

ここで重要なのは、漢字の意味を推測することではなく、形だ

けを見て、それがどのくらい好きだと思ったかを答えることだ（もし漢字が読める場合も、見た目の形だけに注目してほしい）。

回答は、一（＝ぜんぜん好きでない）から一〇〇（＝すごく好き）までのあいだで点数をつけて示すのだが、あなたなら何点をつけるだろうか？

そのカードを見ることができるのは、ほんの〇・〇五秒だけ、言い換えれば、ミツバチがひと羽ばたきするくらいの短い時間だけだ。そのあとすぐに口直しならぬ目直しのために、背景模様のカードを見せられる。

さらに一秒後、次にあなたが目にするのはこんなカードだ（【社会】）。これはどの程度好きだと答えるだろうか？

一枚のカードを見ている時間は短く、じっくりと頭の中で処理する余裕はない。どんな絵柄も、目の前をぴゅっと通りすぎる抽象的な形にしか見えないことだろう。

そんなふうに何枚ものカードを見たところで、実験は第二段階に進む。そこでもまた絵柄のついたカードを見せられるのだが、今度は少し一枚当たりの時間が長くなり、約一秒間ずつ見ることになる。

ここであなたが見るカードは次のようなものだが（【传染】）、これはどのくらい好きだと答えるだろうか？

传染　社会　影響

この実験の第二段階で使用されるカードには、次の三つのグループのものが含まれている。ひとつめのグループは、第一段階で使用したのと同じものだ。あまりに素早く入れ替わっていったので、参加者は気づかないが、カードの漢字はまったく同じものだ。

ふたつめのグループは、第一段階で使われなかった新しい漢字ばかりが書かれたものだ。カードの構成は同じだが、文字は参加者がはじめて目にするものになる。

三つめのグループは、ひし形や五角形など、いろいろな多角形がランダムに描かれたものだ。

つまり、古いもの（見たことのある漢字）、新しいけれど似ているもの（はじめて見る漢字）、そして新しくて、似ていないもの（多角形）の三種類である。

科学者たちがこれと似た実験をしたとき、ふたつのことがわかった。ひとつは、人は見たことがある形に好感を示すということだ。実験の参加者は、自分では気づいていなかったけれども、一度見たことのある形を好きだと答えていた。さらに、ランダムに示される、はじめて見る多角形よりも、まえに見た形のほうを好きだと答えていた。ちょうど心理学の教室にまぎれこんでいた女性たちのように、目にする機会が多ければ多いほど、それが好きになっていた。

さらに驚いたことに、こんなふうに評価が上がる傾向は、見るのははじめてだけれども、まえに見たものと似たものに対しても当てはまっていた。参加者たちは、漢字のカードを一セット見たことによって、ほかの漢字も、その文字を見るのははじめてでも好きだと答えていた。

そして、それは漢字が特殊なものだからというわけではない。第一段階で見せる絵柄が、ランダムに集められた多角形の場合でも同じ結果になることが、科学者らの実験からわかっている。多角形のカードを一セット見たあとでは、実験の参加者らは、まえに見た多角形が好きだと答えただけでなく、第一段階では見なかった他の多角形も好きだと答えていた。

**何かを目にする機会が多ければ多いほど、人はそれに似たものも好きになる**ということだ。

［訳者注：日本の読者はこの実験に違和感を覚えるかもしれない。それは、私たちがこれまでに「影響」「社会」「伝染」といった漢字に触れた経験を持ち、その意味や文脈をよく理解しているからだ。ここでは、馴染みのない文字やアイコンに初めて触れる経験を想像して頂きたい］

何かと似ているものがよく見えたり、聞こえたりする理由のひとつとして、親しみの感覚が挙げられる。よく知っている何かと似ているのなら、それが何であるかを理解するために、脳はそれほど働く必要がなく、努力が少なくてすむことによって、親しみとして解釈される感情がポジティブなものとして生成されることになる。

親しみの感じられるものに惹きつけられることには、進化的な利点がある。それは子供たちと養育者との絆を深め、動物たちを食べても安全な植物へと引き寄せ、そして、気分の揺れがあっても、汚れた服が床に散らかっていても、ほかの障害にぶつかったときでも、配偶者を近くに留めておくのを助けてくれる。

何かにはじめて出会ったときのことを思い浮かべてみればわかると思うが、それが安全かどうかがまずわかっていなければならないだろう。それはよいものか、悪いものか？　ポジティブなのか、ネガティブなのか？　あなたの家に入ってきたその人は、あなたの配偶者なのか、それとも何かを盗みにきた泥棒なのか？　冷蔵庫に入っているあれは、食べても大丈夫なものか、それとも毒が入っているのか？

まずそれがわからなければ、とりたてて決断というほどでもないような単純な行動ひとつにも、大変な困難が伴うことにもなりかねない。朝食にコーンフレークを食べることさえ、単なる習慣ではなくなり、人生における生きるか死ぬかの決断となる。その一粒を口に入れ、次の一口を食べるまえに、何が起こるか様子を見なければならなくなるだろう。

人間もほかの動物も、この努力を減らすためのメカニズムを進化させてきた。もしも今目の前にあるものが、すでに出会ったことのあるものならば、そして、それが最近のことであるならなおさらのこと、脳内での処理はより簡単にできる。それが人であっても、食べものやキッチン用品であっても、それが何であるかを理解するために要求される仕事を減らすことができるのだ。

このように脳内での処理が簡略化されると、今度はそれがポジティブなこととして意味づけされる。温かな親しみとして感じられるものがそれだ。

ここで大切なのは、**この温かな感覚が影響を与えるのは、私たちが実際に接するものだけではない**ということだ。**その感覚は、以前から知っているものと共通する特徴をもつものにも届いていく**のである。

知っている誰かに似た人の顔に親しみを覚えるのは、その人のヘアスタイルや顔の造作が知っている人のそれらに似ているからだ。[6] キーガンという名前の響きがいいと思うのは、カトリーナという名前をたくさん聞いていたときに、同じkの音で始まる名前だったからだ。何かが馴染みのあるものに見えたり、聞こえたりするのは、それらが以前に見たり聞いたりしたことのあるものと共通する特徴を持っているからなのだ。

このような似たものへの好感は、日常生活に浸透している多様性を扱いやすくもしてくれている。人の顔は会うたびにまったく同じに見えるわけではないし、食べものだって同じだ。まえに会ったときと違うシャツを着ていたり、ヘアスタイルが変わったりもするからだ。

だから、〝まえに見たことがある〟というコードを読みとる装置をうまくはたらかせるには、多様性にうまく対処できなければならない。今週会ったその人が、先月会ったときほど親友とそっくりに見えなくても、私たちはその両方の顔をよく知っている顔だと読みとることができる必要がある。それができなければ、毎回何かを見るたびに、はじめてそれを見るような感じになってしまうのだから。

似ているものを好きになるというのは、推理の観点から見ても有用だ。もしあるベリーを一〇〇回食べて、気分が悪くなったことがなければ、見た目のよく似た別のベリーも同様に安全だという見込みはあるだろう。もし誰かとやりとりを一〇〇回して、毎回あなたに親切にしてくれたなら、その人に見た目の似た人（そして、もしかしたら血縁関係のある人）も、親切にしてくれるかもしれない。このように似たものへの好感は、人生を楽にする判断をするための近道を与えてくれるものでもあるのだ。

だが、親しみの感覚は、ストーリーのほんの一部でしかない。

## 目新しさはスパイス

アメリカでは、歴代のアメリカ合衆国大統領のランキングという世論調査がたまに行われる。企業やメディアが、歴史学者や政治科学者、および一般市民を対象に、これまで、この国にもっともポジティブな影響を与えたのは誰かについて意見を集め、まとめるというものだ。〈コンシューマー・リポート〉が、車のシートのランクづけをするのと同じように、こうした調査は、成果やリーダーシップの質だけでなく、欠点や失敗についても測定し、歴代大統領のベストとワースト（もしくは少なくともよい大統領とそうでない大統領）を発表している。

過去五〇年のあいだに、そうした人気調査は何十回とおこなわれてきたが、その中で、たびたびトップに浮上する決まった名前がいくつか存在する。ジョージ・ワシントンやトマス・ジェファーソン、エイブラハム・リンカーンなど有名な大統領は、つねに上位にランキングされる。フランクリン・D・ルーズベルトとセオドア・ルーズベルトに加えて、大きな功績を残した三人の大統領たちは、歴史に大きな影響を与えてきた。

ジョン・F・ケネディ、ロナルド・レーガン、そしてビル・クリントンも、同様によく名前が挙がる。これらの大統領たちは、大統領について詳しい学者たちの評価はそれほどでもないが、一般回答者からの人気が高い。

逆に、リストの下位のほうでは、ウォレン・G・ハーディングやジェイムズ・ブキャナンの名前がよく見られる。ハーディングは選挙での支援者や知り合いを政府の要職に就かせて、厚遇した。ブキャナンは、のちに南部連合国の結成につながる奴隷制の拡大や高まる社会不安への対応が甘かったといわれているからだ。

そして、ベストとワーストのあいだには、時間の経過とともに印象の薄れていった名前がある。完全に忘れ去られてはいないが、リンカーンのポジティブなインパクトやニクソンのネガティブなスキャンダルほどは、人々の意識にのぼってこない大統領たちだ。

たとえば、カルヴィン・クーリッジはそのひとりだ。

一八七二年七月四日、ヴァーモント州プリマスノッチに生まれたクーリッジは、アメリカ合衆国独立記念日に生まれたたったひとりの大統領だ。弁護士となった彼は、マサチューセッツ州から政界入りし、下院議員となり、のちに州知事を務めた。一九二〇年に副大統領に選ばれ、そして、一九二三年にハーディングが急死した後をついで大統領に就任した。

小さな政府を標榜する保守派として知られるクーリッジは、ハーディングのスキャンダル後の大統領への信頼を回復した。しかし、それでも、彼よりまえやあとの時代の大統領たちが持っていたほどの影響力を持つことはなかった。〝寡黙なカル〟と呼ばれたくらい言葉数が少なかったといわれ、また、その後の評価は、政府の事業を減らした政策を支持する人々と、もっと政府が規制や経済のかじ取りに積極的に介入していくべきだと考える反対派の人々のあいだで二分されている。

しかし、実はこのクーリッジは、大統領としての実績はそれほど印象に残るものではなかったにせよ、その名は人間の行動という基本的な側面との関連づけによって語り継がれている。今では伝説となっている、こんなエピソードがある。クーリッジ大統領が妻のグレースと官営の農場を訪ねたときのことだ。クーリッジが控えめなのと対照的に、グレースは社交的な性格で、ホワイトハウスでは人気の高い女主人だった。

農場についたあと、ふたりはそれぞれ別のルートで施設を見学してまわった。グレースは、ニワトリ小屋のそばまでやってくると、雄鶏はどのくらいの頻度で交尾するのか、と世話係に尋ねた。「一日何十回もしますよ」と、世話係は答えた。

「では、大統領にもそう伝えてください」と、グレースは依頼した。

しばらくして、今度は大統領本人がニワトリ小屋へやってきた。そこで、ニワトリの行動についての情報と妻のコメントが世話係から伝えられた。

「それは、いつも同じ雌鶏とかね?」と、大統領は尋ねた。

「大統領、それは違います。毎回、違う相手とですよ」

大統領はしばらく黙考し、それからうなずいて、こう言った。「では、それを大統領夫人に伝えてくれたまえ[7]」

変化とは、ことわざにもあるように、人生のスパイスである。もし私たちが、親しみを感じるものだけを好むのであれば、いつも同じものを選ばない理由がなくなってしまうだろう。体験ずみのもの以上に親しみを感じられるものはないはずだからだ。ランチにはいつも同じものを食べ、仕事にはいつも同じ服で行き、休暇の旅行はいつも同じ場所へ出かければいい。そうすれば多くのことは決断すらしなくてよく、ものごとは簡単に決められる。まえと同じことをすればいいだけなのだから。

だが、たとえ人生が楽になるとしても、毎回同じものだけを選ぶことなど、多くの人は望まないことは簡単にわかる。

**人には、親しみの感覚に心地よさを覚える一方で、同時に目新しさを求める矛盾した気持ちもある**[8]。人間には、新鮮で、オリジナルで、経験したことがないという刺激を求める生来の傾向がある。

もちろん、毎日同じハム・チーズサンドを食べていれば慣れたことだし安心だが、たまには何か新しいものをためす機会があればいい、とだいたいの人は思っているものだ。ちょっと手を広げて、違う何かを経験してみたい、と。ハム・チーズサンドはいいものだが、少しマスタードが入っていたらどうだろう？　あるいは、パンの種類を変えてみたら？　実際、それを食べているあいだにも、一ブロック先にできたラップロールの店が気になってきて、ちょっと覗いてみたくなる。ひょっとしたら、豆のディップ《フムス》とスプラウトはためしてみる価値があるかもしれない。**新しいものへの挑戦は、有用な情報を手に入れる機会になる。**いろいろなアイスクリームのフレーバーの中で、あなたはストロベリーがいちばん好きだと自分では思っているかもしれないが、ほかのフレーバーを一度もためしたことがなければ、本当にそうかどうかはわからない。だから、私たちはときどき、カメが甲羅の中から首を出すみたいに、自分がとりあえず入っている殻から首を出して、違う何かをためしてみたりする。チョコレートやピスタチオでもいいし、トゥッティ・フルッティやベーコンフレーバーのアイスクリームといった、もっとワイルドなものもある。

ストロベリーよりベーコンが気に入るなんてことがあるだろうか？　たぶんないだろう。でも、新しいフレーバーを試すことで、少なくとも自分の好みについて何かを知ることができる。わざわざベーコンフレーバーで舌をいたぶる必要はないが、もしかしたらピスタチオのほうがストロベリーよりも好みかもしれないし、そのようなことは新しいものをためしてみなければわからない。

目新しさがもたらす利点はたくさんある。[9] たまに新しい活動をしてみることは（たとえば、陶芸のクラスに入ってみたり、美術館へ行ってみたり）、人生の満足感を高めるし、また、パートナーと一緒に新しいことをしてみれば、パートナーとの関係もさらに深められる。目新しいニュースの記事は、より人目を引きやすいし、職場が変わると生産性も上がりやすい。

だが、この目新しさについて、いちばん研究されている側面のひとつは、あの元大統領夫妻の、農場でのエピソードにちなんで名づけられた、いわゆる**〝クーリッジ効果〟**という現象だ。[10]

ハムスターを飼ったことがあればわかるが、この動物はかなり若い年齢から交尾を始める。早ければ生後四、五週間で再生産を始め、一年に何度か出産することもある。

ハムスターは、一度に複数回の交尾を繰り返すこともある。中には、同じメスと一度に五回どころか、十回も交尾を繰り返すオスもいる。交尾の試みは、オスが疲れ果て、交尾への興味が尽きるまで続けられる。そうなると、メスが押したり突ついたりしても、それでおしまいだ。

だが、研究者たちは、このように誰が見ても疲弊した状態を、はたして目新しさだけで乗り越えることができるものなのかどうかと、疑問を持った。[11] オスのハムスターは、すっかり満足して、それ以上の行為には興味がない。しかし、そこに新しいメスがやってきたらどうなるだろうか？

結果は、オスは見るからに疲れていたのだが、新たな交尾の対象となりそうな相手の登場は、元気を回復するのに充分だった。新しいメスが現れたとたん、オスの性的興味は再び点火した。

これと同じパターンは、何種類もの動物で観察されている。ラット、牛、それに野ネズミでさえも、同じ性的行動を示したのだ。動物によっては、メスに似たような効果が見られたものもあったが、オスほどは強くはなかった。新しい雌鶏がいれば、一日に何回も交尾をする雄鶏と同じように、ハムスターにとっても目新しさは愛のスパイスだったのだ。

さて、それでは、実際のところはどちらなのだろうか？　人は、慣れ親しんだものが好きなのか、それとも目新しいものが好きなのか？

## ゴルディロックス効果

何か新しいことを体験するときのことを思い浮かべてみてほしい。たとえば、たった今、あなたは出張から帰ってきたところだとしよう。リビングへ入っていくと、留守中に配偶者が買った新しい家具が目に入った。そして、こんなふうに言われたとする。「そろそろ気分転換したいなと思っててさ。それで、このフットスツールがセールに出ていたから、すかさず買ったんだ」

あるいは、バスルームに入っていくと、古いタオルが全部新しいものに取り換えられていて、こんなふうに言われたとしよう。「あのグレーの古いのは、もうぼろぼろだったから、ターコイズのきれいなのに取り換えてみたの。いいでしょ？」

そのタオルを目にしたあなたはどう感じるだろうか？　それが目に入って最初の0・数秒間のあなたの気持ちはどんなだろうか？

おそらく最初に感じるのは、いくらか嫌悪交じりの驚きではないだろうか。古いタオルは気に入っていたし、たしかに縁は少しほつれてきてはいたけれど、この新しいのはなんというか、とても……新しい。クラリネットの音がひとつ外れてうまく鳴らないみたいに、そこだけ目立って見える。新しいタオルのせいで、バスルームが奇妙な見慣れない場所に感じられる。慣れ親しんだいつもの場所が、まるで隣の家のバスルームにでも入ってしまったみたいに思えるのだ。

目新しさというのは、少なくとも最初は、いくらかでもネガティブな反応を引き起こすことがよくある。なぜならそれは新しいからで、新しいものは、処理するのに余計な負担が増え、注意も必要になる。まずは、それが大丈夫かどうか、安全かどうかを理解しなくてはならない。好奇心はそそられるが、同時に少し心配にもなる。わからないとは怖いことなのだ。その新しいものがたとえターコイズのタオル二枚であったとしても。

それらは古いタオルと同じように使えるのか？　同じくらい気持ちがよいのか？　何回か使ってみるまでは、たしかなことはわからない。

しかし、何度もそれに接していると、最初は目新しかったものも、次第に見なれたものになってくる。新しいタオルも何度か使っているうちに、それが好きになってくる。それらは古いタオルと同じくらい気持ちがいいし、疲れた一日のあとで、バスルームの中が明るく見えるのはいいものだ。

そうなってくると、もうそのタオルは見知らぬ異物ではなく、日常の一部だ。そして、三週間もすれば、もはや気にもとめなくなるだろう。

とはいえ、同じものばかりに接していると、飽きがくるものだ。そのタオルも退屈なものに見えてくるし、料理のレシピもいつも同じでは飽きてくる。映画も同じものを三回目に観るときには、もう没頭したりはしないだろう。かつてはよい意味で親しみが感じられたものが、つまらなく、単調なものに感じられるのだ。

刺激が複雑であればあるほど、そうした慣れは起こりにくい。だから、同じ曲ばかりを聴きつづけたり、同じシリアルばかりを食べつづけたりすると、飽きがくるのは比較的早いが、自分の配偶者やレストランに飽きることは少ない。なぜなら、後者は変化が多く、毎回異なる体験となる場合も多いからだろう。同じ歌は同じことしか言わないのに対して、配偶者は会うたびに違うことを言い、違って見えるので、毎回同じ経験をしているようには感じられない。結果的に、**比較的シンプルなものごとは即時に訴える力をもつが、すぐに退屈に感じられる**。それに対して、**比較的複雑なものごとは熱するまでに時間がかかるかもしれないが、アピールは長続きすることになる**。

接する機会がどの程度短期間に集中しているかも関係がある。同じ曲をたて続けに十回聴いていると飽きてくるが、週に一回、十週にわたって同じ曲を聴くのなら、それほど飽きはこないだろう。次に接するまでのインターバルが長ければ長いほど、その体験は新鮮に感じられ、私たちはそれが好きになる。

個人のコントロールもまた重要になる。ほとんどのことは、ある段階で消費をやめてしまうことが多いので、飽きるところまでたどりつくことはあまりない。ある料理のレシピに飽きてきたと感じたら、しばらくその料理をつくらないだろうし、あるレストランに飽きてきたら、また行きたいと思うようになるまで、二、三ヶ月、ほかのレストランに通ったりするものだ。だから、ポジティブな感覚がネガティブに転じる点にまで到達することは決してない。

ある意味、私たちの感情反応は、昔話の『三びきのくま』の話に似たところがある。その話の中では、三匹のくまはそれぞれに、寝床と食べものの好みがある。一匹は固いベッドが好きで、別の一匹は柔らかいベッド、もう一匹は中ぐらいのベッドが好みだった。そして、一匹は熱いおかゆが、別の一匹は冷たいおかゆが、もう一匹は中ぐらいのおかゆが好きだった。主人公の女の子ゴルディロックスは、ひとつひとつためしてみたが、それでも両極端の二匹にはいつも拒絶されてしまう。固いベッドは固すぎるし、柔らかいベッドは柔らかすぎる。熱いおかゆは熱すぎるし、冷たいおかゆは冷たすぎるというのだ。では、中くらいのベッドと、中くらいのおかゆは？そう、それらがちょうどよかった。

人の感情反応は、これとよく似た**逆U字型**の軌道をたどることが多い。いわゆる〝ゴルディロックス効果〟だ。目新しいものに出会ったとき、始めは少しネガティブな（または中立的な）感覚を抱く。その後、繰り返しそれにさらされていると、だんだんと親しみが感じられるようになり、次第にポジティブな感覚に変わっていく。だが、最終的には、あまりそればかりにさらされつづけていると、退屈に感じられるようになり、好感は薄れていく。[12]

**あまりに斬新だと、親しみが感じられない。あまりに親しみすぎると、退屈になる。だが、その中間であれば、ちょうどよい。**

これと同じパターンは、英国の心理学者らがおこなった、さまざまなファミリーネームの好感度調査でも示されている[13]。調査ではまず、学生たちに依頼して、電話帳から六〇種類の異なる苗字をランダムに選びだしてもらうことから始められた。そして参加した学生の半数には、それらの苗字が好きかを評価してもらい、残りの半数には、それらの名前にどのくらい馴染みがあるかを評価してもらった。

非常に馴染みの薄い名前、たとえば、バスキンやノール、ボドゥルなどはあまり好まれなかった。スペクトラムの反対側の端にある、非常に馴染みの深い名前、スミスやブラウンなどもまた同様に好まれなかった。では、人々に好まれたのは、どんな名前だったのか?

この調査の結果、いちばん好まれるのは、それらの中間にくるものであることがわかった。シェリーや、カッセルといった、(少なくとも英国人には)そこそこ馴染みのある名前だったのである。まったく馴染みがないものと、非常に馴染みのあるものの中間がちょうどよかったのだ。

同じひとつのものの中に、親しみと目新しさが交ざり合っていることもある。一つの曲に含まれるある要素(コード進行や歌い手の声など)は馴染みのあるものだが、ほかの要素(歌詞など)は新しい場合もあるし、何度もつくったことのある料理(チリ)のレシピにひとひねり加えれば、ターキーチリという目新しい料理になったりする。響きのよく似た名前と同じように、テーマが同じでかつ変化があれば、好感は増す。

ほどよく違っているというのもまた、注意を引きやすい。[14] たとえば、犬とはどんなものかを理解し始めた幼児を例に考えてみるといい。犬には何本の肢があって、被毛に覆われていて、いろいろな大きさがあるといったことがわかってきたころだ。

その子供に、まえに見たことのある犬の絵を見せても、完全に見慣れたものだから、あまり興味を引かないだろうが、逆に、外見が犬とまったく違った何か(たとえば、クジラ)を見せたとしたら、馴染みがなさすぎて、混乱したり、理解できなかったりするだろう。だが、知っているものや期待しているもののイメージから少し離れているもの(たとえば、毛のない犬とか)は、犬とはこういうものだという既成概念に当てはまらないため、とくに興味を引く。理解できる程度に似ているが、興味と探求心を掻き立てる程度には違っているということだ。

親しみと目新しさのほどよい組み合わせは、人気の起爆剤にもなる。たとえば、クラシック音楽なら、クラシック音楽全般にどこか似た旋律を持ちながら、同時期に作曲されたほかの音楽とは充分に違っている場合に人気が出やすい。[15] 大きな影響力を持つ学術研究は、先行研究に根差しつつ、先行する考えの意外な組み合わせがぱらぱらと見える場合に影響力が大きい。[16] そして、たとえばスキニージーンズなどのファッションの流行には、すでに馴染みのあるもの(デニム)に新たに加えられた目新しさ(新しいカット)が取り入れられている。

したがって、音楽でも、ファッションでも、その他どんな分野でも、流行するものは、そうしたほどよい範囲に収まっていることが多い。温かな親しみの感覚を呼び起こす程度には、知っている何かとの類似性があり、しかし同時に、新しく、既知の何かからの単なる派生ではないと思える程度の目新しさがある。**類似性が人気を生みだすのは、それによって新しいものに親しみの感覚がプラスされるからだ**[17]。

ハリケーンと子供の名前に話をもどすと、似ている名前は、新しいものと古いものを同時に含んでいるという利点がある。仮に今年カレンという名前が流行したなら、人々はカレン疲れを起こすかもしれない。あまりに身近な名前になりすぎると、その響きに個性が感じられなくなってしまう。それで、次の年に生まれる子供の親たちは、別の名前を探そうと思うだろう。けれど、実際名前をつける段になると、カレンという名前の流行に影響されて、気持ちが揺らぐかもしれない。当の親たちは気づいていないとしても、カレンとどこか似た響きを持つ、ケイティやダレンといった名前のほうがいいように思えてくるかもしれないのだ。

## みんなとほどよく違っていること

プリンストン大学二年生のサムが、政治科学の宿題を終えて、夕食を食べに行こうとしていたとき、イーティングクラブの前にはテーブルが設置され、アンケート調査がおこなわれていた。

回答者には、スターバックスのギフトカードがもらえるということを聞き、簡単そうに見えたし、一緒に食事をする友だちが現れるまで、まだ二、三分ありそうだったので、彼女はアンケートに協力することにした。

最初のいくつかの質問は、回答者の属性に関する単純なもので、学年、年齢、性別などを順に答えていった。その次の質問は、「次のうち、あなたのファッションのスタイルについて、いちばんうまく説明しているものはどれですか？　プレッピー、トレンディー、アスリート、クラシック、エッジィ／ロック、ボヘミアン、インディー／ヒップスター、パンク／スケーター、その他」というものだった。

サムは型にはめられるのが嫌いで、一分ほど考えたあとでもやはり、どのカテゴリーにも自分は属さないように思えた。それで、〝その他〟のボックスにチェックを入れ、「いろいろ！」と書き入れた。


数年前になるが、あるさわやかな秋の夕方に犬の散歩をしていたときのこと、一ブロックほど先をふたりの男性が歩いているのが目に入った。それは金曜の夕方で、食事に出かける人や、友

17　親しみという温かな喜びの感覚は、予期せず呼び起こされたときにいちばん効果を発揮する。親しみを感じる理由がわかっている場合（〝先週食べたところだ〟など）には、その親しみの感覚が、予期していなかったときほどは好きだと思う気持ちを高めない。類似品の人気が出るのはこれが理由だ。人々は親しみを感じる。けれども、それがなぜかはすぐにはわからない。

だち同士飲んでいる人もたくさんいたのだが、そのふたりがひときわ目を引いた。

ふたりとも中肉中背で、片方がほんの数インチ背が高かったが、私の目を引いたのは、彼らの服装だった。ジーンズにわりとよくあるスニーカーを合わせ、さらにふたりとも横縞柄のシャツを着ていたのだ。昔の囚人服（ただし茶色ではあったが）か、『ウォーリーをさがせ！』の本に出てくるような横縞だ。

友だち同士のグループで、似たような服装をしているのを見るのはめずらしいことではない。金曜の夜になれば、裾を出したボタンダウンかポロシャツを着た男性グループがいたり、また別のグループはみんなVネックのTシャツとジーンズを着ていたりするかもしれない。ふわっとしたトップスにヒールを合わせた女性のグループがいたり、また別のグループはみんなムートンのブーツにスウェットシャツで集まっているかもしれない。

しかし、ボタンダウンのシャツやムートンブーツはどちらもよくある服装だが、茶色の横縞は少し変わっている。それに、よく見るとまったく同じ服装というわけでもない。ひとりはそれをポロシャツの上に、もうひとりはスウェットシャツの上に重ねて着ていた。しかし、ふたりとも、茶色の横縞を着ているのだ。茶色と白、または茶色とグレー。奇妙である。

彼らはこれから縞模様がテーマのパーティーにでも行くのだろうか？　あるいは、彼らのファッションにおける失敗は、社会的影響力がいかに人の行動を左右するかについて、何か重大なことを私たちに教えようとしているのだろうか？

それを調べるために、シンディー・チャンとリーフ・ヴァン・ボヴェンのふたりの教授と私は、プリンストン大学へ出向いた[17]。

プリンストン大学は、一八五三年、理事会と教職員らの投票によって、友愛会および秘密結社の活動を禁止した。そうしたグループによる学生の分断（南北戦争前のその時期には、グループ間の対立がよくあった）と、派閥化を大学側が懸念したためである。

禁止したこと自体は問題ではなかったのだが、大学構内に食事ができる場所が足りていなかったこともあって、学生たちはキャンパスを出て、町なかの下宿屋で食事をとらなければしかたなかった。そしてそのようなニーズに応える場所もたくさんあった。一八七六年までには、学生を受け入れるそうした場所は二〇軒以上あり、〝イーティングクラブ〟として知られるようになった。

イーティングクラブは、現在でもプリンストン大学における社交生活の中心として、その伝統が続いている。一九八〇年代になって、友愛会は復活したものの、そのときまで存続してきたほんのいくつかも、施設があるわけでなく、参加する学生もほんの数％にとどまった。

一方で、イーティングクラブを中心とする学生の社交生活は進化していった。三、四年生のほとんどがこのイーティングクラブで食事をとるだけでなく、多くはそこで勉強し、メンバーと出かけ、一緒にスポーツを楽しんだりし始めたのだ。木曜と土曜の夜になると、ほとんどのイーティングクラブではパーティーが催され、メンバー向けの年中行事やコンサートなどもおこなわれるようになった。

こうしたクラブの重要性を踏まえて、同僚と私は、どのイーティングクラブに所属しているかは、学生の服装に影響しているのかどうかが知りたくなった。茶色の横縞のシャツを着たふたりのように、同じクラブのメンバーにはある種の〝ユニフォーム〟が存在するのだろうか？　あるとしたら、服装を見れば、どのクラブのメンバーなのかがわかるくらいに、クラブ間の違いがあるのだろうか？

そこで私たちは、人気の高いクラブをふたつ選んで調べてみることにした。ひとつは〈コテージ・クラブ〉だ。一八八六年設立のこのクラブ（ユニバーシティー・イーティングクラブとしても知られる）は、プリンストンで二番目に古い歴史を持つイーティングクラブだ。メンバーは、面接による審査を経て選定される。イタリアン・ヴィラふうの建物は、世界的に有名な建築家の設計によるもので、ヘンリー八世の邸宅のひとつをモデルにしたものといわれている。メンバーの集合写真は、カーキのショートパンツにローファーの男子学生とパステルカラーの服にサンダルを履いた女学生がいっぱいで、〈Jクルー〉か〈ヴァインヤードヴァイン〉の広告のような雰囲気だ。

もうひとつは〈テラス〉というクラブを選んだ。リベラルで奇抜だといわれているこのクラブは、入会のプロセスから多くの制約を省き、単純なくじ引きによる会員制度を採用したはじめてのイーティングクラブだ。ヴェジタリアンや厳格な菜食主義者《ヴィーガン》対応のメニューもあり、〝フード＝ラブ〟を店のモットーにしている。見た目はレストランというよりもオーストリアのスキーロッジといった感じで、愛情を込めて〝マザーテラス〟とか〝母の胎内〟とか呼ばれていた。会員はプレッピーよりもヒップスターという感じで、チャックテイラーを履き、スカートにタイツ、それから全体的にオルタナティブやヴィンテージバイブのサウンドが似合うタイプが多いようだった。

ある五月の夕方、われわれはこのふたつのイーティングクラブの前にテーブルを設置して、回答者にひとり五ドルの謝礼を用意して、学生たちに簡単なアンケート調査への協力を求めた。協力してくれた学生たちには、簡単な質問票に回答を記入してもらうのに加えて、回答者がどんな服装をしているかを知るために、全身写真を撮らせてもらった。

撮った写真には、被写体の服装以外を全部ぼやけて見えるようにぼかしを入れる処理をした。被写体の顔、背景、そのほか個人を特定できるものをすべて見えないようにするためだ。そうして、できあがった写真を見ても、そこに写っているのが誰であるかは、仲のよい友だちでさえも不可能だ。そのような服装だけが見えている写真を用意した。

数日後、アンケート調査の回答者への追跡調査をおこなった。調査の参加者に、用意した写真を一度に一枚ずつ見せながら、簡単な質問をした――「ここに写っている人物は、〈コテージ〉と〈テラス〉のどちらの会員でしょうか？」

実はこれは答えにくい質問で、その理由はたくさんあった。結局のところ、ふたつのグループにはそれほどの違いがないのだ。どちらも、同じ大学の学生からなり、年齢も同じで、そして出身の社会経済的背景もよく似ていた。高齢者ばかりのグループと、全身レザーで固めたパンクのグループをくらべるのとはわけが違うのだ。

さらに、どちらのクラブも服装は自由だった。ユニフォームのようなものがあるわけではなく、学生たちは色もブランドもスタイルも、幅広い選択肢の中から好きなものを選んで着ていた。

それでも、被写体が調査の日にたまたま身に着けていたトップス、ボトムス、靴が見えているだけという、わずかしか情報が与えられない状況でも、写真を見た人々は、そこに写っている学生が、どちらのクラブのメンバーであるかを簡単に言い当てたのだった。写真を見せた全回数のうち、八五％は正解のバケツに写真が収まった。〈コテージ〉のメンバーは〈コテージ〉に正しく振り分けられ、〈テラス〉のメンバーは正しく〈テラス〉に振り分けられたのだ。

写真を見た人々は、人にはまわりにいる人と同じことをするという傾向があることを根拠に、所属クラブを正しく推測していた。〈コテージ〉のメンバーはほかの〈コテージ〉のメンバーと同じような恰好をするし、〈テラス〉のメンバーはほかの〈テラス〉のメンバーと同じような服を着る傾向があるということだ。

しかし、それだけではなかった。私が散歩中に見かけた横縞の服を着たふたりと同じように、それぞれのクラブのメンバーは、似たような恰好をしてはいたのだが、完全に同じというわけではなかった。〈コテージ〉のメンバーは、プレッピーふうの服装をしているが、中には明るい色のカーキを着ていたり、暗い色のカーキを着ているメンバーもいた。〈テラス〉の学生の服装はもっとオルタナティブではあるのだが、ひとりが穴あきのブルージーンズを着ていれば、別のメンバーは穴あきのブラックジーンズという感じだ。つまり、模倣は見られたが、差別化もまた同様だった。

そしてそこに見られた差別化は、ランダムに現れたものではなかった。みんなと違っていたいと答えた学生の服装は、中でも目立っていた。Tシャツを着るにしても、あまりなさそうなドラゴンのパターン模様がプリントされているものだったり、プレッピーふうのスカートにレースの縁取りがついたものを着ていたりした。

個性を高いレベルで求める学生は、はたから見てどちらのクラブに属しているかはわかる程度には、ほかのメンバーと似た恰好をしていた。しかしそれだけではなく、まわりのメンバーから自分を差別化できるような服装をしていた。似ているけれど、違っている。一貫性はあるが、個性的。

* * *

しかし、何を着るかの選択は、本当に社会的影響力によるものなのだろうか、という疑問はまだ残っているかもしれない。なぜなら、結局のところ、似たような趣味の学生は、もともと似たような学生がたくさんいる同じクラブに所属しているかもしれないのだから。プレッピーの学生は、ほかのプレッピーの学生と出かけるのが好きかもしれないし、そこがプレッピーのイーティングクラブだという評判があるという理由で〈コテージ〉に加入しているのかもしれない。つまり、ほかのプレッピーの学生とつるんでいるからプレッピーのような服装をするようになるのではなく、もともとプレッピーである学生が、ほかのプレッピーが集まる場所を選んで出かけていっているだけではないのかということだ[18]。

あるいは、もしかしたらみんなが似たような服を着るよう促すような規範が存在したのかもしれない。たとえば、ブラックタイ着用のフォーマルの場では、みんなが似たような服を着ていても驚くことはないだろう。それは社会的影響力によるものではなく、状況によって求められる規範やルールによるものだ。

ほとんどの状況では、人の行動の仕方についてそのような強力な規範はないが、どうすべきかをそれとなく示す指針やほのめかしが存在する状況は多い。ビーチへ行くときはどうするだろうか？　多くの人は、暗い色ではなく、明るいハッピーな色の服を着るだろう。少し高級なレストランで食事をするならどうだろうか？　少しドレスアップをしてみたい気にはならないだろうか。同様に、若者たちが金曜の晩にみんな同じような服装になるのは、同じような恰好をした人々が集まるような場所へ出かけるからかもしれない。

こうした説明を切り離すために、われわれは、より比較対照の多い実験をおこなった。私はいろいろな大学のキャンパスに出向き、学生たちに簡単な調査に協力してもらった。調査の方法は、四つの選択肢を提示して、その中からどれが好きか選んでもらうというものだ。

ひとつめの質問は車に関するものだった。選択肢は、〝グレーのメルセデス・スポーツ・セダン〟〝ブルーのメルセデス・スポーツ・セダン〟〝グレーのＢＭＷクーペ〟〝ブルーのＢＭＷクーペ〟の四つである。

もうひとつの質問は、バックパックに関するもので、それぞれ別のブランドのふたつの選択肢から選んでもらうというものだった。参加者にはそれぞれの商品の値段や特徴など、簡単な説明をしてから、買いたいと思うほうに丸をつけてもらった。

社会的影響力がどのように人の選択を左右するかを調べるために、〝ほかの人々〟が何を選ん

18　この違いは、ふたりの人間が似たことをするのが観察されるときにかならず浮かび上がる。彼らの類似性は社会的影響力によるものなのか（つまり、誰かがしているからという理由で行動を変えるということなのか）、それとも、もともとその人たちが交流することにつながっていく類似性なのか。後者は、ホモフィリア（同類志向）、すなわち、人々は自分と似た人と交流したり、友だちになったりする傾向として説明されることが多い。人は自分と似た他人とのほうがそうでない他人よりも関係を持ちやすいことは、数多くの研究で示されている。

これが、相関関係のある行動を特定しにくくしている。もし友だち同士のふたりがいて、どちらもデスメタルが好きな場合、それは社会的影響力によるものなのか（ひとりがそれが好きで、そのためにもうひとりも好きになる）、それともそもそもどちらもデスメタル好きであるという共通点が、仲良くなった理由のひとつだったのかということだ。うまくデザインされた実験の利点のひとつは、このふたつの説明を切り離すことができることにある。

だかという情報も提供しておいた。

参加者の半数には、製品に関する情報だけにもとづいて回答を選んでもらった。カテゴリーごとの選択肢のみを見て、個別に回答を選ぶというやり方だ。

残りの半数の参加者には、（線の長さの実験でもしたように）〝ほかの誰か〟の回答を見せてから、回答してもらうようにした。こちらのグループの回答者には、学術研究の予算が限られているため、一枚の調査票を何人かで使いまわすようにしていると説明した。紙とコピー代を節約するために、一枚の用紙に、ひとりでなく、ふたりが回答を記入できるようにしている、というやり方を装ったわけだ。[18]

一枚の調査票の中で、「あなたならどちらを買いますか？」という質問の下に、下線を引いた解答欄がふたつ設けられ、ひとつには「回答者1」、もうひとつには「回答者2」と書かれている。もし参加者が自分より前に誰かが答えた回答を見ていなければ、「回答者1」の欄に記入するよう指示される。もし、「回答者1」の回答がすでに記入ずみであれば、「回答者2」の欄への記入が指示される。

実は、この調査には仕掛けがあった。社会的影響がはたらく状況をつくるために、どの回答者のまえにも、別の参加者が回答したと見せかけるため、「回答者1」の欄にはあらかじめ答えを記入しておいたのだ。たとえば、車のカテゴリーでは、ある参加者には「回答者1」が〝グレーのメルセデス〟を選んだように見える調査票が配られ、また別の参加者には、「回答者1」が

〝ブルーのBMW〟を選んだように見える調査票が配られた。このように、各参加者は、それぞれが回答するまえに、別の誰かが回答したと思う状況にさらされることになった。

次にしたのは、参加者の学生たちが「回答者1」が選んだことになっている回答と同じ答えを選んだかどうかを検証することだった。

「回答者1」の回答は、われわれがランダムに選んだものだったので、参加者らの回答は、実際に彼らと同じ嗜好を持つ誰かが答えを選ぶ場合ほどには、似た回答にはなりにくい。

また、ドレスコードのあるディナーや、ビーチへ着ていく服を選ぶときとは異なり、個人的にも社会的影響力という面でも、人の行動を左右するような規範は見られない状況だ。それだけに、他人の選択がどのように人々の行動に影響するかだけを引き出すことができた。

そこで模倣が起きるとしたら、人々はどんなものでも単純にほかの誰かが選んだのと同じものを選ぶことになるだろう。誰かがグレーのメルセデスを選んだと思って、同じものを選ぶということだ。

そして、差別化が起きるとしたら、人々は単純に誰かが選んだものを避けることだろう。誰かがグレーのメルセデスを選んだことがわかっていれば、それを選ぶのを避け、その他の選択肢である、ブルーのメルセデス、グレーのBMW、ブルーのBMWの中から選ぼうとするはずだ。

だが、結果は、単に模倣か差別化かということにはならず、もっと複雑なものになった。ただ人と同じことをするでもなく、ただ人と違うことをするでもなく、人々は、**誰かの行動と似てい**

**るけれども、同時に異なる選択**をしていたのだ。

先に書かれた回答が、グレーのメルセデスである場合には、参加者は、ブルーのメルセデスを選びやすい傾向があった。また、先にブルーのＢＭＷが選択されているときには、グレーのＢＭＷを選びやすい傾向があった。ブランドは同じだが、色は違う。似ているけれど、違うものだ。

適度に似たものというのは、新旧の要素の両方を合わせ持っている。目新しさと親しみの両方だ。だが、それらはまた、ほどよい違いを求めるわれわれのニーズを満たすものでもある。

線の長さの実験や、Ｊ・Ｋ・ローリングのエピソードが示していたように、人間は自分が間違っていないことを確認したがる。何かの一部になりたいと思っているものなのだ。誰かと似たことや同じことをするのは、自分以外の人々によって、自分が正しいことをしているという自信が与えられるからだ。

だが、兄や姉とは同じになりたくない妹や弟と同じように、人にはもともと差別化へと向かう傾向もそなわっている。ほかのみんなと同じにはなりたくないし、他人とは違っていたい、個性的でありたいと思う。群衆とは違う自分にしてくれるものが好きなのだ。

これらのふたつには対立する動機があるように見える。似ていたいのに違っていたい。他人と同じことをしたいけれど、同時に自分は特別でもありたいのだから。

そしてその対立関係から生まれる緊張をほぐしてくれるのが、適度な類似性だ。だから私たちは友だちと同じブランドの服を着たいけれど、違うスタイルを選んでみたり、同僚と同じ形のソファを買うけれども、色は違うものにしたりするのだ。

私たちは、すでにまわりにあるものや、自分も仲間になりたい集団に似たものを選ぶことによって、適応のニーズを満たしている。しかし同時に、完全に同じものを選ばないようにすることで、他人とは違っていたいというニーズを満たしているのだ。

**私たちはみんなとは違う。ただし、ほどよい具合に。**

人が自分を差別化するために属性を選ぶ場合にも、実はその選択はそうしたほどよい違いによって方向づけられている。前述のスヌーキと〈グッチ〉のバッグやオタク学生とリストバンドのエピソードが示していたように、ブランドやその他の側面が特定のアイデンティティを示すシグナルになることも多い。たとえば、いつも〈ナイキ〉の服を着ている人がいれば、見る人はスポーツをする人だろうと思うし、〈グッチ〉を身に着けていれば、ファッションに関心のある人なのだろうと思うだろう。

こうした状況では、ブランドがアイデンティティに関わる属性になる。そのブランドを身に着けることで、その人の社会的アイデンティティと好みについての情報を伝えるものになるのだ。

一方で、アイデンティティと関わらないとされる属性もある。たとえば、ある人が青いシャツを着ているか黒いシャツを着ているかというような情報は、その人のことを、見る人にあまり伝えない。同様に、タンクトップを着ているか、Tシャツを着ているかのような情報は、ほとんどの場面において、あまり多くのシグナルを発するものにはならない。

だから、ある特別なシグナルを発しながら、かつ自分はほかとは違うと感じたい人は、**アイデンティティと関わる属性についてはまわりに同調し、同時にアイデンティティと関わらない属性については差別化を図る**ということがよくある。弁護士になったばかりの人は、自分の成果をまわりに伝えるためにBMWを買ったりすることがよくあるのだが、自分は他人とは違うのだということを示すために、色はオレンジを選んでみたりする。自分にとって望ましい情報を伝えるブランドを選びつつ、同時に、みんなが選ばない色を選んで独自性を示そうとするわけだ。同様に、〈フェンディ〉が今シーズンはこれだというバッグを発表したなら、ファッションに敏感な人々はこぞってそれを買うだろうが、色はあまりみんなが選ばないものを選ぶはずだ。[19]

来年は何が流行るか？　たしかなことは誰にもわからない。とはいえ、人が思うほどそれはでたらめに起こるわけでもない。最近流行したものと共通した特徴があるものは、競争の中でも有利なポジションにあるといえる。**温かな親しみの感覚を呼び起こす程度に類似性があり、しかし同時に充分に目新しく、新鮮な感覚を与えるもの**がよいわけだ。

だから、黒の次に流行る色を予測しようと思うなら、単純に、〝ダークグレー〟と言っておけばそこそこ妥当といえそうだ。

# 社会的影響力を味方にしよう

類似性と相違性をうまく組み合わせていくことは、イノベーションを管理していくうえでとくに重要なものになる。たとえば、スイッファー［家庭向けのハンディなモップ製品］のような新製品が出てきたときに、それを知らない人に説明するには、どんなふうに言えばいいだろうか？　革命的な新型モップ？　それとも、新しいおそうじ道具？　また、それはどうしてデザインされる必要があったのだろうか？　あるいは、無人自動車の座席は、従来の車がそうだったからという理由で、進行方向を向いている必要があるだろうか？

新規の製品やテクノロジーは光の速さで競争の先を行くこともあるが、それが成功するかどうかは、消費者がそれをどう認識するかと無関係ではない。もし、新しく出てきたものが既存のものと似すぎていたなら、どうしてもそれを買おうという気は起こらない。もしも今年のｉウィジェットが去年のものと同じに見えたなら、わざわざお金を払って取り替える必要がどこにある

19　状況によっては、色がアイデンティティと関係し、それ以外の側面が差別化を示す場合がある。〝ゴス〟や〝パンク〟の人々は、全身黒ずくめのことが多いが、黒いトレンチコートを着ている〝ゴス〟の人もいれば、別の〝ゴス〟の人は黒いTシャツを着ていたりすることもある。同様に、ピーチ色が流行すると、ファッショナブルに見られたい人々はこぞってピーチ色を身に着けるが、いろいろなブランドからその色の商品を買うことになる。人々が同調する、または差別化する属性は、どの属性がアイデンティティを伝え、どの属性が伝えないかに左右される。

だろう？　もしも技術革新もあまりに急激に進みすぎると、ほかの問題も起きてくる。それが何のカテゴリーに属するものかが消費者にはわからず（ところで〈スイッファー〉ってなんなの？と）、それが何であるかが理解できず、したがって、それが自分に必要なものかどうかが判断できない。つまり、似ているにしても違うにしても、極端なのは危険であり、慎重に、その中間にあるスイートスポットに導いていくためには、両者の効果的なバランスが必要になってくる。

自動車がはじめて登場したころのことを考えてみよう。当時はまだ馬がおもな交通手段だったが、制約が多かった。歩みは遅く、高価で、危険でもあったからだ。馬車は、自分でものを考える頭にエンジンがついたような乗り物であり、シカゴのような都市では、馬車による交通事故による死亡率は、現在の自動車事故によるそれの七倍にものぼったという。

自動車はそのような状況の解決を約束してくれるものだった。馬車で行くよりも早く、遠くまで行くことができたし、大都市では転倒の原因ともなる馬糞を減らすことにもつながった。

だが、登場したばかりの自動車を人々が受け入れるためには、大きな思考の転換が必要だった。馬は（そしてロバも）何千年ものあいだ交通手段の中心であり続けていたのだ。たとえ欠点はたくさんあったとしても、人々はそれで快適だった。何を期待すればよいかがわかっていたからだ。

そこへ現れた自動車は、まったく新しいものだった。必要な燃料も、運転のスキルも、修理の仕方も、馬車とは違っていた。

そのような変化に慣れるには時間が必要だった。前に馬がいない客車だけが道路を走っているのをはじめて目にしたとき、人々はショックを受けた。アメリカの田舎では人々はこれを都会の退廃を象徴する〝悪魔の乗り物〟とみなし、その侵食を阻む法律をつくって制限をかけた[19]。もともと臆病な馬は、この大きな音を立てて揺れながら走る馬なしの客車に驚き、馬車に乗客を乗せたまま逃げだそうとすることがたびたびあった。

一八九九年、ひとりの賢い発明家が、人々と馬の両方がもっと快適でいられるための解決策を提示した。〝馬のいらない馬車《ホーシー・ホースレス》〟と名づけられたそれは、客車の前に頭部を含む馬の肩から前の等身大の模型を客車の前につけたものだった。

その乗り物は、一見すると馬車に似ているので、馬たちも、馬車に乗っている人々も、すれ違いざまに驚かされることが少なくなった。そして、前に取りつけられた馬の頭の模型は、ガソリンタンクとしても使うことができた。

車の前に馬の頭がくっついているなんて、と笑いとばすことは簡単だ。今見るとそれはばからしく、笑わせようとしているみたいに見える。しかし、今だからばかばかしいと思えるものであっても、はじめて自動車が登場したとき、それがどれほど恐ろしいものに見えたかは想像にかたくない。その

斬新な乗り物の恐ろしさを少しでも抑えるために、人々が見慣れたものを前面に取りつけることのどこがおかしいといえるだろうか？

もっと一般的な例を見てみても、斬新なイノベーションが導入されるときには、外側を人々に馴染みのあるもので覆ってしまうというやり方がよく見られる。[20] ＴｉＶＯ《ティーヴォ》が、今でいうデジタル・ビデオ・レコーダーをはじめて市場に導入したとき、自動車の例とよく似た課題にぶつかった。そのテクノロジーは革新的で、それまでになかったまったく新しい市場を生み出すポテンシャルをもっていた。だが、それを成功させるには、消費者の行動を変えさせる必要があった。テレビから自動的に流れてくる番組をただ受けとめるという受動的な見方から、いつ何を見たいかを視聴者のほうから積極的に決める見方への転換だ。

そこで、その移行の促進と、消費者がサービスを理解しやすくするために、ＴｉＶＯは、見た目はビデオ・レコーダーと似たデザインを採用した。黒い直方体のデバイスで、従来のビデオ・レコーダーやＤＶＤプレーヤーと同じように、テレビの下やケーブルボックスの上に設置することができるようにした。

だが、ハードディスク・レコーダーと、（もし見つけられるならば）ビデオ・レコーダーをこじあけて中を見てみれば、これらの中身は完全に違っているのがわかる。従来のビデオ・レコーダーはフィルムを使う昔のカメラのようなものだ。フィルムの代わりに長いプラスチックのテープがデバイスの中で巻き取られ、そこに、録画内容が記録される（または、そこから再生される）仕組みだ。

ＴｉＶＯは、そのようなものとは違う。その名からもわかるように、デジタル・ビデオ・レコーダーは、実際のところ、コンピューターだ。だから、中にフィルムが入っている必要がない。

したがって、ビデオ・レコーダーのような形をしている必要もない。鮮やかなブルーの、標準的なデスクトップ・コンピューターのような形でもよかったし、ピラミッド型でもよかった。だが、人々に馴染みのある形を採用することで、ＴｉＶＯはこの急激なイノベーションを受け入れられやすいものにした。テクノロジーをみんながよく知っている何かで覆い隠し類似性を利用することで、人々がまだ見慣れないものを、受け入れやすくしたのだ。[20]

現在ではデスクトップ上でデジタルでできることの多くは、それらが登場するまえのアナログ時代の祖先を想起させる形で表示されている。文書ファイルを保存するためのアイコンが、フロッピーディスクの形をしていたり、ファイルをドラッグしていって、捨てる場所のアイコンが

20　このような視覚的な合図は、斬新なテクノロジーをより親しみのもてるものに感じさせるだけでなく、そのデバイスを評価するために参照するカテゴリーを示すものにもなる。アップルの〈ニュートン〉は、早い時期に出たスマートフォンの祖先といえる機器だった。コンピューターとして設計され、そのように認識されており、最終的にパフォーマンスのよくないコンピューターとして評価されてしまった。〈パーム〉が出たのは、それからほんの数年後のことだったが、今度は、ポケットに収まるサイズで、見た目は手帳に似ていたため、コンピューターではなく、手帳が比較の基準となった。そして、標準的な手帳よりもよいものとみなされ、こちらはかなりの成功を収めた。

ごみ箱の形をしているのがそれだ。そのような見た目の類似性は、オフラインでも使われている。ハイエンドモデルの車のダッシュボードに木目調に見せた素材が使われていたり、ベジタブルバーガーにグリルで焼いたような焦げ目がついていることなどもよくある。それらはすべて、見た目の違いを似たものに近づけるためにおこなわれていることだ。

逆のこともまたいえる。デザインの工夫によって、漸次的なイノベーションをより斬新なものに感じさせることも可能だ。一九九八年に、アップルがｉＭａｃを導入したとき、技術的な改良はほんの少ししかなかった。しかし、見た目はがらりと変わっていたのである。旧来の黒やグレーの箱とは異なり、ｉＭａｃはガムドロップのような形で、オレンジやイチゴのような色つきで登場したのだ。結果、ｉＭａｃは大成功を収め、テクノロジーよりもそのデザインによって、人々の購買意欲をあおる、まさに求められていた違いの感覚が生みだされたのだった。[21]

テクノロジーは、それだけで評価されることはない。**デザインとテクノロジーが組み合わさってはじめて消費者に認識されるものであり、そしてその組み合わせは、イノベーションをほどよく違ったものに見せることができたときに一層の効果を発揮する。**

たとえ自分では気がついていなくても、私たちが考え、買い、そしてすることのすべてに、ほかの誰かがつねに影響を与えている。だが、社会的影響力とは、それ以上のところにまで行くものなのだろうか？　たとえば、何かを達成するために、私たちがどの程度までがんばるかにも影響するものなのだろうか？　動機づけられてがんばるか、それともあきらめてやめてしまうかどうかということに？

第5章

# やる気に火をつけるもの

Come On Baby, Light My Fire

カーラは暗がりの中で、レースの始まりを静かに待っていた。種目は短距離走。複雑なところは何ひとつない。脚がもつれるようなカーブもなければ、慎重さが要求されるターンもない。ただ、目の前に長く延びるまっすぐな直線コースを走るだけだ。そして、ここはこれまでに何度も走った慣れた道。

誰かと競走することはあるけれど、今日はひとりきりだ。そこにいるのは、カーラと、時計だけ。彼女のタイムを刻む秒針が、ゆっくりと進んでいる。

スタンドからは彼女を見守る観客の鼓動が聞こえてくるようだ。仲間たちも近くに集まり、落ち着かない様子でスタートを待っている。すでに五レースが終わり、次はいよいよ第六走者のカーラの番だ。一分にも満たないこのレースのために、あらゆる努力を今日まで積み重ねてきたのだ。

明かりが消え、カーラはゲートを飛びだした。ゆっくりとした出だしからスピードを上げていく。向けられる視線を気にせずゴールだけを見て、トラックを一気に駆け抜ける。怖かったけれど、ただひたすらに足を動かした。一歩、そしてまた一歩前へ。緊張の四二秒の果てに、ついにゴールに到達し、空気を求めあえいだ。タイムは自己ベストを記録した。

背後で黒いドアが閉じられ、彼女は隅へ寄った。そして六本の脚を伸ばし、触角を拭った。

そう、カーラはゴキブリだった。

一八〇〇年代の終わりごろ、ノーマン・トリプレットという研究者がある論文を発表したことによって、現在では社会心理学と呼ばれている研究分野が誕生した。[1] トリプレットは、インディアナ大学での修士論文のために、二〇〇〇人以上にのぼる自転車走者のレースのデータを集め、検証をおこなっていた。レースの方法は三種類あった。ひとつは、単独で選手個人の記録更新を目指すというもの。ふたつめは、ふたりの走者が別々に走り、タイムを競うもの。そして、もうひとつは、これもふたりでタイムを競うものだが、ペースを決めるために伴走者が一緒に走るものだ。

それぞれの走者から提出された記録をくらべていたとき、トリプレットは、複数の走者が一緒に走っているときのほうが、いいタイムが出ていることに気がついた。同じレースの競走相手であるかどうかにかかわらず、誰かと一緒に走った走者のほうか、一マイルあたり二〇秒から三〇秒速いタイムを出していた。どうやら、ひとりよりも複数で走るほうが、パフォーマンスがよくなるようなのだ。[2]

このことをさらによく調べるために、トリプレットはある実験をデザインした。それは、子供たちを集めてグループに分け、できるだけ素早くリールを回して釣り糸を巻きとるゲームをしてもらうというものだった。釣り糸には旗をつけて、子供たちが、ひとりのときと、ふたりで同じことをしたときとでは、それぞれどのくらいの速さで釣り糸を巻きとることができるかを測った。

結果は、自転車レースのときと似ていた——ほかの子供がとなりにいるときのほうが、釣り糸を速く巻きとれていたのだ。

その後おこなわれた数々の調査でも、同じパターンが確認されている。ただそこに他人がいるだけで、パフォーマンスに変化が起きたのだ。**近くに誰かがいるほうが、人はうまくやれる傾向がある**。

ある実験では[3]、大学生たちに、ひとつの単語を見せてから、それに関連した単語を思いつくかぎりたくさん書き出させた。また別の実験では、学生たちにある文章の一節を読ませ、それにできるだけたくさん反論を書いてもらうという作業をおこなった。どちらのケースでも、グループで（まわりに人のいる環境で、作業は個別に）おこなったときのほうがパフォーマンスがよく、よりたくさんの単語を書きだし、より多くの反論を書くことができた。

この現象は、**〝社会的ファシリテーション〟**と呼ばれるもので、他人の存在が、ひとりのときよりも速く、よいパフォーマンスにつながる場合をいう。たとえそこにいる人々が助け合ったり、競い合ったりしなくても、ただそこに誰かがいるという事実が、人の行動を変えるのだ。

そしてこの社会的ファシリテーションが見られるのは、人間だけではない。同様の行動は、ほかの動物でも確認されている[4]。ラットは、ほかのラットがそばにいるときのほうが、速く飲み、たくさん探検する。サルはほかのサルがそばにいるときのほうが、単純な仕事をより一生懸命にするし、犬はほかの犬とペアになったほうが速く走る。アリはほかのアリがそばにいると、協力し合うわけではなくても、一匹のときの三倍の砂を掘ることができる。社会的ファシリテーションは、動物がどれだけ食べるかにも影響する。ニワトリは、ほかのニワトリがそばで食べていれば、すでに満腹でも食べ続ける。

多くの状況で、人間は（そしてほかの動物も）まわりに誰かがいたほうが、パフォーマンスが向上するようなのだ[21]。

だが、おもしろいことに、別の研究では逆の結果が示されている。**他者がいる場合にパフォーマンスが低下したケースもあったのだ**[5]。

ある研究で、意味のない音の連続を並べたリストを暗記するというむずかしい課題に大学生が挑んだところ、誰かが見ているところで取り組んだ学生のほうが時間がかかり、かつ間違いが多かった。さらに別の研究では、参加者らが目隠しをして迷路を歩くという実験がおこなわれた。

21　社会的ファシリテーションの研究には、大きく分けてふたつの領域がある。ひとつは、観客効果を検証するもので、もうひとつは、共行動効果を検証するものだ。前者は、受身の傍観者の存在がどの程度パフォーマンスに影響するかを検証するものだ。ひとりで走る場合に、まわりに見ている人がいないときに対して、まわりに人がいるときには、人はどのくらい速く走れるのかなどを調べる。後者は、複数の人間が同じことを、同時にする場合に、どの程度それがパフォーマンスに影響するかを調べる。ひとりで走る場合と、それに対して走っている人がとなりにいる場合では、走る速さにどのくらい影響するのか、どのくらい速く走ることができるのか。どちらのケースも、他者の存在がパフォーマンスに影響し、またそれは似た理由からなのである。

そしてこの実験では、観衆がいた場合のほうが時間がかかっていた。また、運転免許の技能試験では、指導教官のほかに誰かが車に同乗しているときのほうが、合格しにくいことがわかった。他者の存在がパフォーマンスの低下につながるケースは、動物でも確認されている。[6] カワラヒワは、二羽一組にしたほうが、おいしい餌と不味い餌の区別をつけるのに苦労していた。インコは、二羽一組のペアで訓練したときのほうが、迷路の道順を覚えるのに時間がかかった。

では、実際のところどちらなのだろうか？ **まわりに誰かがいることは、パフォーマンスを促進するのか、それとも抑制するのか？**

この疑問は、スタンフォード大学の教授だったロバート・ザイアンスを悩ませた。このザイアンスだが、学術の世界においては、異色の経歴の持ち主だった。[7] 一九二〇年代にポーランドで生まれたザイアンスは、ナチスから逃れるために、一九三九年に親戚を頼って家族とともにワルシャワに移り住んだ。しかしその二週間後には、一家が身を寄せていた親戚のアパートの部屋が空襲に遭い、両親を失くしてしまった。

十六歳だったザイアンスは、脚を骨折したものの命に別条はなく、病院に収容されたが、それも束の間、乗りこんできたナチスに逮捕され、ドイツにある強制収容所へ送られてしまった。そこで同じように収容されていたふたりとともに脱出し、二〇〇マイル以上歩いてフランスへ逃げこんだ。ところが、国境を越えたところで三人はドイツ兵につかまり、今度はフランスの刑務所に送られてしまう。しかし、あきらめなかったザイアンスはそこからも脱出して、フランス国内のレジスタンスに合流した。そして、途中、食べものや衣類を盗んだりしながら、およそ五五〇マイルを歩いたのちに親切な漁師と出会い、アイルランドに渡ることができた。

そこから、ザイアンスはさらに英国へ渡った。旅を続けながら、英語、フランス語、ドイツ語を身につけたザイアンスは米軍の通訳となった。戦争が終わったあとは、しばらくのあいだ国際連合で働き、その後、アメリカ合衆国へ移住した。そして、ミシガン大学に入学願書を提出し、仮入学許可を得ることができた。ミシガン大学では、学士号についで修士号を取得し、一九五五年に社会心理学の博士号を授与された。

こうして科学者となったザイアンスは、何十年ものあいだ見過ごされていた重要な問題を掘り起こすことに才能を発揮し、洞察に満ちた研究としてそれらをよみがえらせた。人間の行動に対する感覚が鋭く、複雑なパターンの下に隠れている単純な関係を見出すことに長けていたのだ。そして、そうした視点から、研究に取り組んだのが、社会的ファシリテーションというテーマだった。

それぞれの研究結果は、たがいに矛盾しているように見えた。一方では、いくつもの研究が、他者の存在はパフォーマンスを向上させることを示していた。観衆であれ、同じことをしている人であれ、他者がそばにいることで、たとえ競争していなくても、人はより速く、より多く、成果を上げることができた。だが、他方では、同じように説得力のある研究結果が逆のことを示していた。つまり、他者の存在は、学習やパフォーマンスを阻害する、と。

ザイアンスはそのような異なる結果を説明する理論を打ち立てた。それはシンプルでありながら、同じくらいエレガントなものだった。

あとはただ、それを検証する方法が必要だった。そこで登場したのが、カーラだった。


オリンピックの四〇〇メートル・トラックを思い浮かべてみてほしい。スタンドの客席に囲まれた、大きな煉瓦色のトラックだ。スタジアムは応援に来た観客で最上段まで席が埋まり、みなそれぞれに自分の国の代表に向けて歓声をあげている。そして、走者たちは一列に並び、スタートを知らせるピストルの音が鳴り響くのを待っている。

さて、今思い浮かべたその絵をそのまま頭に置いて、そこにいる人間だけを全部入れ替えてみてほしい……ゴキブリに。競技用タイツを穿いた筋肉質のスプリンターの代わりに、走者は全員……ゴキブリだ。カメラを構え、旗を振り、ラッパを吹く人々の代わりに、客席にいるのは……それもみんなゴキブリだ。

うう……嫌悪の声が聞こえるようだ。

ゴキブリと聞くと、人は嫌悪感を示しがちだ。腐った食べものをあさり、暗闇ではびこる、足の速い害虫だと。

しかし、実はゴキブリは世の中でいちばん清潔で、頑丈な昆虫のひとつだ。空気のないところで四五分間生き続けることができ、水中に一時間沈んでいたあとでも蘇生できる。頭部を切り落とされても生き続けることができ――少なくとも一時的には――、切り落とされた頭のほうも、数時間、あるいは、冷蔵庫の中で餌を与えられれば、それ以上の時間生き続ける（とはいえ、なぜそんなことをしてみようと思った人がいるのかは不明である）。

ザイアンスは、ゴキブリは社会的ファシリテーションをテストする対象として最適だろうと考えた。

そこで、彼はゴキブリのためのスタジアムをつくった。透明なアクリル樹脂の板でつくった大きな立方体のそれは、決められたコースをゴキブリたちが走るタイムを測れるようにできていた。立方体の片側は小さな暗いスタートボックスになっており、薄い金属の扉でトラックと隔てられたその中で、ゴキブリは出走を待つ。ゴールは反対側で、そこにも同様に薄い金属の扉でトラックから隔てられた、中が暗い小さなボックスが取りつけられている。

ゴキブリは光を嫌う。だから、スタートの合図には、ピストルの代わりに投光照明を使用した。スタートラインとゴールラインの扉をあけて、まぶしい光をスタートボックスに当てるというやり方だ。そうするとゴキブリはトラックへ飛びだし、隠れることのできる暗い場所を探す。光はトラック全体を照らしているので、逃げ場所はおのずとゴール側のボックスだけになる。その中へゴキブリが駆けこんだら扉を閉めて、暗がりの中へ帰してやった。

ザイアンスは、ボックスからボックスまでのあいだをゴキブリが走るタイムを測った。スタートラインの扉をあけてから、ゴールラインの扉を閉めるまでのタイムだ。

他者の存在がどのくらいパフォーマンスに影響するかを調べるために、ザイアンスはゴキブリ用の観客席も用意した。小さな観客ボックスにほかのゴキブリを入れ、トラックの横に設置した。走者からははっきりと見えるようにしているが、トラックには入ってこられないように、透明な壁で仕切られている。その観客ボックスを、あるレースではトラックのそばに置き、あるレースでは取り除くことによって、ザイアンスは、他者、すなわちボックスの中のゴキブリたちが、ただそこにいることによって、どの程度速さが変わるのかをテストすることができるようにした。

すべてが非常にかしこいやり方だった。天才といってもいいくらいだ。しかし、カギとなるポイントはもうひとつあった。

ザイアンスは、他者の存在が、なぜ逆の効果を及ぼすことがあるのかもわかった気がしていた。近くに誰かがいることが、あるときにはパフォーマンスを向上させ、あるときには低下させる、その理由である。

ザイアンスは、それは人々(あるいは動物)が取り組む課題や測定されるものの複雑さの度合いによるのではないか、と考えた。**課題が簡単であったり、何度も経験があることならば、他者が見ていることでパフォーマンスが促進される**のではないか。しかし、**逆に課題がむずかしい場合や、新たに学びとらなくてはならないことが関係している場合には、他者が見ていることでパ**

**フォーマンスが抑制される**のではないかということだ。

この考え方を検証するために、彼は二種類のトラックを用意した。ひとつは直線コース。片側の端にスタートボックスがあり、反対側にゴールのボックスがあるものだ。これ以上シンプルなものはないだろう。ゴキブリが走る道はひとつしかなく、光から逃げて反対側のゴールボックスに駆けこむ、というのが予想される反応だ。

もうひとつは、複雑なコースを走らせるものにした。まっすぐ走りだして半分くらいの距離を行ったところで、直進のトラックを十字に横切る垂直方向のトラックを付け足したものだ。これだと、ゴキブリの前には一本でなく三つの進路が用意されたことになる。その中で安全なゴールにたどりつけるのはひとつだけだ。

そして、ゴールのボックスは、スタートボックスの向かいにはなく、十字路を曲がったどちらかの先に置かれている。したがって、ゴキブリはスタート地点からまっすぐに駆けだし、交差点で右か左のどちらかに曲がって、それからさらに走らなければゴールにはたどりつけない。両方の道をたしかめて学習し、正しい道を選ばなければならないのだ。

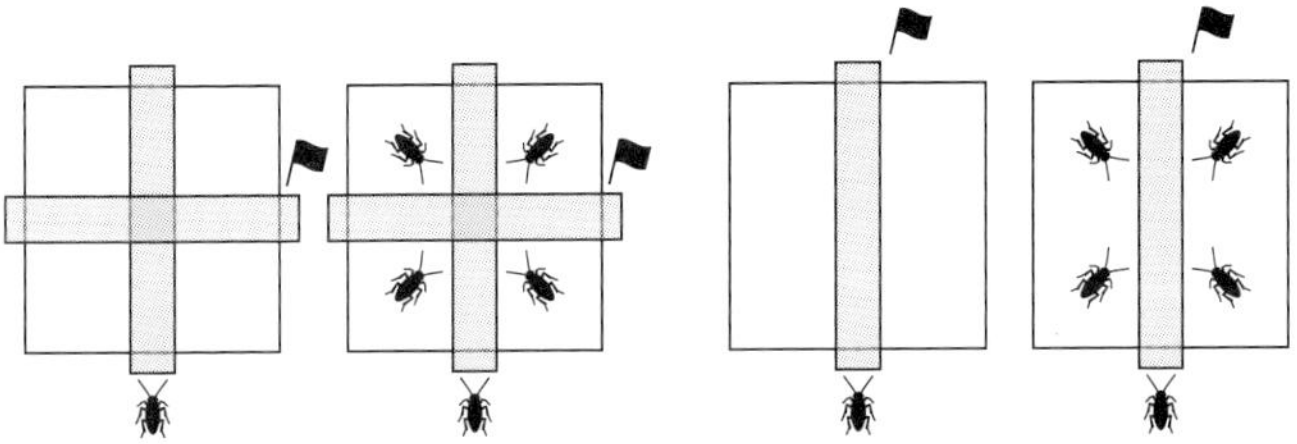

複雑な課題：ゴキブリは角を曲がって逃げなければならない。

単純な課題：ゴキブリはまっすぐ走って逃げる。

驚くまでもなく、ゴキブリたちは複雑なコースを走ったときのほうが時間がかかった。どちらへ行けばよいかを理解しなければならず、ゴールにたどりつくまでに三倍の時間がかかった。だが、観衆の存在は、ここでもパフォーマンスに影響を与えていた。直線コースでは、ゴキブリたちは、観客がいるほうが速く走れた。ところが、複雑なコースでは逆の結果が出た。観客がいるほうが走るスピードが遅く、約三割余計に時間がかかったのだ。

ザイアンスは正しかった。**他者の存在が助けになるか邪魔になるかは、取り組む課題の複雑さに左右される**[8]。

この重要な研究から数十年のあいだに、同様のパターンは繰り返し何度も確認されてきた。他者の存在は、簡単でよくわかっていることをするときにはパフォーマンス（すなわち、スピードと正確性）を向上させるが、馴染みがなく、したがってむずかしいことをするときには、パフォーマンスを抑制する。

例を挙げてみると、自分の靴紐を結ぶなら、誰かに見られているほうが速く結ぶことができるが、誰かの蝶ネクタイを結ぶときだと、スピードが落ちる（少なくとも蝶ネクタイを結び慣れていない私たちのほとんどはそうだ）[9]。熟練のビリヤードプレーヤーは、誰かに見られているほうがたくさんショットを決めることができるが、経験の浅いプレーヤーだとミスが増える[10]。そして私たちは、誰かに見られているときのほうが文字を速く書くことができるが、ただしそれは利き手で書く場合に限られる。あなたが右利きなら、左手で文字を書くときには、誰かに見られているときのほうが、見られていないときより書くのが遅くなるということだ。

友だちとジム通いをしたり、あるいは、ひとりで行ったとしても、誰かのとなりでランニングマシンに乗った経験があれば、おそらくは**他人から受けるポジティブな影響**がどういうものかがわかるだろう。たとえ競争しているわけではなくても、彼らの存在は助けになる。そばに誰かがいることで、ベンチプレスで重量を少し増やすことができたり、いつもより少し速く走れたりするものだ。

だが、誰かが見ているところで縦列駐車をした経験があれば、おそらくは**他人がいることのネガティブな影響**も感じたことがあるだろう。縦列駐車はどんなときでもむずかしいものだが、そばに人がいると一層むずかしく感じることがある。うまくスペースに入ったと思っても、ハンドルを切るのが遅すぎれば、またもう一度最初からやり直ししなくてはならない。後方では別の車がきれいに駐車している。あなたはもう一度やってみるが、今度はハンドルを切りすぎて、またやり直さなくてはならない。そのころには同乗者が、もう一度自動車学校へ行ったらどうかと言っているような目であなたを見ている。

もともと駐車が苦手な人もいるが、しかし社会的ファシリテーションが果たしている役割はたしかにある。誰かに見られていることが、縦列駐車という（いくらかでも）むずかしい課題にかかる時間を長くしているのだ。

パフォーマンスを促進するにせよ、抑制するにせよ、社会的ファシリテーションが起こるのには、いくつかの理由がある。[11] ひとつは、誰かがいると気が散るということだ。縦列駐車でもなんでも、何かをしようとしているときに人がいると気を取られる。ふたつめは、他人の存在によって、印象操作が増すことだ。他人からよく見られたいという気持ちがあれば、人がいるとがんばってしまう。三つめは、一部は印象操作のために、他人の存在によって心理的な興奮が高まることだ。心拍数が増え、血流が速くなり、私たちの身体は行動の準備を整える。

これらの要因が、私たちが自動的に自然とできるような、あるいはすでにしっかりと身についていることをするときには、よりうまくやれるよう導いてくれる。私たちは挑戦されているように感じ、競争心はあふれるほどに高まり、そして、行動に飛びつく。うまくやれるとわかっていること（すなわち、ランニングマシンの上を走るとか、何百回も行ったエクササイズをするなど）をするときには、私たちはさらにうまくやれるのだ。

だが、もっとむずかしいこと、あるいはもっと注意を要することをするときには、先ほど述べた要因が、パフォーマンスの邪魔をする。あの人たちは何を考えているのだろう？　いまうまく駐車できなかったら、へたくそだと思われてしまうだろうか？　と、恐れや不安を感じてしまう。失敗したり、うまくできなかったときのことを想像して、パフォーマンスの低下につながっていくのだ。[12]

## 電気料金のお知らせ2・0

さて、あなたは今日、メールをチェックしただろうか？

多くの人々にとって、そんなことは訊かれるまでもないことだ。そして、ほとんどの人の答えはイエスだろう。もちろんだ。あなたも、メールを最後にチェックしたのは一時間以内のことかもしれない。もしかしたら、この章を読んでいる途中にもチェックしたかもしれない。

では、お天気はどうだろうか？　今日の天気はチェックしただろうか？　今週の週間天気予報は？　スポーツの試合の結果やソーシャルメディアは？

メールチェックほどの頻度でなくても、私たちはそれらも頻繁にチェックしている。おかげで今週の天気も、地元チームの戦績も把握できているし、高校の同級生が旅行に出かけたアルバがどれほど美しいところかも知っている（ソーシャルメディアのおかげだ）。

では、今月の電気の使用量はどうだろうか？　あなたの家やアパートでどれくらいの電気を使用しているかを把握しているだろうか？　今日はチェックしただろうか？　今週は？　そもそも一度でもチェックしたことがあるだろうか？

エネルギー消費は、社会が直面している最大の課題のひとつだ。だが、それが重要であることには誰もが気づいているけれども、問題の解決に必要なのはテクノロジーよりもむしろ社会的影響力のほうかもしれない。

気候変動は、二一世紀の世界が抱えるもっとも差し迫った問題のひとつである。政治的関心があるかどうかに関係なく、気温が上昇しているという圧倒的な科学的根拠を前に、少なくともこの問題に気づかずにいることはいまやむずかしい。氷河は後退し、亜熱帯の砂漠は拡大している。干ばつや大雪といった極端な気象現象はより頻繁に起こっているし、いくつもの動植物の種が絶滅に向かっている。そして、穀物生産量の減少によって食糧確保の問題が危機にさらされている。

エネルギーの使用は、これら地球温暖化のトレンドの中心をなす問題だ。化石燃料を燃やすことで二酸化炭素が発生し、自動車、工場、発電所からの温室効果ガスの排出量は増えつづけている。世界経済が成長するにつれ、人々が使用するエネルギーの量は増えている。冬は暖かく、夏は涼しく過ごすためにはエネルギーが必要だ。コンピューターを使うにも、工場を動かすにも私たちはエネルギーを使う。それに、職場へ行くにも、自宅へ帰るときにもエネルギーを使っている。世界の工業化が進むにつれ、私たちの天然資源にかかる負担は大きくなっていく。

何かをあきらめなければ、もうどうにもならない。どうにかしてエネルギーの使用を減らす方法を見つけなければ、世界はとどまるところのない変化の道を進むしかない。

すでに提案されている解決策の多くは規模の大きなものだ。発電所からの二酸化炭素排出量に上限を設けるといった政府による規制や、自動車メーカーが目標とする燃費の基準などがそれにあたる。そのほか、あらたなテクノロジーや代替エネルギーに焦点をあてた取り組みもおこなわれている。太陽光発電や風力発電も以前よりは普及し、また地熱エネルギーの分野における目覚ましい展開によって、地殻の熱を利用することも可能になった。

消費者行動をシフトさせる試みによってもまた、大きな変化が見込まれている。たとえば省エネ型の洗濯機〈エナジー・スター〉を使えば、使用する水の量も、一回の洗濯に使う電気の量も減らすことができる。古い電球を電球型蛍光灯に取り換えれば、電球の寿命は十倍長くなる。また屋根裏の断熱材を取り換えるだけでも、冷暖房の効率はよくなる。

だが、もっとも効果的な解決策のひとつは、人々の省エネ行動にある。部屋を出るときに照明を消すとか、シャワーの時間を短縮するといったことだ。冬には暖房の温度を一度か二度低くし、また家をあけるときには、低めの設定でつけておくなどもできる。こうした努力をすべての人がすれば、個人では小さな省エネ努力も、全体では大きなインパクトを持つことになる。

では、どうすればそんなふうに人々の行動を変えることができるのだろうか？

電力業界に革命を起こしそうな人物をひとり選ばなくてはならなくなったとして、ダン・イエイツという名前が候補としてすぐに思い浮かぶことはあまりなさそうだ。イエイツは、元はサンディエゴ出身の棒高跳びの選手で、肩に届くほど髪を伸ばしてハーバード大学に入学した。数年後、コンピューター・サイエンスの学位を取得した彼は、起業に興味を持った。サンフランシスコに移り、そこで短期間会社勤めをしたあと、ハーバード時代のクラスメイトと共同で教育評価ソフトウェアの会社を設立した。会社の業績はよく、三年後には従業員は一四〇人を超え、地域の五〇〇近い学校を顧客に抱えるようになった。そして、大手出版社のホートン・ミフリンが興味を示したので、イエイツと共同経営者の友人はその会社を売却した。

その後しばらくホートン社で仕事をしたあと、イエイツは休養が必要だと感じた。それで一年に及ぶ冒険旅行を妻と計画したのだが、それは忘れられない経験となった。中古のトヨタ〈4ランナー〉を買って、アラスカからスタートし、パンアメリカン・ハイウェイを端から端まで縦断した。アルゼンチンの南端ウシュアイアまでの約三万マイルに及ぶ旅だ。

美しい旅だった。ボリビアの南西部ではめずらしい動物にも出会えたし、コスタリカの雲霧林を覆う堂々たる葉の天蓋も見ることができた。

だが同時に、イエイツと妻は、環境破壊の実態も少なからず目にすることになった。何エーカーもの熱帯雨林が伐採されて平らにならされ、低木の茂みや自然の植生が焼かれて農地に変えられた場所があちこちにあったのだ。そして、旅から帰るときには、環境保護のために自分に何ができるだろうかとイエイツは考えていた。

そこで、ハーバード時代のもうひとりの同級生であるアレックス・ラスキーとともに、イエイツはエネルギーの無駄を減らす方法を考え始めた。ふたりはいくつものアイデアを出し合い、太陽光発電や排ガスの削減について議論した。

しかし、方向性としていちばん見込みのありそうな考えが浮かんだのは、イエイツが電気料金の請求書を目にしたときだった。それはひどく煩雑だった。システムデリバリーチャージに電力調整料、そしてレギュラトリーフィー「システム維持など電力使用以外にかかる料金」。そして、キロワット時とかサーム「大きな熱量の単位数種の名称」といったややこしい用語がたくさん書かれているのはいうまでもない。注意して見なければならない項目がたくさんあり、情報は理解不可能とはいわずとも、難解だ。

これは改善の余地がある、とイエイツは思った。「キロワット時が何なのかも当時の私にはわかりませんでしたし、サームも何のことか知りませんでした。知ろうと思ったことがなかったのです。私がしたかったのは、使った電力量を隣人とくらべるとか、何か自分が理解できるものにすることでした[13]」

イエイツはひとりではなかった。実はほとんどの人々にとって電気料金の請求書は難解で、詳細を理解しようともされていない。みんなただ、請求書通りに毎月払い続けるだけなのだ。

そこに社会的影響力がはたらく余地があったのだろう。

＊＊＊

サンマルコスは、省エネを学ぶには絶好の土地だ[14]。サンディエゴから三八マイル北、海岸沿いを走るインターステート五号線から内陸へ少し入ったところにある町だ。南カリフォルニアは明るい太陽のイメージがあるが、サンマルコスも期待を裏切らない。アメリカ合衆国内のほかの地域とくらべて、年間の降水量は半分以下で、一年のうち二六〇日は晴れている。

とはいえ、冬のあいだは暖房が必要な程度には気温が下がる。そして、夏もまた、蒸し暑さが続けば人々はエアコンをつける。干ばつの多いこの地域では、何年かに一度は節水制限がおこなわれ、地区ごとに、一日のうちで洗車をしてもよい時間帯や、芝生に水をやってもよい曜日が決められる。住民はつねに省エネのことを考えているわけでもないが、それは背景に組みこまれているといっていい。

十年以上まえになるが、ある夏の晴れた日、ボブ・チャルディーニ、ウェス・シュルツ、ジェシカ・ノーラン、ノア・ゴールドスタイン、ヴラダス・グリスケンヴィシウスらの教授たちが、そのサンマルコスで、あるシンプルな実験をおこなった。

その実験では、大学院生たちが、地元の家庭を一軒一軒訪問し、省エネ促進のためのメッセージを届けてまわった。各家庭に配られたのはドアにかけるプレートで（ホテルの部屋のドアノブにかける《起こさないでください》の札のようなもの）、人々に省エネを呼びかけるメッセージとして、扇風機の利用やシャワー時間の短縮、夜間にエアコンを切るなどのアドバイスが書かれていた。省エネのキャンペーンでは通常、包括的な三つの訴求点に焦点を絞っておこなわれる。家計の節約、環境保護、そして社会的責任の促進だ。これらのうち、どの訴求点を強調するのがいちばん効果があるかを調べるために、地域の家庭をグループに分け、グループごとに異なるメッセージの書かれたプレートが配られた。
あるグループの家庭は、お金の節約を強調したプレートを受け取った。たとえば、扇風機の利用についてのメッセージだと、こんなふうに書かれている。《夏はもうすぐそこ。いまこそ家計の光熱費を見直すチャンスです。この夏はどうやって節約をしますか？　エアコンをやめて扇風機を使いましょう！　なぜって？　カリフォルニア州立大学サンマルコス校の調査結果によると、夏のあいだ、エアコンの代わりに扇風機を使うことで一カ月あたり最大五四ドルまで節約できることがわかっています》
ふたつ目のグループには、環境問題を強調したメッセージが配られた。そこにはこう書かれている。《省エネで環境を守りましょう。夏はすぐそこ。いまこそ温室効果ガスを減らすチャンスです。この夏あなたはどんなふうに環境保護に取り組みますか？　エアコンを消して扇風機を使いましょう！　なぜって？　カリフォルニア州立大学サンマルコス校の調査結果によると、この夏エアコンをやめて扇風機を使うことで二六二ポンドもの温室効果ガスの排出を抑えられることがわかっています！　エアコンをやめて扇風機を――環境にやさしい選択です》
三つ目のグループが受け取ったのは、よき市民であることについてのメッセージだった。《夏はすぐそこ。いまこそ力を合わせて省エネを。未来の世代のために、あなたはどうエネルギーを守りますか？　エアコンをやめて扇風機を使いましょう！　なぜって？　カリフォルニア州立大学サンマルコス校の調査結果によると、この夏エアコンの代わりに扇風機を使うことで一カ月の

電気需要を二九％削減できることがわかっています！　エアコンをやめて扇風機を――社会的責任にもとづく選択です》

　こうした異なるメッセージを届けたことに加えて、教授たちはまた、メッセージを受け取る前と後で住民世帯の電気の使用量を測定した。

　いちばん効果があるのは環境保護のメッセージだろう、というのが大方の予想だった。家計の節約とか、コミュニティを助けるとかを説くよりも、何の飛躍もなくストレートだが、少なくともいくらかは効果が高いだろう、と。

　しかし、そうではなかった。どのメッセージも効果がなかったのだ。省エネのメッセージが電力消費量に与えた影響は０％だった。プレートのメッセージが伝える内容が、環境をよくすることであっても、節約を訴えても、単に市民としての善行を促すものであっても、人々は動かなかった。まるで、そんなメッセージなど最初から届けられなかったかのように。

　幸い、教授たちは四つ目の訴求点についても調査をおこなっていた。それは、なぜそうするかの理由をいろいろと指摘することによって省エネはいいことだと思わせようとするのではなく、四つ目は、単純に社会的規範を強調したメッセージを使用した。つまり、その地域に住むほかの人々が何をしているのかを伝えたのだ。《調査によると、お住まいの地域では七七％の住民のみなさんが、夏のあいだエアコンをやめて扇風機を使用しています。お宅でもエアコンを切って、扇風機を使いましょう》

そして、人々は実際にそうした。このメッセージを受け取った家庭の電力使用量はかなり減少した。さらに、このメッセージが最後に届けられてから数週間経ったあとでも節電は続いていた。**単純にご近所がみんな節電をしていると伝えただけで、それを受け取った人々も節電を始めたのだ。**

こうした研究結果をもとに、イエイツとラスキーはそこに機会を見出した。社会的規範が、人々の電力使用の削減にシンプルかつコスト効率のよい方法を提供した。使用状況のデータにほかの人々が何をしているかの情報を組み合わせれば、従来の電気料金の請求書よりももっと便利なものになるのではないか。

彼らの会社、オーパワーは、今では世界各地で一〇〇社以上の電力会社と提携するまでに成長した。オーパワーは、消費者向けに入念に的を絞った電力使用に関するレポートを提供している。わかりにくい専門用語を並べるのではなく、各家庭の電力使用量を状況に当てはめて、消費者自身がどれだけの電力を使用しているかを理解しやすいように記載した。サンマルコスでの調査結果をもとに、オーパワーの電力使用状況レポートは、近隣の似たような家庭との比較で、消費者の電力消費を報告した。よく似た家庭とくらべて、自分は電気をたくさん使っているのか、それとも少ないのかがわかるものだ。

社会的比較にもとづく情報は、消費者への動機づけとなるものだが、そのレポートはそれだけでは終わらなかった。オーパワーではそうした情報に、電化製品の買い替えや、電源のオン・オフ、テレビの設定の調整といった、消費者ごとにカスタマイズした省エネ対策のアドバイスを組み合わせて提供したのだった。

このプログラムによって、人々の電力消費は約二％減少した[15]。消費者ひとりだけなら、たいした減少ではないが、国全体で考えるとそのインパクトは絶大だ。オーパワーのプログラムは、サービスの開始以来六テラワット時以上の節電につながっている[16]。換算するとそれは六兆ワット時、つまりアラスカとハワイの全世帯、人口にすれば二一〇万人の人々が一年間電気の使用を完全にやめた場合に相当する。

だが、オーパワーは、単にエネルギーの消費を減らしただけではなかった。同社はまた二酸化炭素の排出量の削減にも貢献したのだ。そうして削減した二酸化炭素の量を累積して考えると、その影響力の大きさは、フットボール場二万四〇〇〇個分のアメリカの森林を救うこと、もしくはシカゴの街から一年間車を全部取り去ったのと同じくらいになる。

他者との比較にもとづくパフォーマンスについての、ちょっとしたフィードバックとしては悪くない結果だ。

おもしろいことに、この訴求方法は効果があると思うかどうかを事前に尋ねたとき、サンマルコスの住民のほとんどは、うまくいかないだろうと答えていた。友だちや近隣の住民が省エネをしているかどうかが気にならなかったのだろうか？　もちろん、少しは気になっていた。だが、そんなことは、環境保護や家計の節約ほど重要なことではないと思っていたのだ。

しかし、それは間違っていた。よくあることだが、人々はここでも他人が自分の行動に与える影響を小さく見積もっていたのだ。

＊＊＊

さて、仕事をがんばったり、節電をしたりするうえで、他人の存在が動機づけになることははっきりしたが、では、自分のパフォーマンスが、他者とくらべてどんな位置にあるかは関係してくるのだろうか？

## 不利だからこそやる気が出る

あなたはスポーツ賭博には興味はないかもしれないが、でも、仮に友人の誰かに「一万ドルあげるから」と言われて、バスケットボールの試合でどちらが勝つかに賭けてみることになったとしよう。ハーフタイムの時点で、勝つと思うほうのチームを選ぶのだ。賭けたほうのチームが勝てば、一万ドルはあなたのものになる。そして、負けたとしても、何も失うものはない。

この幸運が（そして友人の寛大さが）現実のことなのか、ほっぺたをつねってたしかめてから、あなたはどちらのチームに賭けるべきかに神経を集中させて試合を観ることにした。展開の早い試合で、どちらのチームにも勝つ見込みはありそうだ。双方逆転を繰り返したのち、一方が八点リードした。相手方も追い上げ、ふたたび逆転が続いた。そして前半の終了時には、一方のチーム（〝ワシントン・ウィナーズ〟としておこう）が、もう一方のチーム（こちらは〝ルイヴィル・ルーザーズ〟としておこう）を一点リードしていた。

さて、あなたなら一万ドルをどちらに賭けるだろうか？　ハーフタイムで勝っているチームに賭けるか、それとも、負けているチームに賭けるか？

ほとんどの人と同じように考えるなら、おそらくあなたは勝っているチームを選ぶだろう。なにしろ、どんな厳しい試合でも、会社での営業成績争いでも、直感にしたがえば、リードしているほうに分があると思うのが当然だ。ホッケーの試合では、前半でリードしているほうが、全体の三分の二以上の試合で勝っているし、野球の試合では、三回まで終了した時点でリードしているほうが、四分の三以上の試合で勝っている。バスケットボールだって同じだろう。途中でリードしているチームのほうが勝つ傾向が強いし、その傾向は得点差が大きくなるほど強くなる。たとえば、ハーフタイムの時点で、四点差でリードしているほうのチームが勝利する割合は、全試合の六〇％にのぼり、これが八点差だと八〇％になる。

このような傾向があるのは、当然のことともいえる。そもそも勝てるチームはよいチームであることが多く、したがって、それが途中の時点でもリードしていることが多い理由のひとつでもある。

だが、負けているほうのチームにも勝てる可能性は残されている。とはいえ、当然のことながら、勝ちたいのならば、対戦相手よりもたくさん得点しなければならない。

しかし、途中の時点で後れをとっているということが、ときに有利にはたらくということはあるのだろうか？　ときに、負けていることが、実は人々を勝ちに導きやすいということはあるのだろうか？

これまでの私の人生の中で、もっとも楽しく、しかしながら、もっとも力がためされることになった経験のひとつに、子供のサッカーのコーチというのがある。大学生のころ、何か学業から頭を切り離して取り組めるような課外活動はないかと探していたとき、ナイキが主催するプログラムで、大学生が子供たちにスポーツを教えるものがあるという話を友人から聞いた。子供のころ、父がコーチをしていたこともあり、私自身もサッカーが好きだったので、さっそくやってみることにした。

それからの数カ月間、私は毎週火曜と木曜の放課後を、米ユース・サッカー・オーガニゼーション（AYSO）のイースト・パロアルト支部に所属する十八人の少年たちと過ごすことになった。素晴らしくもクレイジーな十一、二歳の少年たちのコーチ兼お目付け役として過ごすことになったのだ。子供たちと一緒に、コンディションを整えるためにトラックを走り、パスの練習をしてチームワークの向上を図り、ドリブルでコーンをまわって、自信と競争力を培うための練習に取り組んだ。ときには練習をさぼって、フィールドで追いかけっこをしたりもした。最高のコーチではなかったけれど、わずかながら持っていたサッカーの知識を子供たちに伝え、彼らがよいプレーヤーになれる手助けができるよう努めた。

全体としては強いチームだった。長身で、自信過剰だが器用なフォワードもいたし、少し背が低いが、大量に得点を上げる俊足がいた。強力なディフェンスもふたりいたし、疲れ知らずで知恵のはたらくミッドフィールダーもそろっていた。

ところが、肝心の試合となると、ムラの多いチームだった。いい試合をすることもたしかにあった。はじめて〝ギブ・アンド・ゴー［前方にいる見方にパスを出すと同時に走って、リターンパスを受ける］〟を見せてくれたときには、思わず泣きそうになった。子供たちが練習で学んだことを吸収して身につけていくのを見るのは、素晴らしいことだった。

だが、ぜんぜんダメなときもあった。何週間もかけて、何十回と繰り返し練習したことが、まったくうまくいかない。練習の回数に関係なく、試合にうまく生かせないことがあるのだ。

コーチの私にできることといえば、サイドラインの上を行ったり来たりすることくらいしかない。プランを練って改善する努力も大切だが、他人にやる気を起こさせるのはまた別のことだ。私は選手を交替させることはできても、試合を支配しているのは子供たち自身だ。

唯一、立て直しのチャンスが私に与えられるのがハーフタイムだ。芝生の上に集まって輪になって座り、水を飲んだり、オレンジを食べたりしながら、気もそぞろな子供たちとともに戦術を話し合った。いま何をしているのか、何を改善しないといけないのか。ときどき、「きみはできるんだから！」とか、「取りにいけよ！」とか、そういった言葉をかけて励まそうともした。そして、後半が始まるのだが、休憩中に私が伝えようとしたこととは、ほとんど無関係に試合は進んでいく。

だが、話したことが選手たちのプレーに影響しているようには思えなくても、ハーフタイムで勝っていたか負けていたかは、後半のプレーに影響しているようには見えた。前半でリードしているか、または同点の場合は、後半はまあまあのプレーになり、結果、勝つときもあれば、負けるときもある。ところが、前半で負けているときには、ちょっと違ったことが起きるのだ。つまり、子供たちのモチベーションが上がっているように見えた。たとえば、前半0－1で負けていたのが、後半巻き返して3－2で勝ったり、前半2点先取されて、1－3でハーフタイムを迎えたのが、後半逆転して5－3で勝ったりという具合で、出遅れたときのほうが、うまくやれているように見えたのだ。

コーチである私は、何がなんだかさっぱりわからなくなった。前半で負けているのに、勝てるのであれば、なぜ〝いつも〟そのくらいうまくやれないのだろうか？　スキルも気力も充分そなわっていることはあきらかなのに、なぜ、前半で負けているときにしかその力が発揮できないのだろうか？

ひとつのチームがある試合に勝つか負けるかを決める要因はたくさんある。対戦チームとの相性、スキル、ホームでの試合のアドバンテージ、天気に左右されることもある。けれども、私のチームのパフォーマンスが示したパターンは、もっと大きなものではないだろうか？

＊＊＊

行動経済学者のデヴィン・ポープと私は、それをたしかめることにした。サッカーは全体に争う得点数が少ないスポーツであり、また子供たちの試合の結果から、分析に耐えるだけのデータを集めることはむずかしい。そこでわれわれは、プロのバスケットボールの試合データを検証してみることにした。

われわれは五〇年以上にわたっておこなわれた試合の結果を分析した。その間に実施されたNBAの試合は、全部で二万回を超えていた。デヴィッド・ロビンソンがプレーしたサンアントニオ・スパーズの試合から、ポール・ピアース、レイ・アレン、ケヴィン・ガーネットらがいたボストン・セルティックスの試合まで、あらゆる試合の記録がそこにあった。それらの記録の中から、ハーフタイムの得点と、最終的にどちらが勝ったかの試合結果を抜きだしていった。

よく言われるようにホームのアドバンテージがあるせいか、どのチームもアウェーの試合よりも、ホームでの試合のほうが勝てる傾向が強かった。シーズンの勝率の高さで示される、調子のよいチームは、さらに勝てる傾向が強かった。そして、驚くまでもなく、前半終了時点で大きな得点差でリードしているチームのほうが、最終的に勝っていることが多かった。その得点の開きも二点大きくなるごとに（つまり、同点よりも二点差、二点差よりも四点差のときのほうが）七％勝ち試合が多くなっていた。

これなら理屈が通る。先に勝っているほうが勝っているのだから。

ただし、例外がひとつあった。得点差が0に近い場合だ。その場合に限っては、負けているほうのチームが勝ちに転じていたのだ。

たとえば、一点差で負けているチームがあったとしよう。それ以外のすべてが示すところによれば、このチームは一点差で勝っているチームよりも勝てる可能性が七％低いことになる。そのチームの出来や、ホームの試合であるかどうかをはじめ、その他の要因をすべて加味しても、一〇〇試合のうち、ハーフタイムで一点負けているチームは、一点差で勝っているチームよりも勝てる試合の数は七試合少ないはずだった。

しかし、実際はそうではなかった。

実は、**前半終了時点で一点差で負けているチームは、最後には勝ちやすい**。後れをとっていることでチームが勝てる可能性が高くなる（八％前後）ばかりでなく、実際に、一点差で負けていたチームのほうが多くの試合で勝っていたのだ。たとえチームの出来がいいわけでなく、勝つためには対戦相手より多く得点しなくてはならなくても、だ。[17]

だから、もしお金を賭けなければならないのなら、ハーフタイムで一点差で負けているチームに賭けるのが実は安全なのだろう。[22]

では、なぜ負けているチームが勝てるのだろうか？　それを調べるために、何人かの人たちにある簡単なゲームをしてもらった。

今あなたの目の前に、コンピューターのキーボードがあるとしよう。キーボードの左端、ちょうどQの手前の位置にはAのキーがある。そして、キーボードの手前の列のVとNのあいだにはBのキーがある。あなたは、Aのキーに指を置き、そして別の指をBの上に置き、それらの二つのキーをできるだけ素早く、連続して交互に打つ。A、B、A、B、A、B……。

これらふたつのキーを順番に叩くごとに、一点がもらえる。速く叩けば叩くほど、得点は増えていく。世界でいちばんおもしろいゲームとはいえないが、簡単にできるゲームではある。

さて、今度は、同じゲームで誰かと勝負をするところを想像してみてほしい。対戦時間は、短い休憩（ハーフタイム）をはさんで、前後半に三〇秒ずつ与えられる。最終的に得点の多かったほうが勝ちとなり、少額ながら賞金がもらえるというものだ。

ハーフタイムには、参加者のグループごとに、それぞれ異なる情報を伝えた。何も言われないグループもあれば、ほかの参加者と比較したフィードバックをもらえるグループもあるという感じだ。後者には、オーパワーの電気使用状況のレポートと同様に、ほかのプレーヤーとくらべて、自分はどのくらいうまくやれているのかについての情報が与えられたのだ。

後れをとっていることの効果を調べるために、比較にもとづくフィードバックの内容には操作を加えていた。レポートを受け取るプレーヤーには、ほかのプレーヤーは一点リードしている、したがって、本人らは一点後れをとっていると伝えたのだ。そして、彼らがゲームの後半にどのくらいがんばるかを測定した。彼らが叩くキーの回数は、果たして増えたのか、それとも減ったのか？

**自分が後れをとっていると思うと、モチベーションは上がる。**フィードバックをひとつももらわなかったプレーヤーとくらべて、後れをとっていると知らされたプレーヤーの努力は三倍以上に向上していた[23]。

人は、競争によって、評価基準、すなわち自分がどのくらいうまくやれているかを測るための

22　大学バスケットボールでも同じことがいえる。四万五〇〇〇試合以上の分析によって示されたのは、NCAA大学バスケットボールの試合においては、ハーフタイムで負けていることが、そのチームが最終的に勝利する確率を大幅に押し上げていることだった。そして、負けている場合の得点差が小さいほど、より勝ちにつながる傾向は強くなっていた。NCAAのトーナメントは六四チームに拡大されたため、第九シードのチームであれば、第八シードとの五四％の試合で相手を下したことになる。大きな差ではないが、第八シードがより強いチームであるはずだということを考慮すれば驚くべきことだ。

23　この実験では、バスケットボールのデータでは補正できなかったいくつかの事項を除外した。もしかしたら審判が、負けているチームに声援を送ったり、休憩を与えたり、ファウルの判定を甘くしたりして、勝てるチャンスを多く与えているかもしれない。あるいは、もしかしたらコーチたちは、チームが勝っているときよりも負けているときにプレーヤーたちを励ますのがうまいのかもしれない。私たちがおこなったほかの実験では、このような疑問が浮かび上がったが、そのときでさえも、データからそれらを除外することはできなかった。しかし、この実験ではできた。コーチや審判がいないときでも、参加者は対戦相手より少し遅れをとっていると思ったときには、よりいっそうがんばった。

尺度を得ることができ、それによりモチベーションが左右される。五〇〇〇メートルを走るとき、テストを受けるとき、あるいは営業で他社を訪れるとき、私たちは自分の目標を決めてそれに取り組むことがよくある。二〇分以内で走りたいとか、Aの評点をとりたいとか、今月は新規顧客を十社増やしたい、とかいう目標だ。

一方、**その目標に対する自分のパフォーマンスは、どのくらいそれを続けることに力を注げるかに影響する**。次に挙げる例を少し考えてみてほしい。

チップとジョージは筋トレが好きで、ふたりとも自分の計画に沿って、一日二五回の腹筋運動をおこなっていた。ある日、チップは目標を腹筋三七回に設定しなおし、ジョージは三三回にした。ふたりとも、三五回まで続けたところで疲れを感じ、よくてあと一回、もしくは二回がやっとの体力しか残っていなかった。

さて、ここに書かれている、あと一回か二回の腹筋運動を、がんばってやり遂げることができるのはどちらだろうか？　チップだろうか？　それともジョージ？

この場合、あと一、二回がんばれるかどうかなら、ジョージよりもチップだろうと多くの人は思うだろう。なぜなら、彼はまだ目標を達成していないのだから。[18]三五回はできたけれど、彼の目標は三七回だ。あと一息で、チップは自分が設定した目標を達成できる。目標を達成して気分をよくしているジョージに対して、チップはまだ目標に届かず不満を抱えているかもしれない。そして、その不満がもっとがんばる動機づけになる。先を行っている場合にくらべて、後れをとっているほうがモチベーションは高まるのだ[19]。

後れをとっていることがモチベーションに与える効果は、最終目標に対してだけでなく、途中の成績に対しても発揮される。もし今月新規顧客を十社獲得するという営業目標を掲げていたとして、半月が過ぎた時点でまだ四社しか達成できていないならば、その時点で八社獲得できている場合よりも満足感は少ないだろう。自分たちが思い描く理想的な軌道にまだ乗れていないことが、さらなる努力をするための動機づけとなるのだ。

競争がモチベーションに影響するのも似たような理由だ。あらかじめ設定した目標（腹筋三三回とか新規顧客十社とか）に照らして、自分がどの程度うまくやれているのかを判断する場合と同様に、人は他者を基準に判断していることもよくある。バスケットボールの試合で勝てるかどうかは、自分のチームが何点取るかだけでは決まらない。勝てるかどうかは相手チームよりも多く得点できるかどうかにかかっている。一〇七四キロワット時は、一カ月の電力使用量としては多いのだろうか？　それを判断するのはむずかしいが、もし隣人の使用量がそれより少ないとわかれば、人はそのギャップを埋めようとするのではないだろうか。

他人よりうまくやれることには、明確かつ感動的な報酬がついてくることがある。いちばん数多く顧客訪問をこなした者にはボーナスが出るとか、ショットの数がいちばん少なかった人がゴルフのトーナメントで優勝するなどだ。

また、満足感が報酬となる場合もある。勝つ方が負けるよりも満足感がある。隣人よりも電気の使用量が少ないほうが、たくさん使っているよりも気分がいい。

つまり、**他人に後れをとっているということは、よいパフォーマンスを実現するための動機づけとなりえる**のである。ハーフタイムで一点負けているチームは、ロッカールームから出てくるときには心が燃えていた。後半戦では、最初の数分間にすべての失策を消し去るほどにがんばった。ちょうど、AとBのキーを叩く私たちの実験で、前半で負けていたほうの参加者が必死でキーを叩いたように。そして結果的に、前半負けていたチームのほうが勝つ可能性が高まるのだ。

だが、後れをとっていることは、どんなときもモチベーションの向上につながるのだろうか？

## 負けが負けを呼び寄せるとき

リカルド・〝パンチョ〟・ゴンザレスは、史上もっとも優れたテニス・プレーヤーのひとりだ。一九二八年カリフォルニアのロサンゼルスに生まれた彼は、テニスの世界では数少ないメキシコ系アメリカ人のスター選手だった。十二歳で母親から五〇セントのラケットを持たせてもらったときから、彼は後退することはなかった。人に教わる機会はほとんどなかったが、自宅近くの公営テニスコートでプレーしている人々を観察してテニスを覚えた。十九歳になるころには身長が六フィート三インチあり、その長身を生かした高速サーブで対戦相手を圧倒した。

ゴンザレスは、八年連続で世界のベストプレーヤーとしてランキング入りを果たした。そして、選手人生を通して、二度のグランドスラムを含む十七の大きなシングルスのタイトルを獲得した。『スポーツ・イラストレイテッド』誌が、二〇世紀の好きなアスリートの特集を組んだとき、ゴンザレスを十五位に選び、もしも地球の運命がテニスの試合で決まるとしたら、人類の代表としてサーブをお願いしたい選手だ、というコメントを載せていた。

そのようなゴンザレスが戦った試合のなかで、もっとも特別だといえるもののひとつに、一九六九年のウィンブルドンでのチャーリー・パサレルとの対戦がある。ゴンザレスは当時四一歳で、すでに孫がいた。対するパサレルは、ずっと若い（二五歳）ばかりでなく、ゴンザレスのもとで練習を重ね、彼のストロークを手本にテクニックを身につけた選手だった。

試合は、開始から両選手ともサーブをキープした。ゴンザレスのサービスゲームはゴンザレスが取り、パサレルのサービスゲームはパサレルが取った。そしてそれが繰り返され、五ゲーム、十ゲーム、十五ゲームと続いた。何度となくゴンザレスはセットポイントをセーブし、負けを回避した。そして二〇ゲーム、三〇ゲーム、四〇ゲームと続き、ついに、第四六ゲームにして、ベースラインのギリギリにロブを放ち、パサレルがゴンザレスのサーブを破った。こうして、第一セットは、24－22で、パサレルが先取した。

第二セットは、午後七時すぎに始まった。どんよりと曇ったロンドンの空は、日が暮れ始めていた。ゴンザレスは視界が悪くなっていたことに対し不満を述べたが、トーナメントの審判は耳を貸さなかった。それで怒っていたからか、よく見えなかったからかはわからないが、ゴンザレスはこのセットも逃した。しかし、今度は決着が早く、1－6で終わった。このセットが終わったところで試合は翌日に持ち越された。

翌朝は天気がよく、接戦の試合は再開された。ゴンザレスは、たわんでも折れることはなく、セットは、6－6、8－8、そして10－10と続いていった。パサレルは、かつての師を打ち負かそうとするプレッシャーを感じ始めていた。そして、二九セットが終わったとき、パサレルは、ダブルフォルトを二度繰り返し、第三セットは14－16で敗れた。

そこで潮目が変わった。パサレルはまたもダブルフォルトを犯し、第四セットも3－6で負けた。試合は二セットオールとなった。ゴンザレスは疲れを見せ始め、ポイントごとにラケットに寄りかかる感じで、時間を稼いでいた。だが、あきらめはしなかった。パサレルは何度も何度もゴンザレスを追い詰めたが、とどめを刺すことはできなかった。ゴンザレスが4－5でサーブを打ったとき、得点できず0－40と不利な形勢になったが、このときにはパサレルのロブも試合開始直後ほどの威力はなくなっていた。ゴンザレスもねばり、七回のデュースが続いたあと、5－5まで追い上げた。

次のゲームはパサレルが取ったが、ゴンザレスもふたたび0－40から追い上げて6－6となった。ふたたび両者の勢いは拮抗し、得点は膨らんでいった。最終的に、ゴンザレスが最後に十一ポイント取って、11－9でファイナルセットを取り、試合はゴンザレスの勝利に終わった。試合は五時間以上続き、ゲームの数は一一〇を超えていた。ウィンブルドンの歴史の中で、シングルスのマッチとしては最長のものである。

この壮絶な対戦は、ウィンブルドンが一九七一年にタイブレークを導入したひとつのきっかけになった。それまでのように二ゲーム差になるまで永遠に続けるのではなく、6－6になった時点で、タイブレークを適用して勝者を決めるようになったのだ。[24] 交替でサーブを打ち、七ポイント先に取ったほうを勝ちとする（ただし二ポイント以上差があることが条件）やり方だ。タイブレーク方式でもゲームはしばらく続くことがあるが、それでも、ゴンザレスとパサレルの対戦ほど長い試合になることは少なくなった。

われわれがおこなったバスケットボールの試合結果の調査と同様に、テニスの試合で負けていることが、どのくらいパフォーマンスに影響するかという疑問を抱いた経済学者がいた。[20] タイブレークで負けると、その試合の残りのゲームでプレーに影響するのだろうか、ということだ。

何千試合ものテニスの対戦結果を分析した結果、彼はその答えがまぎれもなくイエスであるこ

24　ただし、ファイナルセットは例外で、タイブレークが適用されない。

とを確認した。しかし、その影響は、われわれのバスケットボールの調査とは逆方向にはたらいていた。テニスの調査では、リードしている選手がそのあとさらにうまくやれるのではなく、負けている選手が、その先もっと悪くなってしまっていた。第一セットをタイブレークで逃した選手は、第二セットでは平均して一ゲーム多く負けていた。

なぜそんなふうになるのだろうか?

途中で負けていることの影響の出方に違いがあるのは、ふたつのスポーツに違いがあるからではないかと言いたい気持ちはある。バスケットボールはチームスポーツであり、テニスは個人競技だ。バスケットボールの試合は一時間以内に終わるが、テニスの試合は、場合によってはその二倍、三倍かかる。ほかにも違いはたくさんある。

だが実は、その影響の仕方は、バスケットボールとテニスの違いにはあまり関係がない。むしろ、得点の開き、もしくは負けているほうがどのくらいひどい負け方をしているかに、より深く関係している。

人は、目標が近づいてくると、よりモチベーションが上がる。コーヒーショップやベーグルショップ、そのほかいろいろなスタンプカードを例に考えてみることにしよう。こうしたカードは、何度も同じ店で買い物をしていると、無料で何かがもらえるようになっている。コーヒーを九杯買えば、十杯目が無料になったり、ベーグルを五個買えば、六個目が無料でもらえたり。このような見返りは、人々の再来店を促すためのものだが、どの程度の動機づけになるかは、あとどれだけでそれがもらえるかによって決まる。カードをつくったばかりの人とくらべてみれば、もうすぐスタンプがいっぱいになる人のほうが、買うスピードが上がる。[21]もう少しでゴールにたどりつくと思えばモチベーションが上がり、また近いうちに同じ店を訪れることになるのだ。

同様の行動パターンは動物にも見られる。[22]ラットのケースでは、迷路に入ったばかりよりも、報酬（チーズなど）が近くなったほうが速く走る。近づけば近づくほど、よりモチベーションが上がるのだ。

そして、**競争においては、問題は負けているかどうかだけではなく、どの程度負けているかが重要な要素になっていた。少しだけ後れをとっている場合には、ずっと後れをとっているときとくらべて、勝利という目標達成にずっと近いところにいるため、モチベーションが上がることが多い。**

ハーフタイムで一点負けているチームを例に考えてみると、目標はすぐそこにある。迷路のなかで、すでに角を曲がってチーズを目にしたラットと同じなのだ。ディフェンスを崩さず、あと一本シュートを決めたら、そのギャップは埋められる。あと少しだけがんばれば、負けから勝ちへと転じることができる。バスケットボールの実況アナウンサーが言いそうな台詞のように、彼らはそれが味わえそうなくらいに、もうすぐそこまで来ているのだ。

では、そのチームを、もっとひどい負け方をしているチームとくらべてみるとどうだろう。たとえば、八点負けているチームならどうか。まだ試合が終わったわけではないが、勝利がすぐそこにあるわけではない。ディフェンスでいくつものパスを止め、これからまだ何本もシュートを決め、そして、たくさん走らなければならない。彼らと勝利のあいだには、大きな隔たりがある。勝利のにおいは嗅ぎとれるかもしれないが、それを味わうには遠すぎるのだ。

**自分がずっと後れをとっているとき、それ以上のやる気を奮い起こすことはむずかしい**。八点負けているチームも、まだ勝ちたいとは思っていても、あまりに大きく引き離されているので、勝てる見込みはなさそうに思ってしまう。それに、巻き返しができるという確信がなければ、それ以上がんばることもむずかしい。

こんなふうに、社会的比較によって、モチベーションは上がることもあるが、下がってしまうこともあるのだ。

では、八点差にとどまらず、二〇点、あるいは二五点負けている場合はどうだろうか。得点差があまりに大きすぎて、勝てるチャンスはほど遠い。追いつくためにしなくてはならないことがあまりに多すぎて、それが可能なことなのかどうかさえ疑問に思えてくるだろう。だから、気持ちはあきらめに向かっていく。**成功が不可能に見えてくるような状況では、モチベーションは下がっていく**。**競争がやる気を失わせてしまうのだ**。

そして、それがタイブレークで負けたテニスプレーヤーに起こったことだ。試合に勝つことが不可能になるわけではないが、それでもずっとむずかしくはなる。三セットマッチでは、二セット取ったほうが勝ちになる。だから、第一セットをタイブレークで逃したプレーヤーにとっては、あと半分で勝てるところから、あと半分で負けるところへ行ってしまったことになる。この後れは、少しではなく大きい[25]。

このように、相対的なパフォーマンスの変化が急激に起きる場合には、とくにやる気をなくしやすい。もちろん、後れをとるのは気分のよいことではないが、しかし、かなりリードしていたのに負けてしまうのは、とくに気分が悪い。それは、まるで昇進のリストの中で自分はトップにいると思っていたのに、実はいちばん下にいたのがわかったみたいなものだ。底辺にいること自体、気分のいいことではないが、頂点がすぐそこに見えていたならば、それはいっそうひどく感じられるものだ[26]。

25　オーパワーに関する調査では、かなり後れをとっているという事実がモチベーションを低下させたという結果が出ていないことは注目に値する（Allcott, 2011）。となりの住人のほうがずっと電気の使用量が少ないといわれた家庭が、あきらめたり、電気の使用量を気にするのをやめたりすることはなかった。どちらかといえば、データによって示されたのは、もともといちばんたくさん電気を使っていた人々が、もっとも大幅な節電を実行したということで、プログラム開始直後に、よそよりたくさん電気を使っていた家庭の電力使用量の減少がもっとも大きかった。
しかしながら、これが心理的な効果によるものか、もっと機械的な理由によるものかは不明である。同じ二キロ体重を減らすのでも、二〇キロオーバーしている人のほうが、三キロオーバーしている人より簡単にできるのと同じで、電気をたくさん使っている家庭のほうが、節電できる幅が単純に大きい。また、いくつもの方法をためしたことがそれまでなかったかもしれないので、より簡単に電力使用量を減らすことができたのかもしれない。

驚くまでもないことだが、あまりに大きく後れをとってしまうと、人はやめてしまうこともある。[23]あきらめて、全部投げだしてしまうわけだ。

しかし、おもしろいことに、他人に後れをとっていることだけがやめる理由にはならない。人が何かをやめるかどうかは、その人がもともと、他人とくらべてどの程度うまくやれると人々が期待していたかにもよる。

＊＊＊

テニスの試合では、本命とされる選手が出てくることがよくある。ほかの大会での最近の成績にもとづくランキング順位の高い選手だ。同様に、政治家の場合も、多くの人は、無名の新人よりも現職が勝つだろうと予測する（もちろん、在任中の実績がよい場合に限られるが）。

しかしそこで、本命選手はいいパフォーマンスをするはずだが、この期待によってしばしば余計な負荷がかかることになる。人々の期待が、負ける可能性（そして期待を裏切ってしまう可能性）をさらにひどいものにしてしまう。もともと勝ち目の薄い選手が負けたとしても、負けた本人にそれほどひどく跳ね返ってはこない。予想されていたことなので、負けた人に対する人々の見方は変わらない。だが、本命が負けたら、人々の印象によりネガティブな影響を与えることになる。彼らは勝つことを期待されているので、それ以下のどんなものも、その本命選手は結局はそれほどすごくないのかもしれない、というシグナルを発することにしかならない。

競争に参加する人たちが、**セルフハンディキャッピング**の方法を探すことがあるのはそのためかもしれない。よいパフォーマンスができなかったときの言い訳だ。

たとえば、翌日の大きなプレゼンテーションが心配になった人が、逆説的ではあるが失敗したときに便利な言い訳になるという理由で、夜遅くまで起きているということがあるかもしれない。そうすれば、もしうまくやれなくても、弁解の理由ができる。自分の能力を問題にすることなく、〝ゆうべ遅くまで起きていなかったら、絶対にうまくやれたんですけどね〟と、言えばいいのだから。

やめてしまうことにも、よく似た効果がある。そのままねばり続けて負けるよりも、やめてしまったほうが、もしも続けていたとしたなら、勝っていただろうという考えを捨てずにいられる。実際のところ、そううまくはいかないものだとしても、本当は自分たちのほうが強いのだからと思っていられる。

26 勝っていることもモチベーションの低下につながるが、それにはまた別の理由がある。競争において、相手方よりずっと優位に立っているときには、ほぼ確実に、勝者の冠は自分のものになると思えてくる。よっぽどのことが起こらないかぎり、もう負けることはない。そう思うと、人はアクセルを踏む力を緩めるものである。そのままがんばり続けるよりも、現状に満足して惰性で動くようになる。たとえば、有名なイソップの『ウサギとカメ』の寓話にあるように、スタートから前に出て、カメを大きく引き離したウサギは、そんなレースは簡単に勝てると高をくくっていた。ところが、ウサギはあまりにも自信があったので、途中で昼寝をしてしまう。そして、目が覚めたときには、すでにカメはゴールしていたというわけだ。

しかしながら、心に留めておきたいのは、慢心が入りこんでくるのは、対戦相手を大きく引き離してリードしている場合のみである。僅差で勝っているだけなら、慢心に陥ることはない。

研究者たちは、同じ理由で、**本命選手といわれる人たちが棄権しやすい**ことを指摘している。[24]負けの多い選手とくらべて、テニスの世界で本命といわれる選手たちは、大会の途中で棄権することが多い。そして、その傾向は、大会開始の時点でランキングの高い選手のほうが強く、とくに第一セットを逃したときには、文字通りにも、比喩的にもタオルを投げることになりやすい。当然勝つことが期待されているけれども、目の前の試合では実際に負けそうになっている選手にとっては、途中でやめることが面目を保つ手段になるのだ。

個人でも組織でも、競争からこぼれ落ちることはよくある。バスケットボールの選手は、ジャンプシュートのあとで歩けなくなって、残りの試合をベンチで見ているだけのことがある。選挙戦の途中で立候補を辞退し、多くの時間を家族と過ごそうとする政治家もいる。入札者のリストから社名を外してもらい、別の戦略を優先する企業もある。

もちろん、正当な理由があってやめる場合もあるだろう。選手が脚を痛めたとか、政治家が家族を大事にしたいとか、また契約内容が自社のビジネスにそぐわないとかいった場合だ。

しかし、場合によっては、途中でやめることが、失敗の回避を可能にする賢明な防御のメカニズムを提供してくれることもある。やめることによって、私たちは本当はやればできたかもしれないという考えを持ち続けることができる。やめずに続けてさえいたら、そして、最後までやりさえしたならば、きっと自分たちは勝てたのだ、と。

## 社会的影響力を味方にしよう

こうした考えはどこへつながっていくのだろうか？　営業チームにやる気を出させたいときも、学生たちの学習意欲を向上させたい場合でも、社会的比較は、強力な動機づけの力になる。ほかの人にくらべて自分がどのくらいできているのかという感覚を与えることは、がんばる意欲を掻き立てたり、目標達成への意欲を促進したりすることがある。だが、同時に、慎重にデザインしなければ、社会的比較によって、人々のモチベーションが低下し、あきらめや、やめてしまうことにつながることもある。

残念ながら、多くの企業や学校で採用されているのは、〝勝者が全部をもっていく〟モデルである。四半期でいちばん営業成績のよかった者だけが昇進し、いちばん成績のよかった学生が総代に選ばれ、卒業式でスピーチをする。

この戦略は、トップを争うチャンスのある人々の動機づけになる一方で、自分には勝ち目がないと思っている人からはやる気をそいでしまうことも多い。リーダーとして半分の売り上げしか達成できていない人は、ずっと後れをとっていると考えて、やめてしまうかもしれない。CやDの成績ばかりとっている学生も、同様に感じているかもしれない。Aなんて、とうてい取れそうにないのに、続けている意味があるだろうか？

忍耐を促すためのひとつの方法として、比較の対象を少なく保つというやり方がある。大きなグループを分割して、パフォーマンスをもとにいくつかの小さなグループに分ける。ゴルフのトーナメントでは、似たような方式で参加者をグループに分けている。そうすることでゴルファーたちは実力レベルの似たほかの参加者と自分を比較することができ、そのためひどく後れをとっているという感覚をあまりもたずに、モチベーションを維持しやすくなる。

同様に、誰かをほかの全員と比較するのではなく、組織によっては、その人より少しだけ成績のよい個人とくらべてフィードバックをおこなうところもある。オーパワーでは、各家庭に届けるレポートには、近隣でいちばんパフォーマンスのよい家庭との比較は載せず、近隣のよく似た世帯との比較で、その家庭がどのくらいの位置にいるかを伝えている。一点だけ負けているバスケットボールチームと同じように、**自分は少しだけ後れをとっていると思わせることが、努力とパフォーマンスの向上につながるのだ**。

他の階級や企業もまた社会的比較の対象となることがある。レンタカー会社のエイヴィスは、たとえば、以前から自分たちはナンバーワンではなく、ナンバーツーだからがんばるのだと主張してきた。ハーバード大学のトッド・ロジャーズ教授とカリフォルニア大学バークレー校のドン・ムーア教授は、この考え方が政治にどう当てはまるかを調べるために、実験をおこなった。その実験では、フロリダの民主党支持者一〇〇万人以上に対して、彼らの州知事候補が世論調査でほんの少し優勢、または劣勢であると示唆したメールを送ったのだが、その結果、候補者が劣勢であると強調することによって、集まった資金が六〇％増えた。[25] 自分たちの候補が少し負けているると知ったことで、それをなんとかしようという人々の気持ちが掻き立てられたのだ。

こうした考え方は、人材を採用する際にも当てはめることができる。資質のある応募者を選び、少々難しい仕事を与えることで、よりモチベーションの高い人材を確保できることは多い。たとえば、二〇〇八年の大統領選挙のとき、オバマ陣営では、ディレクター経験の豊富な人材よりも、ディレクターの補佐を一度経験したことのある人材を好んで州のディレクターに登用したという。そのようにすれば、人件費が少なくすむことに加えて、これから実力を示したい人材のグループをあらたに生みだすことができるからだ。彼らはみな、自分は少し後れをとっていると思っており、モチベーションが高く、慢心することは少ない。[26]

採用や資金集め、あるいは省エネにおいてさえも、人間は合理的なロボットとは違っている。他人との関係で、自分がどの位置にいるかが、モチベーションに影響を及ぼすのだ。

社会的ファシリテーションはまた、人々が個人としてのベストに到達する助けにもなる。ハーフマラソンを走るためのトレーニングであっても、ほんの二、三キロ体重を落とすだけのダイエットであっても、仲間がいれば成功度を上げる手助けになる。

基本的なレベルで、仲間がいることはものごとにきちんとかかわるための有用な装置となる。週に二、三回は運動をしたいと思っている人は多いが、仕事や家族、それに生活自体が入りこんで邪魔をすることが多い。けれども、誰かがあなたを待っているなら、練習を休むのはむずかしくなる。たとえば、午後六時半に友だちとジムで会う約束をしていれば、それだけでやり抜くことができる確率が上がる。

仲間はまた努力を続けるための動機づけにもなる。自分ひとりだけだと、私たちはどうしても気が緩みがちだ。いくつかのエクササイズを続けようと決めて始めてみても、最初のふたつをやってみてきつければ、ふたつでもう充分だと思ったりしてしまうものだ。

しかし、誰かがそこにいれば簡単にはやめられなくなる。スタジアムを駆け抜けたゴキブリと同じように、人もまわりに誰かがいたほうが、力を発揮できることは多い。競争心があるならばなおのこと、トレーニングも友だちと一緒なら、ひとりでやるよりも、もっと遠くへ、もっと速くとがんばれる。あなたにそれほど競争心がない場合でも、まわりに誰かがいるだけで、計画に沿って続けていく気持ちは促進される。

トレーニングのパートナー探しがむずかしければ、誰かがいる時間に走ったり、ジムに行ったりすればいい。ひとり離れたところではなく、誰かがいるとなりでランニングマシンを使えばいいのだ。誰かがいるだけで、私たちは一一〇%の力を発揮できるのだから。[27]

27　注意しなくてはならないことがふたつある。ひとつは、自分よりずっと能力の高い人との直接的な比較を避けること。プロのランナーは素晴らしいアドバイスをくれるかもしれないが、いつも彼らと一緒に走っていると、自分はあまりに後れをとっていると感じてあきらめてしまう。自分より少しうまいか、少しできていないくらいの誰かを選ぶのが適切だ。相手が自分よりちょっとよくできていれば、もっとがんばろうという動機づけになる。そして、相手が自分より少しできなければ、少なくとも、自分がダメだとは感じない。

もうひとつは、始めたばかりのときには、とくに他人を巻きこむときには、注意しなくてはいけない。もしバスケットボールのシュートを打つのがはじめてだと言えば、誰かがアドバイスをくれるかもしれないが、一方でその人たちを不安にさせてしまうこともある。何かを教わるのであれば、よく知った人から教わったほうがネガティブな影響は起きにくいはずだ。

# おわりに：社会的影響力を味方にしよう

アメリカは、つねに機会の国としてとらえられてきた。しかし、移民たちが出会った現実は、高尚な理想とはしばしばかけ離れたものであった。一九〇〇年代初頭、あらたにニューヨークの街へ渡ってきた人々は、傾きかけた共同住宅の一室で、十二人もが肩を寄せ合って寝起きするようなことがめずらしくなかった。通りでは、子供たちが熱気の漏れでる通気口に群がって暖をとり、靴磨きや物乞いをしながら路地裏をさまよっていた。貧民街は貧困と荒廃のなかにわずかに見え隠れする希望で混沌としていた。いまにも崩れそうな木造の小屋が建ち並び、そこで人々がひしめきあって暮らしている、今日の発展途上国と見まがうような光景が広がっていた。

こうした状況に急きたてられるようにして、一九三〇年代に、アメリカ合衆国は公営住宅の開発に着手した。フランクリン・ルーズヴェルト大統領のニューディール計画の一環として、全国産業復興法により、公共事業促進局がスラムを一掃して低所得者向けの住宅を整備するよう指示が出されたのだ。そして、最初の公営住宅が一九三六年にアトランタで建設され、一九四〇年代を迎えるころには、さらに五〇以上の公営住宅がアメリカじゅうに建設された。

設計は有名な建築家に委託され、住民同士の交流が促進されるコミュニティづくりが進められた。建物の中心には子供たちの遊ぶスペースが配置され、図書館や幼稚園も団地内に設置された。当時ではぜいたく品だった、バスタブや電気コンロが備え付けの部屋もあった。

こうした公営住宅はスラムを排除する目的で建設されたが、多くはいくらも経たないうちに、それ自体がスラム化していった。物理的な劣化に加えて、修繕が滞っているうちに、カビや破壊行為が蔓延し、ゴキブリも走りまわる。突貫工事といい加減な管理は、大きな不満と高い空き部屋率につながっていった。

もとは基準を高く置き、幅広い層の入居者のために建てられたはずの公営住宅だったが、時の経過とともに人々の最後の選択肢に変わっていった。そして、貧困、犯罪、人種差別が集中する場所を表す代名詞のようにもなってしまっていた。政治家たちが、中流階級や労働者階級が多い地域への建設に抵抗したため、建てられた場所も都市のもともと貧しい地域に集中していた。そして、白人人口が都市の中心部から郊外へ流出するにつれ、収入要件の違いが人口の分離をさらに押し進めていった。やがて、公営住宅には、ほかに行くあてのない人々だけが残った。

一九六〇年代の終わりから一九七〇年代の前半にかけて、政府はアプローチを変更した。低コストの住宅を何戸つくれるかという供給の問題から焦点を移し、導入された住宅給付実験事業では需要側の問題にも重点が置かれた。特定の物件の開発に適用される、単なる〝プロジェクトベース〟の補助に代えて、各世帯にバウチャーが配られることになったのだ。この居住者ベースの支援は、一世帯の収入の二五％と公正市場家賃の差額をカバーするもので、バウチャーを受け入れているところであれば、どこでも使えるというものだ。これで人々は、ひとつの団地にしばられず、どこでも好きなところへ移動できるようになった。

バウチャーは、人々がよりよい地域へ移り住むことを促す目的でデザインされた。それがあれば、低所得層の家庭にも選択肢ができるという考え方だ。ひとつの決まった団地に押しこめられている必要はなく、住民は犯罪や貧困の少ない地域へ転居することができる。

しかし、残念なことに、多くの住民はそれをしなかった。明らかになったのは、フレキシビリティだけが問題ではなかったということだった。家賃補助の対象となる家庭は、それ以外にも障壁をいくつも抱えていることが多かった。移転先についての情報不足、差別、市場の状況、それに移動手段がないことのすべてが重なり合って、人々を貧困が蔓延するコミュニティに引きとめてしまっていた。どこへでも行けるように見えても、実際には行けなかった。

一九九二年、米国政府は、〝機会への移住《ムーヴィング・トゥ・オポチュニティ》〟という新しいプログラムを導入した。先行するプログラムがぶつかった困難を踏まえて、このプログラムでは、家賃補助のバウチャーに集中的な住宅探しとカウンセリング・サービスを組み合わせて提供された。人々に転居する力を与え、それにサポートを加えて、実行に結びつけようとしたのだ。

プログラムの運用は、大都市圏から始まった。候補となった国内二一都市の中からボルチモア、ボストン、シカゴ、ニューヨーク、ロサンゼルスの五都市が選ばれ、対象となった。

それぞれの都市では、公共住宅の管理を管轄する当局が、チラシや住宅の管理組合、その他さまざまな方法を使って参加者を募集した。参加資格は、子供のいる低所得の家族に限定された。公共住宅か、セクション8［住宅コミュニティ開発法のバウチャー制度について定めた条項］の適用によるバウチャーの対象となっている貧困地区の住宅に住んでいることが条件となった。それらは、貧困率が四〇％以上の地区に該当した。そして、応募者の四分の三は公的扶助を受けており、また半数以上は高校を卒業していなかった。

応募者が殺到したため、参加者は抽選によって決められることになった。そして、プログラムの名前が示しているように、この〝ムーヴィング・トゥ・オポチュニティ〟プログラムは、人々にただ転居をすすめるだけでなく、貧困の少ないコミュニティへの転居を促すものだった。応募者はカウンセリングと支援を受けながら、民間の賃貸物件を探すのだが、その際、移転先は、貧困線以下の人口が全体の十％未満の地域を選ばなければならなかった。こうした低所得の世帯は、公営住宅から別の公営住宅へと簡単に移転できるわけではないので、このプログラムによって、ようやくそれらの人々が、都市部のもっとも貧困の集中する地域から、まったく違う環境へと移り住む動機が与えられることになったのだった。

〝ムーヴィング・トゥ・オポチュニティ〟プログラムのこの側面は、とくに重要である。何十年にもわたり、科学者と政策立案者たちは、いわゆる〝近隣効果〟について議論を繰り返していた。貧困率の高い地域に住む人々は、さまざまな側面において損をしている傾向があるというものだ。[1]貧しい地域で育つ子供は、IQ、言語能力、そして読解力のスコアが低い傾向がある。青年期になると、学校を中退したり、攻撃性を示したり、さらには、犯罪を犯す傾向が強くなる。経済、健康、うつ、失業、アルコール依存、および精神衛生上の問題を抱える人の割合も多い。教育面の結果を含む広範囲にわたって、貧困地区に住む人々はより困窮しているのである。

しかしながら、この格差の原因はあまり明確にはなっていない。より貧しい地域で育った人々は、当然ながら、より大きな課題に直面する。犯罪率はもともと高く、学校は資金不足、そして行政サービスも質が低い。人種間の隔たりも大きい。高給の仕事は少なく、それを得るまでにはより多くの障害を越えていかねばならない。

しかし、収入、人種、教育など、家族が持つ背景もまた異なる。より貧しい地域の住民は、より豊かな地域の住民とまったく同じわけではない。

したがって、何がその格差を後押ししているのかを特定するのは困難である。個人や家庭環境なのか、それとも、居住地域そのものの影響なのか？　より貧しい地域で育った子供の成績がよくないのは、学校がよくなかったり、親の教育レベルが低いからなのか？　貧困率の高い地域に、行動や精神上の問題を抱えた人が多いのは、その人たちに原因があるのか、それとも住んでいる地域のせいなのか？

これは、氏《うじ》か育ちかという古典的な問いである。人生における成果のどのくらいは遺伝的に受け継がれたもので、どのくらいは環境によるものなのか？　その人がどんな人であるかに対して、その人を取り巻く環境はどうなのか？[2]

その答えには、重要な政治的意味も含まれる。政府はより多くの個人教育プログラム財源を割くべきか、それとも、貧困家庭のより収入の多い地域への転居を後押しするべきか？　より重視すべきは、個人の健康か、それともコミュニティの改善か？

〝ムーヴィング・トゥ・オポチュニティ〟プログラムは、これらの問題を調査するこれまでにない機会を提供することになった。ランダムに選んだ家庭をよりよい環境へ移住させ、一方で別の家庭をもとの環境に残しておくことで、居住する地域が人生の成果にどのくらい影響を与えるものかを調べる機会ができたのだ。つまり、氏ではなく、育ちを検討する機会である。

それから数年後、科学者たちがそのデータを分析したとき、目覚ましい効果がいくつか現れていることがわかった。貧困の少ない地域へ移住したことにより、大人も子供も健康と生活状態の両面が大きく改善していたのだ。[3]子供たちが犯罪の犠牲になる確率が三五％減少しただけでなく、けがや喘息発作も起こりにくくなっていた。女子のマリファナ使用や窃盗による逮捕も減少傾向にあった。大人は肥満が減り、心理的な苦痛を感じたり、うつ病になったりする傾向も減っていた。糖尿病への影響では、糖尿病薬を投与した場合と同じくらい、罹患する割合が減っていた。

しかし、中でももっとも著しいのは、経済面の効果だった。[4] 十三歳になるまでに、貧困の少ない地域に転居した家庭の子供は、大学進学率が高く、のちの人生では高収入の仕事に就いていることが多かった。そうした子供たちは、大人になってからもよりよい地域で暮らし、ひとり親になる傾向も少なかった。

そして、その効果の大きさは相当なものだった。その子供たちが二〇代半ばになったころの追跡調査によると、もとの地域から転居しなかった子供たちにくらべて、年間の収入が三三％多かったことが明らかになった。[28]

さらに低年齢で転居した子供は、もっと大きな影響を受けていた。転居時に八歳だった人の場合で見ると、その人の生涯賃金は推定で三〇万ドルを超えると予想された。[5] これはバウチャーによる補助にかかる増分費用を考えてもずっと高い効果がでているといえる。

28　育つ地域によって、生涯収入の予想額が増えたか減ったかを検討した関連研究がある。それによると、たとえば、ニュージャージー州バーゲンで育った期間が一年増えるごとに、成人してからの世帯収入が約〇・七％増えていた。これに対して、ニューヨーク州マンハッタンで育った期間が一年増えるごとに、成人してからの世帯収入は〇・五％以上減っていた。この数字だけをくらべても、大きな違いには見えないかもしれないが、二〇年分を合計すると大きな違いになる。バーゲンで育つことによって、全国平均に対して十五％近くも所得が増え、一方、ニューヨークシティで育つことで、逆に約十％下がるということになるだろう。詳しくは、http://www.equality-of-opportunity.org　を参照のこと。

よりよい地域へ移り住むことは人々の暮らしを改善し、そして長く住めば住むほど、彼らの人生はよくなっていった。

住む場所は、私たちの人生がどんなふうに展開していくかに大きな影響を及ぼすのである。

近隣効果にはたしかに多くの面がある。環境は、さまざまな理由で健康でよりよい生活の促進につながっていることはある。地域によって、マーケットに生鮮食品が多かったり、生徒ひとりに対する教師の数が多かったり、子供たちが走りまわったり遊んだりできるコミュニティセンターが多かったりするところはある。そうしたことのすべてが、より幸福度が高く、健康的で、より豊かな住民生活につながっているはずなのだ。

だが、もうひとつ重要なカギを握るのが人々、つまり、まわりにいる仲間たちだ。その人たちは、スポーツをしているのか、テレビを見ているのか？　ディベート・チームに参加しているのか、ドラッグをやっているのか？

また、あなた自身が貧困地区で育った子供であっても、豊かな地域に暮らす会社役員であっても、私たちは日々、他人に囲まれて暮らしている。となりに住む子供たち。職場の同僚。プールでとなりのレーンを泳ぐ人。

私たちの運命は、環境によって決まってしまうのだろうか？　もちろん、そんなことはない。貧しい環境に生まれることは、豊かな環境に生まれてもその先の保証がないのと同様、それで一生が決まるわけではない。

だが、**私たちは、まわりを取り巻く人々によってつねに方向づけられている。**

ときに社会的影響力は、模倣につながっていく。赤いトウモロコシと青いトウモロコシのあいだで選択をしたサルと同様に、私たちは他人の行動を情報として利用して、自分ひとりで選ぶ場合よりもよい（よりおいしい）ものを簡単に選べるよう役立てている。私たちは仲間の選択や行動を模倣するものであり、その模倣が、私たちがどんなふうに見えるかから、どんな商品やアイデアが流行するかまで、あらゆることを決定づけていくのである。

とはいうものの、人はほかの人々を惹きつけるだけでなく、同時に跳ねつけもする。私たちは、誰かと食事をするときには相手と違う飲み物を注文したり、好きなミュージシャンが売れすぎるとファンをやめたりもする。弟や妹が兄や姉からの差別化を図ろうとするように、私たちは他人から区別できる独自のアイデンティティを確立しようと必死になる。いつも違うものばかりを選ぶわけでなくても、他人とは充分に違うと感じることのできるやり方で、自分の選択をしていこうとする。

そして、私たちが他人のまねをしようとするか、逆に差別化を図ろうとするかは、その他人が誰であるかで決まる。私たちがする選択——何を着るか、学校でどのくらいがんばるか、そしてどんな仕事に就くか——は、それらのことをどんな他人がしているかに左右されているのだ。あの小さなアオガエルと同じように、私たちは自分が望ましいと思うシグナルを発するものを選び、望ましくないと思うシグナルを発する選択や行動を避けていく。

だが、それは単純にこちらでなければあちらという問題ではない。私たちは、他人と完全に同じになるのも、完全に違ってしまうのも嫌なのだ。だから私たちは、類似性と相違性のあいだを縫うようにして、ほどよく違ったものを選び、行動する。ゴルディロックスがしたように、両極端を避けるのだ。私たちは、目新しさの誘惑と、親しみのあるものの心地よさをほどよく混ぜ合わせた、ほどほどの似た感じが好きなのだ。

結局のところ、まわりにいる人々は、私たちがする選択に影響を及ぼすだけでなく、行動の動機づけにもなる。他人の影響によって、私たちは自転車を速く漕いだり、もっと省エネに励んだり、負けている試合で逆転勝ちをしたりする。かと思えば、大きく後れをとってしまったときには、やめる方向へ進む後押しにもなる。開いてしまった差があまりに大きいので、もうあきらめてしまおうというふうに。

しかし、私たちのすることのほとんどが、他人によって方向づけられていくのだとしても、多くの場合、自分ではそれに気づいていない。私たちはみな、自分以外の誰かが、社会的影響力を受けている例を挙げることはできるが、**自分自身もその影響を受けていることを認識するのはずっとむずかしいものなのだ。**

本書の最初のほうで、大学生を対象にした、見た目の魅力の判断に関する実験を取り上げた。

心理学者のリチャード・モアランドが見いだしたのは、より頻繁に授業に出ている学生のほうが、より魅力的に見られているという結果だった。人は、より頻繁に目にする人のほうを、より好きになるのだ。

それより何年かまえ、大学生だったモアランドは、コロラド州はボールダーで〈ジョイス〉の店と呼ばれる地元の青果店でアルバイトをしていた。「はじめに」で紹介した架空のカップルと同様に、同じとき、同じ店で働いている若い女性がひとりいて、何度か顔を合わせているうちに、モアランドは、彼女がかなりかわいいということに気がついた。ふたりは話すようになり、それからデートをし、そして、最終的にこの同僚は彼の妻になった。

実際のところ、その青果店ではロマンスがいくつも生まれていた。従業員のほとんどは、従業員どうしで結婚している。学校と職場以外に、ここで働く人々はそれ以外の人と会う時間があまりなかったので、結局は一緒に過ごしている誰かと恋愛することになったのだ。

モアランド教授は、この女性としょっちゅう顔を合わせていただけで、彼女を好きになり、その結果、結婚に至ったということなのだろうか？

もしこの質問をされたなら、おそらく誰もがそう答えるように、モアランド教授もノーと答えることだろう。私たちは自分がパートナーに惹かれたのは、その人が魅力的だったからとか笑顔が素敵だったからだと思いたいのであって、たまたま同じ場所で勤務時間が同じだったからだとは思いたくはないものだ。

何の商品を買うかや、どんな職業を選ぶかと同じで、私たちは配偶者や友だちは意識的に自分で選んでいると信じている。私たちは、自分の好みにもとづいて選んでいるのであって、たまたまその人と何度会ったかとか、その人が誰とつながりがあるかといったことで判断しているとは思いたくはない。

しかし、それでも第三者の視点から、自分以外の誰かの行動を見ていると、やはり疑問を持たずにいることはむずかしい。

なぜなら、いちばんの根底の部分で、私たちはみな社会的動物だからだ。自分では気づいていなくても、私たちがしていることのほとんどすべては、自分以外の誰かからそれとなく、かつ驚くほどの影響を受けている。自分の人生に関わることとなれば、社会的影響力は強力であると同時に同じくらい目立たない。だが、目に見えないからといって、それがないことにはならない。

社会的影響力というものをシニカルな目で見て、人々はレミングと同じだと嘆くのは簡単だ。何も考えていない者たちが、まわりの誰かにふらふらとついていくのだ、と。たしかに、同調してはいけない場合もある。他人を模倣するという私たちの傾向は、異議を唱えるべきときに流されたり、口を開くべきときに黙りこむほうにはたらくことはあるものだ。

とはいえ、社会的影響力それ自体は、良いも悪いもない。もし人々が悪意のある人についていくなら、世界はもっと悪意に満ちたものになっていくだろうし、善意の人についていくなら、もっとよい世界になっていくだけのことだろう。

私たちには、自分がどんな影響を与えるかを選択することもできる。社会的影響力には行動に与える大きな力がある。しかし、それがどのようにはたらくかを理解することができれば、その力を味方につけることができるのだ。社会的影響力の負の側面を避けて、その利点を利用すればよい。個性を失うことなく群衆に呑まれてしまうのを避けることは可能だ。そして、対人的な交流をもっと充実させ、もっと成功し、そして他人の力を借りて、より賢明な判断をしていくことはできるのである。社会的影響力が有益にはたらくのはどんなときかを理解していれば、どんなときにその力に逆らい、どんなときに受け入れればよいかを判断することができるのだ。

社会的影響力のはたらき方に対する洞察を得ることができれば、それを活用して、自分自身の人生と、自分以外の人々の人生の両方をよくすることが可能になる。影響力とは道具である。だから道具として扱えばよい。そのことを理解していれば、ただ受身で待ち続け、その力がはたらくのを見ている必要はない。利用すればいいのだ。社会的影響力を味方につけて、環境をデザインし、状況をつくりだし、オーパワーやムーヴィング・トゥ・オポチュニティのようなプログラムをつくって、よりよい世界をつくっていけばいいのだ。

あなたは、どこでそうした影響力を目にしているだろうか？　どんなふうに、あなたのまわりの人々は、あなたの人生を方向づけ、あなた自身は、誰かの人生を方向づけているだろうか？

そんなふうに、しばしば目に見えない影響力を理解することで、私たちはみんなもっと幸せになることができるのだ。

もっと影響力をもちたい？

もっとうまく意思決定をしたい？

あなた自身の、そして誰かの

モチベーションをもっと向上させたい？

# 謝辞

二冊目の著書に謝辞を書くのは、一冊目のときよりもある意味むずかしい。一冊目を書いた時点で、二冊目を書くと思っていなければ、それまで歩んできた人生の途中で、力になってくれた人すべてに感謝の意をあらわして、それで終わればよいのだが、それで二冊目を書いてしまったら、さてどうしたらいいものか。ここまでの道の途中で、助けになってくれたすべての方々に、もう一度、感謝の言葉を述べるべきなのかどうか？　あるいは、その方々には、一冊目で感謝を述べただけで充分なのかどうか？　とにかく、私は一冊目の著書『なぜ「あれ」は流行るのか』の謝辞にお名前を挙げたすべての方々にもう一度お礼申し上げたい。彼らがいなければ、この『インビジブル・インフルエンス　決断させる力』の出版が実現することはきっとなかった。

また、今回あらたにお世話になった方々にもお礼申し上げたい。執筆期間を通じて、調査に関する有益なアドバイスをくれたタニヤ・チャートランド、サプナ・チェルヤン、そして、セアラ・タウンゼンド、子供の名づけについて知識を伝授してくれたレベッカ・ブルーノ、それから、リチャード・モアランドとニコール・スティーヴンスをはじめ多くの方々には、どれが最後といわず気前よくインタビューに答えていただいた。ベン・レーネン、リチャード・レーラー、モーリーン・コークをはじめとするサイモン＆シュースター社のチームのみなさんには大変お世話になり、おかげで一冊目と同様、楽しい本ができたと思う。アリス・ラプラントには、文章を磨くうえでご助力いただいたことに、そして、たしかな目をもったマーラ・アナ・ヴィトーノには、妊娠中にもかかわらずこの本の編集を担当してくださったことに対して、感謝の意を表したい。イースト・パロアルトAYSOの選手のみなさんには、コーチをさせてくれたことに、デューク大学マーケティング学科のみなさんには、本書の大部分を執筆していた期間、オフィスを貸してくださったことに対して、そして、ウィルソン社で即席のバスケットボール・チームを組んだみなさんには、執筆中のよい息抜きの機会を与えてくれたことに、お礼を申し上げたい。私のプレーはひどいものだが、この本ができたことが言い訳になればいいなと思っている。

また、共同研究者のみなさんや、本書の中で言及しているさまざまな研究をおこなった研究者の方々には多大なご恩を賜った。こうした方々がいなければ、一社会学者として今感じているほどにおもしろいと思えるところまでは、とうてい近づくこともできなかった。私が社会心理学の道を志すことになったのは、高校で受けたエリオット・アップルスタイン先生のAP心理学の授業がきっかけだった。その授業で書いた私の最後のレポートは、集団浅慮についてのもので、社会的影響力がいかに人の行動を左右しているかを考え始めたのもそのころからだった。そして、そのあとに出会ったリー・ロス、マーク・レッパー、ヘーゼル・マーカス、フィル・ジンバードの各教授をはじめ、お世話になった先生方には、時間をかけて、この分野の不思議を共有してくださったことに心より感謝申し上げたい。その一部となれた私は幸運だった。

以前、あるグループの人々に、好きな社会心理学者は誰かと尋ねた人がいたが、それは答えることのできない質問だ。先に挙げたこの分野の巨人たちに加えて、チャルディーニ、レヴィン、シェリフ、そのほかにも私のリストに入る方々はたくさんいる。しかし、ただ純粋に貢献の幅だけを考えたときには、ボブ・ザイアンスの名前を挙げておかないわけにはいかないだろう。本書で触れた研究のどれほど多くが彼の研究を参考におこなわれたか、そして、どれほど多くの分野に彼が貢献したかは驚くばかりである。そしてその生い立ちを知れば、伝説はさらに凄みを増して感じられるばかりだ。

ジム・レヴィンには、もう一度お礼を述べておきたい。共に働く期間が長くなるほどに、きみのしているすべてがありがたく思えた。アドバイスはつねに賢明で、豊かな人生を送るには、仕事ばかりしていてはいけないことをいつも思いださせてくれた。ダイアンとジェフリー、ナンシーとスティーヴ、キヴァ、ヴィクター、ダニー、フレッド、そのほかすべての、私を導き勇気を与えてくれたみなさんにも感謝する。お願いしたフィードバックだけでなく、つねに多くの熱意を注いでくれたみなさんのおかげで、私は前に進むことができた。

そして、何よりも大切なことに、ジョーダンとズーイは、私を助け、支え、おだて、理解し、そして話を聴き、すべてのステップに気を配りつつ、私を信じてくれた。テニスボールを追いかけていたほうがずっと楽しいはずだ、と私たち全員が合意したときでさえも。みんなが与えてくれた目に見える《ビジブル》影響力、そして見えない《インビジブル》影響力の両方に、心から感謝の意を表したい。

# 訳者あとがき

本書はJonah Berger, *Invisible Influence: The Hidden Forces that Shapes Behavior*, Simon & Schuster, 2016の全訳です。

ソーシャルメディア時代のクチコミと流行のメカニズムをわかりやすく解説し、刊行後たちまち全米ベストセラーとなった*Contagious: Why Things Catch On*（邦訳『なぜ「あれ」は流行るのか？』貫井佳子訳／日本経済新聞出版社刊）の著者ジョーナ・バーガーが、二冊目の著書となる本書のテーマに選んだのは〝見えない影響力《インビジブル・インフルエンス》〟――社会心理学の用語で「社会的影響（力）」と呼ばれる目に見えない力です。

私たち人間は、日々他人からの影響を受けながら生きており、それにより認知や感情、行動に変化がもたらされることがある、というのは誰もが理解しているところでしょう。ですが、本書によると、私たちが日常おこなっているさまざまな決断は、その九九・九％までが他人によって方向づけられており、むしろ他人の影響を受けない意思決定や行動を見つけるほうがむずかしいといいます。

九九・九%といえば、ほとんど全部。そんなことがあるのでしょうか？　今日一日したこと、しなかったことのどちらを振り返ってみても、自分の意思で決めたことばかりだったはずなのに？

しかし、〝なぜそうしようと思ったのか〟（あるいは、〝なぜそうしないでおこうと思ったのか〟）の裏側には、本人が気づいていないだけで、他人からの影響力がはたらいている、と著者はいいます。そして、その影響力がどんなふうにはたらいているかを、著者自身をはじめとする研究者たちの実験や調査の結果を示しながら、やさしく解説し、ビジネスの現場や、日常生活に役立てていこう、という趣旨で書かれたのが本書です。

著者のジョーナ・バーガーは、スタンフォード大学および同大学院で心理学とマーケティングを学び、現在は、ビジネススクールの名門、ペンシルベニア大学ウォートン・スクールの准教授としてマーケティングを教えています。もともと自然科学に強い関心を持っていた著者は、実験やデータの収集・分析を重視し、仮説を検証していくサイエンスの手法を用いた数々の特徴的な研究で知られ、一流誌への論文掲載実績も多く、研究者として高い評価を受けています。その一方で、二〇一一年には、学内でおこなわれた教員対抗のプレゼンテーション大会で、教員と学生の投票によって選ばれる〈アイアン・プロフェッサー〉のタイトルを獲得するなど、学生からも強力な支持を得ています。

また、ソーシャルメディア時代の口コミや流行を扱う著者の研究テーマは企業からの注目度も高く、グーグル、フェイスブック、マイクロソフト、リンクトイン、GM、コカコーラなど、フォーチュン500に名を連ねる有名企業からスタートアップまで、各種企業向けに講演やコンサルティングをおこなうなど、まさに時代が求めるマーケティングの専門家として、学内外で目覚ましい活躍を続けています。

前著『なぜ「あれ」は流行るのか?』では、クチコミになりやすく、流行しやすい商品やアイデアが共通して持つ要素に注目し、それらをTEPPS《ステップス》という六つの原則に落としこんで、明快にその答えを提示した著者ですが、本書では、他人のまねをする、あるいはしない、といった人間の心理・行動の基本的な一部分を探っていくことにより重点を置いています。

人にはそもそも他人のまねをするという傾向があり、逆に人とは違っていたいと思う傾向もあることは、おそらく誰もが実感として知っていることです。しかし、どんなときに、どんなふうに、人はそれらに向かっていくのか、また、ほどよく違っていることの価値とはなんなのか、そして、社会的影響力がどんなふうにモチベーションの形成につながっていくのか、といったことまで著者は掘り下げ、目に見えるさまざまな事象の裏側で何が起こっているのかを読み解いていきます。

《バーガーの書く文章には、終始一貫して人を楽しませる魅力があり、そして、驚くべきやり方で科学を実生活にあてはめ、研究内容を物語《ナラティブ》で説明してくれる。彼の書く本の素晴らしさは、謎だらけの機械をあけ、中で部品が動いている様子を読者に見せてくれるところにある》――これは二〇一六年六月にアメリカで本書が刊行されたときに、『パブリッシャーズ・ウィークリー』誌に掲載された書評の一部ですが、ここで触れられているとおり、語りの上手さもこの著者の特徴です。

音楽ダウンロードの実験結果から見る消費者行動の特徴や、交渉の現場や婚活パーティーでの成功の秘訣、ヒット映画やベストセラー本が生まれるために必要なもの、きょうだいの生まれ順とアスリートとしての成功の関係など、著者がトピックに絡めて語るストーリーはどれも話のたねになりそうなものばかりです。前作同様、心理学の読み物としても充分に内容の詰まった一冊ですが、冒頭で著者も勧めているとおり、本書を手にとってくださった日本の読者の方々にも、ここに書かれていることをみんな（自分を含む）のこととして意識していただき、実生活に役立てていただくことができたなら、訳者としてそれ以上嬉しいことはありません。

もっとうまく交渉を進める力があったら……。来年流行る商品を予測することができたら……。あるいは、仲良くしたい相手に好印象を持ってもらうことができたら……。日常のさまざまな場面で生まれる自分自身の希望を、私たちは叶わぬ夢のように考えてしまいがちですが、もしかしたら、それらを実現する力そのものは、もともと自分の中にあるのかもしれません。

あとは、それをどうはたらかせるか。著者の言葉を借りれば、影響力とは〝道具〟であり、どのようにはたらくかを理解することができれば、その力を味方につけることができるはず。この

〝見えない力〟を理解することで、自分自身の人生をよくすることもできるし、自分以外の誰かの人生もよくすることができるのです。

本書の訳出にあたっては、前述の著者の前著および社会心理学分野の書籍、ウェブサイト等を参考にさせていただきましたが、用語の一部については、広く一般読者に向けた本文の内容に合わせて、一部専門用語を使わない表現を使用しましたことをお断りしておきます。

また、本書を翻訳する機会をくださり、訳出に際してさまざまなご助言をいただきました、東洋館出版社の畑中潤氏と大竹裕章氏のおふたりには大変お世話になりました。この場をお借りして御礼申し上げます。

二〇一六年十一月

吉井　智津

# 原　注

## はじめに

1. 社会的影響力についての文献は数多くあるが、以下に例を挙げる。Sorensen, Alan T. (2006), "Social Learning and Health Plan Choice," *RAND Journal of Economics* 37, 929–45; Sacerdote, Bruce (2001), "Peer Effects with Random Assignment: Results for Dartmouth Roommates," *Quarterly Journal of Economics* 116, 681–704; Lerner, Josh, and Ulrike Malmendier (2013), "With a Little Help from My (Random) Friends: Success and Failure in Post-Business School Entrepreneurship," *Review of Financial Studies* 26, 2411–52; Beshears, John, J. Choi, D. Laibson, B. C. Madrian, and K. L. Milkman (2012), "The Effect of Providing Peer Information on Retirement Savings Decisions," *Financial Literacy Center Working Paper*, WR- 800-SSA; Case, Anne, and Lawrence Katz (1991), "The Company You Keep: The Effects of Family and Neighborhood on Disadvantaged Youths," *National Bureau of Economic Research Working Paper Number 3705*; Brown, Jeffrey, Z. Ivkovic, P. Smith, and S. Weisbenner (2008), "Neighbors Matter: Causal Community Effects and Stock Market Participation,"*Journal of Finance* 63, 1509–31; Gerber, Alan, and Todd Rogers (2009), "Descriptive Social Norms and Motivation to Vote: Everybody's Voting and So Should You," *Journal of Politics* 71, 1–14; Frey, Bruno, and Stephan Meier (2004), "Social Comparisons and Pro-Social Behavior: Testing 'Conditional Cooperation' in a Field Experiment,"*American Economic Review* 94, 1717–22; and Card, D., A. Mas, E. Moretti, and E. Saez (2012), "Inequality at Work: The Effect of Peer Salaries on Job Satisfaction," *American Economic Review* 10, 2981–3003.

2. Pronin, Emily, Jonah Berger, and Sarah Molouki (2007), "Alone in a Crowd of Sheep: Asymmetric Perceptions of Conformity and Their Roots in an Introspection Illusion," *Journal of Personality and Social Psychology* 92, 585-95.

3. 順序効果を補正するために、調査票の質問の並びはランダム化し、回答者は自分の購入について先に答え、次に他人の購入について答えた場合と、逆の場合があった。

4. Match.com and Chadwick Martin Bailey Behavioral Studies (2010), "Match.com and Chadwick Martin Bailey 2009-2010 Studies: Recent Trends: Online Dating," 1-5.

5. この単純接触に関する総説は、Bornstein, Robert (1989), "Exposure and Affect: Overview and Meta-Analysis of Research," *Psychological Bulletin* 106, 263-89 を参照。

第1章

1. Sherif, Muzafer (1935), "A Study of Some Social Factors in Perception: Chapter 2," *Archives of Psychology* 187, 17-22.

2. アッシュの研究のまとめについては、Asch, Solomon (1956), "Studies of Independence and Conformity: A Minority of One Against a Unanimous Majority," *Psychological Monographs* 70, 1-70 を参照。

3. Waal, Erica, C. Borgeaud, and A. Whiten (2013), "Potent Social Learning and Conformity Shape a Wild Primate's Foraging Decisions," *Science* 340, 483-85. その他の動物に関する研究としては、クジラは他の個体から授乳の方法を学ぶことを示したものがある：Allen, Jenny, M. Weinrich, W. Hoppitt, and L. Rendell (2013), "Network-Based Diffusion Analysis Reveals Cultural Transmission of Lobtail Feeding in Humpback Whales," *Science* 26, 485-88; and Dindo, Marietta, T. Stoinski, and A. Whiten (2011), "Observational Learning in Orangutan Cultural Transmission Chains," *Biology Letters* 7, 181-83. ほかにも、チンパンジーは集団ごとに異なる文化をもっているが、それはチンパンジーが他の個体から学ぶので、グループ内では似

てくるが、グループが違えば違ってくるという考え方と矛盾しないことを示した研究がある：Whiten, Andrew, J. Goodall, W. McGrew, T. Nishida, V. Reynolds, Y. Sugiyama, and C. Boesch (1999), "Cultures in Chimpanzees," Nature 399, 682-85. 魚は、ほかの魚をまねる：Pike, Thomas, and Kevin Laland (2010), "Conformist Learning in Nine-Spined Sticklebacks' Foraging Decisions," *Biology Letters* 6, 466-68.

4. Little, Anthony C., Michael Burt, and David Perrett (2006), "Assortative Mating for Perceived Facial Personality Traits," *Personality and Individual Differences* 40, 973-84; Hinsz, Verlin (1989), "Facial Resemblance in Engaged and Married Couples," *Journal of Social and Personal Relationships* 6, 223-29; Griffiths, Wayne, and Phillip Kunz (1973), "Assortative Mating: A Study of Physiognomic Homogamy," *Social Biology* 20, 448-53; Zajonc, Robert, Pamela Adelmann, Sheila Murphy, and Paula Niedenthal (1987), "Convergence in the Physical Appearance of Spouses," *Motivation and Emotion* 11, 335-46.

5. カメレオンは、気温、光、気分などさまざまな理由で変色することがわかっている。そうした理由の多くは環境の色とは無関係だが、カメレオンはまわりの環境に合わせて色を変えるという考え方は根強く残っている。Ligon, Russell, and The Conversation (2013), "Chameleons Talk Tough by Changing Colors," The Conversation (December 19), reposted at http://www.scientificamerican.com/article/chameleons-talk-tough-by-changing-colors/

6. Chartrand, Tanya, and John Bargh (1999), "The Chameleon Effect: The Perception-Behavior Link and Social Interaction," *Journal of Personality and Social Psychology* 76, 893-910. 模倣の研究についての総説としては、Van Baaren, Rick, L. Jansen, T. Chartrand, and A. Dijksterhuis (2009), "Where Is the Love? The Social Aspects of Mimicry," *Philosophical Transactions of the Royal Society* 364, 2381-89; および Chartrand, Tanya, and Jessica Lakin (2013), "The Antecedents and Consequences of Human Behavioral Mimicry," *Annual Review of Psychology* 64, 285-308 を参照。

7. Simner, Marvin (1971), "Newborn's Response to the Cry of Another

Infant," *Developmental Psychology* 5, 136-50.

8. Mirror Neuron Forum (2011), *Perspectives on Psychological Science* 6, 369-407.

9. ミラーニューロンに関する初期の議論については、Fadiga, L., L. Fogassi, G. Pavesi, and G. Rizzolatti (1995), "Motor Facilitation During Action Observation: A Magnetic Stimulation Study," *Journal of Neurophysiology* 73, 2608-11 を参照。より最近の議論については、Gallese, Vittorio, M. Gernsbacher, C. Hayes, G. Hickok, and M. Iacoboni (2011), "Mirror Neuron Forum," *Perspectives on Psychological Science* 6, 369-407 を参照。

10. Maddux, W. W., E. Mullen, and A. Galinsky (2008), "Chameleons Bake Bigger Pies and Take Bigger Pieces: Strategic Behavioral Mimicry Facilitates Negotiation Outcomes," *Journal of Experimental Social Psychology* 44, 461-68.

11. 模倣がもたらす結果の例については、Ireland, Molly, R. Slatcher, P. Eastwick, L. Scissors, E. Finkel, and J. Pennebaker (2010), "Language Style Matching Predicts Relationship Initiation and Stability," *Psychological Science* 20, 1-6; Maddux et al., "Chameleons Bake Bigger Pies and Take Bigger Pieces"; および Van Baaren, Rick, R. Holland, B. Steenaert, and A. Knippenberg (2003), "Mimicry for Money: Behavioral Consequences of Imitation," *Journal of Experimental Social Psychology* 39, 393-98 を参照。

12. Sorensen, Alan (2007), "Bestseller Lists and Product Variety," *Journal of Industrial Economics* 4, 715-38.

第2章

1. LeBolt, Dr. Wendy (2014), "Are National Team Players Born or Made?" SoccerWire.com (December 2).

2. Hopwood, Melissa J., J. Baker, C. MacMahon, and D. Farrow (2012), "Faster, Higher, Stronger......and Younger? Birth Order, Sibling Sport Participation and Sport Expertise," paper presented at the North American Society for the Psychology of Sport and Physical Activity Conference,

Honolulu, Hawaii (June 2012), *Journal of Sport & Exercise Psychology* 34, S235.

3. きょうだいの出生順と学業成績については数多くの研究があるが、以下にいくつかの例を挙げておく。Zajonc, Robert, and Gregory Markus (1975), "Birth Order and Intellectual Development," *Psychological Review* 82, 74–88; Zajonc, Robert (2001), "The Family Dynamics of Intellectual Development," *American Psychologist* 56, 490–96; Zajonc, Robert (1976), "Family Configuration and Intelligence," *Science* 16, 227–36; Hotz, Joseph, and Juan Pantano (2013), "Strategic Parenting, Birth Order, and School Performance," *Journal of Population Economics,* 1–26; Behrman, Jere, and Paul Taubman (1986), "Birth Order, Schooling and Earnings," *Journal of Labor Economics* 4, S121–S145; Black, Sandra, P. Devereux, and K. Salvanes (2005), "The More the Merrier? The Effect of Family Size and Birth Order on Children's Education," *Quarterly Journal of Economics* 120, 669–700; and Black, Sandra, P. Devereux, and K. Salvanes (2008), "Small Family, Smart Family? Family Size and the IQ Scores of Young Men," *National Bureau of Economic Research Working Paper No. 13336.*

4. Paulhaus, Delroy, P. Trapnell, and D. Chen (1999), "Birth Order Effects on Personality and Achievement Within Families," *Psychological Science* 10, 482–88.

5. Altus, William (1966), "Birth Order and Its Sequelae," *Science* 151, 44–49; Clark, Roger, and Glenn Rice (1982), "Family Constellations and Eminence: The Birth Orders of Nobel Prize winners," *Journal of Psychology* 110, 281–87; および Sulloway, Frank (1996), *Born to Rebel: Birth Order, Family Dynamics, and Creative Lives* (New York: Vintage Books) を参照。

6. Theroux, N. L. (1993), "Birth Order and Its Relationship to Academic Achievement and Selected Personal Traits"（未発表博士論文）, University of California, Los Angeles.

7. 同上。

8. Sulloway, Frank (2010), "Why Siblings Are Like Darwin's Finches: Birth Order, Sibling Competition, and Adaptive Divergence Within the

Family," in *The Evolution of Personality and Individual Differences,* eds. David M. Buss and Patricia H. Hawley (New York: Oxford University Press), 86–119; Plomin, Robert, and Denise Daniels (1987), "Why Are Children in the Same Family So Different from One Another?" *Behavioral and Brain Sciences* 10, 1–16.

9. 共通の環境が与える影響によって、きょうだいの性格がどの程度方向づけられるかについては、現在も研究が続けられている。エビデンスはほとんど見つからないとする研究者もいるが、一方で、いくつか存在するエビデンスが見つかっているとする研究者もいる。しかしながら、共通の環境から受ける影響そのものに関係なく、同じ親から生まれ、同じ屋根の下で、同じ両親のもとで育った場合にも、ふたりの人間は根本的に違う人間に育つことはあきらかである。そして、その過程において、差別化への欲求が少なくともなんらかの役割を果たしている。たとえ、自分のきょうだいが、自分とは違っていると認識しているだけであっても、そのことは、人がもつ、自分のきょうだいからの差別化への欲求についてのいくらかのエビデンスを提供する。Matteson, Lindsay, M. McGue, and W. Iacono (2013), "Shared Environmental Influences on Personality: A Combined Twin and Adoption Approach," *Behavior Genetics* 43, 491–504; and Borkenau, Peter, R. Riemann, A. Angleitner, and M. Spinath (2001), "Genetic and Environmental Influences on Observed Personality: Evidence from the German Observational Study of Adult Twins," *Journal of Personality and Social Psychology* 80, 655–68 を参照。

10. Loehlin, John (1992), *Genes and Environment in Personality Development* (Newbury Park, CA: Sage).

11. Loehlin, John, J. Horn, and L. Willerman (1981), "Personality Resemblance in Adoptive Families," *Behavior Genetics* 11, 309–30.

12. Schachter, F. F., G. Gilutz, E. Shore, and M. Adler (1978), "Sibling Deidentification Judged by Mothers: Cross-Validation and Developmental Studies," *Child Development* 49, 543–46.

13. Loehlin, John, J. Horn, and L. Willerman (1990), "Heredity, Environment, and Personality Change: Evidence from the Texas Adoption Proj-

ect," *Journal of Personality* 58, 221–43.

14. Ariely, Dan, and Jonathan Leavav (2000), "Sequential Choice in Group Settings: Taking the Road Less Traveled and Less Enjoyed," *Journal of Consumer Research* 27, 279–90.

15. DeVito, Carlo (2008), *Yogi: The Life & Times of an American Original* (Chicago: Triumph Books).

16. Howe, Daniel (1988), *The Impact of Puritanism on American Culture* (New York: Charles Scribner's Sons).

17. De Tocqueville, Alexis (2003), *Democracy in America* (New York Penguin). ／トクヴィル著・松本礼二訳『アメリカのデモクラシー』(2008, 岩波書店)。

18. Tian, Kelly T., William O. Bearden, and Gary L. Hunter (2001), "Consumers' Need for Uniqueness: Scale Development and Validation," *Journal of Consumer Research* 28, 50–66; および Simonson, Itamar, and Stephen M. Nowlis (2000), "The Role of Explanations and Need for Uniqueness in Consumer Decision Making: Unconventional Choices Based on Reasons," *Journal of Consumer Research* 27, 49–68 を参照。

19. Semertzidis, Konstantinos, E. Pitoura, and P. Tsaparas (2013), "How People Describe Themselves on Twitter," Association for Computing Machinery: Proceedings of the ACM SIGMOD Workshop on Databases and Social Networks, New York, NY (June 22, 2013).

20. めずらしいファーストネームを持つ人、長子またはひとりっ子、信仰の異なる両親のあいだに生まれた子供、すぐ上に姉でなく兄がいる女性は、いずれも差別化の欲求が強い。際立った、あるいは独自性の強い個人の属性が、自分は他人とは違っていると考え、ひいては違っていることは望ましいものだと考えることにつながっている可能性がある。Snyder, Charles, and Shane J. Lopez (2002), "Uniqueness Seeking," *Handbook of Positive Psychology* 18, 395–410.

21. Heejung, Kim, and Hazel Markus (1999), "Deviance or Uniqueness, Harmony or Conformity? A Cultural Analysis," *Journal of Personality and Social Psychology* 77, 785–800.

22. Kusserow, Adrie (1999), "De-Homogenizing American Individualism: Socializing Hard and Soft Individualism in Manhattan and Queens," *Ethos* 27, 210-34; および Wiley, Angela, A. Rose, L. Burger, P. Miller (1998), "Constructing Autonomous Selves Through Narrative Practices: A Comparative Study of Working-class and Middle-class Families," *Child Development* 69, 833-47 を参照。

23. 労働者階級の文化的背景がいかに人の行動を規定するかの研究については、Argyle, Michael (1994), *The Psychology of Social Class* (London: Routledge); Markus, Hazel, C. Ryff, K. Curhan, and K. Palmersheim (2004), "In Their Own Words: Well-being at Midlife Among High School-Educated and College-Educated Adults," in *How Healthy Are We? A National Study of Well-being at Midlife*, eds. Orville Gilbert Brim, Carol D. Ryff, and Ronald C. Kessler (Chicago: University of Chicago Press), 273-319; Lamont, Michèle (2000), *The Dignity of Working Men: Morality and the Boundaries of Race, Class, and Immigration* (Cambridge, MA: Harvard University Press); Kohn, Melvin, and Carmi Schooler (1986), "Work and Personality: An Inquiry into the Impact of Social Stratification," *Political Psychology* 7, 605-7; および Miller, Peggy, G. Cho, and J. Bracey (2005), "Working-class Children's Experience Through the Prism of Personal Storytelling," *Human Development* 48, 115-35 を参照。

24. Stephens, Nicole, H. Markus, and S. Townsend (2007), "Choice as an Act of Meaning: The Case of Social Class," *Journal of Personality and Social Psychology* 93, 814-30.

第3章

1. Baran, S. J., J. J. Mok, M. Land, and T. Y. Kang (1989), "You Are What You Buy: Mass-Mediated Judgments of People's Worth," *Journal of Communication* 39, 46-54. 衣服からウェブサイトまであらゆるものにもとづき、人々がどのように推理をはたらかせるかについての素晴らしい総説としては、Gosling, Sam (2008), *Snoop: What Your Stuff Says About You* (New

York: Basic Books) を参照。

2. 経済学におけるシグナリングについての初期の研究は、Spence, Michael (1973), "Job Market Signaling," *The Quarterly Journal of Economics* 87, 355-74 を参照。

3. Cohen, Geoffrey L. (2003), "Party Over Policy: The Dominating Impact of Group Influence on Political Beliefs," *Journal of Personality and Social Psychology* 85, 808-22.

4. Bee, Mark, S. Perrill, and P. Owen (2000), "Male Green Frogs Lower the Pitch of Acoustic Signals in Defense of Territories: A Possible Dishonest Signal of Size?" *Behavioral Ecology* 11, 169-77. Backwell, Patricia, J. Christy, S. Telford, M. Jennions, and N. Passmore (2000), "Dishonest Signalling in a Fiddler Crab," *Proceedings of the Royal Society B: Biological Sciences* 267, 719-24 も参照。

5. この活動による収益は、がん啓発団体に全額寄付された。

6. Taylor, John (1974), "John Doe, Jr.: A Study of His Distribution in Space, Time, and the Social Structure," *Social Forces* 53, 11-21; McFerran, Brent, D. Dahl, G. Fitzsimons, and A. Morales (2009), "I'll Have What She's Having: Effects of Social Influence and Body Type on the Food Choices of Others," *Journal of Consumer Research* 36, 1-15. Fryer, Roland, and Steven Levitt (2002), "Understanding the Black-White Test Score Gap in the First Two Years of School," *National Bureau of Economic Research Paper No. 8975.*

7. White, Katherine, and Darren Dahl (2006), "To Be or Not Be? The Influence of Dissociative Reference Groups on Consumer Preferences," *Journal of Consumer Psychology* 16, 404-14.

8. Hemphill, Cadelle, A. Vanneman, and T. Rahman (2011), "Achievement Gaps: How Hispanic and White Students in Public Schools Perform in Mathematics and Reading on the National Assessment of Educational Progress," U.S. Department of Education, Institute of Education Sciences, National Center for Education Statistics, Washington, DC.

9. フォーダムとオグブによる原著論文は、Fordham, Signithia, and John

Ogbu (1986), "Black Students' School Successes: Coping with the Burden of 'Acting White,'" *Urban Review* 18, 176–206、"白人のまねをする"に関するその他の考察については、Carbado, Devon, and Mitu Gulati (2013), *Acting White? Rethinking Race in "Post-Racial" America* (New York: Oxford University Press); および Buck, Stuart (2011), *Acting White: The Ironic Legacy of Desegregation* (New Haven: Yale University Press) を参照。黒人学生も白人学生も学業でよい成績を収めたいと望んでおり、それが実現された場合にはどちらの学生もより高い自尊心を示すとして、フォーダムとオグブの結論に異論を唱える研究者もいる。これらの研究者が示唆するところでは、人種に関係なくどの学生も、よい成績を取ったがためにオタクやガリ勉の烙印を押されるため、むしろ人種よりもよい成績を収めること自体についてのジレンマが大きいという。Cook, Philip, and Jens Ludwig (1997), "Weighing the Burden of 'Acting White': Are There Race Differences in Attitudes Toward Education?" *Journal of Policy Analysis and Management* 16, 256–78; および Tyson, Karolyn, W. Darity, and D. Castellino (2005), "It's Not 'a Black Thing': Understanding the Burden of Acting White and Other Dilemmas of High Achievement," *American Sociological Review* 70, 582–605 も参照。

10. Fryer, Roland, and Paul Torelli (2010), "An Empirical Analysis of 'Acting White,'" *Journal of Public Economics* 94, 380–96. および Bursztyn, Leonardo, and Robert Jensen (2015), "How Does Peer Pressure Affect Educational Investments?" *Quarterly Journal of Economics* 130, 1329–67 を参照。同様の効果は、いくつものヘルスプロモーション関連の行動でも観察されている。Oyserman, Daphna, S. Fryberg, and N. Yoder (2007), "Identity-Based Motivation and Health," *Journal of Personality and Social Psychology* 93, 1011–27 を参照。

11. Oyserman, Daphna, D. Brickman, D. Bybee, and A. Celious (2006), "Fitting in Matters: Markers of In-group Belonging and Academic Outcomes," *Psychological Science* 17, 854–61.

12. ほかの人種についても同様の侮辱的な呼び方は存在する。アジア系の人々が、典型的な白人のような服装やふるまいをすれば、"トゥインキー"

あるいは“バナナ”(外側は黄色いのに中身は白い)と呼ばれたりするのがそれである。また“ベビーフェイス”、つまり、年齢よりも幼く見える思春期の少年のほうが、そうでない少年にくらべて犯罪や非行に走る傾向が強い。ちょうど、黒人の中でも肌の色が薄いほうが、“白人のまねをする”のレッテルを貼られないようによけいにがんばるのと同じように、幼く見える子は子供みたいだと思われないよう、強く見えるようにがんばるということだ。同様に、アジア系アメリカ人は、アメリカ人としてのアイデンティティが脅かされた場合に、脂っこい伝統的なアメリカの食べものを食べる傾向があることを示すデータがある。Guendelman, Maya, S. Cheryan, and B. Monin (2011), “Fitting In but Getting Fat: Identity Threat and Dietary Choices Among U.S. Immigrant Groups,” *Psychological Science* 22, 959-67 を参照。

13. Executive Office of the President (2013), “Women and Girls in Science, Technology, Engineering, and Math (STEM),” The White House, Washington, DC.

14. Cheryan, Sapna, V. Plaut, P. Davies, and C. Steele (2009), “Ambient Belonging: How Stereotypical Cues Impact Gender Participation in Computer Science,” *Journal of Personality and Social Psychology* 97, 1045-60; Cheryan, Sapna, B. Drury, and M. Vichayapai (2012), “Enduring Influence of Stereotypical Computer Science Role Models on Women's Academic Aspirations,” *Psychology of Women Quarterly* 37, 72-79; Cheryan, Sapna, A. Meltzoff, and S. Kim (2011), “Classrooms Matter: The Design of Virtual Classrooms Influences Gender Disparities in Computer Science Classes,” *Computers & Education* 57, 1825-35.

15. Berger, Jonah, and Morgan Ward (2010), “Subtle Signals of Inconspicuous Consumption,” *Journal of Consumer Research* 37, 555-69.

16. 目立ちにくいシグナルは、外部の誰からも気づかれずにグループの中だけで示し合わせたいときにはとくに便利である。1980年代、ゲイの男性たちはゲイでない人々に知られないように、自分がゲイであることをたがいに知らせ合う必要があった。当時は差別が激しく、性的志向を理由に職を失ったり、身体的な虐待を受けたりする恐れさえあったからだ。だから、自分たちには識別できるけれども、外部の人々には気づかれることのないさり

げないシグナルを考えだす必要があった。そのような状況で、細身のジーンズに、フランネルのシャツ、ワークブーツ、それに口ひげという“カストロ・クローン”と呼ばれるスタイルは、ひとつの解決策となった。これなら、ほかのゲイの男性からはひと目でわかってもらえるが、ゲイでない同僚にはその意味に気づかれずにすんだ。

17. ABC News *Nightline* (2013), "Black Market Counterfeit Goods Rakes in $500 Billion Yearly," *Yahoo! News*; Clifford, Stephanie (2010), "Economic Indicator: Even Cheaper Knockoffs," *New York Times*, July 31, 2010, A1; MarkMonitor, "Seven Best Practices for Fighting Counterfeit Sales Online," MarkMonitor.com White Paper (September 2010).

18. Carvajal, Doreen (2008), "EBay Ordered to Pay $61 Million in Sale of Counterfeit Goods," *New York Times*, July 1, C1, http://www.nytimes.com/2008/07/01/technology/01ebay.html?r=0

19. http://money.cnn.com/magazines/fortune/fortunearchive/2005/05/16/8260140/

20. Raustiala, Kal, and Christopher Sprigman (2006), "The Piracy Paradox: Innovation and Intellectual Property in Fashion Design," *Virginia Law Review* 92, 1687-777.

21. Griffiths, Sarah (2013), "Sorry Popeye, Spinach DOESN'T Make Your Muscles Big: Expert Reveals Sailor's Love of Food Was Due to a Misplaced Decimal," *Daily Mail*, July 3, 1.

22. Berger, Jonah (2008), "Shifting Signals to Help Health: Using Identity Signaling to Reduce Risky Health Behaviors," *Journal of Consumer Research* 35, 509-18.

23. Cheryan, Sapna, V. Plaut, P. Davies, and C. Steele (2009), "Ambient Belonging: How Stereotypical Cues Impact Gender Participation in Computer Science," *Journal of Personality and Social Psychology* 97, 1045-60.

24. アイデンティティを示すシグナルのおもしろい例として、あるコメディアンが子供たちに新しいおもちゃで遊ばせる作戦として利用したという話がある。幼い子供は、自分は“赤ちゃん”だと見られたくないと思うものだ。自分はすでに人生におけるその段階を通り過ぎたことにプライドを感

じ、飲み物を哺乳瓶で飲んだり、ベビーベッドで寝たりすることを“赤ちゃんのすること”とみなすようになる。そこで、そのコメディアンは、あるおもちゃで遊ぶことが、自分が赤ちゃんでないことを証明する、つまりほかの人からまだおむつをしていると思われないための唯一の方法だと言って、それで遊ばせた。

25. Sean, Young, A. David Nussbaum, and Benoit Monin (2007), "Potential Moral Stigma and Reactions to Sexually Transmitted Diseases: Evidence for a Disjunction Fallacy," *Personality and Social Psychology Bulletin* 33, 789-99.

## 第4章

1. Berger, Jonah, Eric Bradlow, Alex Braunstein, and Yao Zhang (2012), "From Karen to Katie: Using Baby Names to Study Cultural Evolution," *Psychological Science* 23, 1067-73.

2. Bertrand, Marianne, and Sendhil Mullainathan (2004), "Are Emily and Greg More Employable Than Lakisha and Jamal? A Field Experiment on Labor Market Discrimination," *American Economic Review* 94, 991-1013.

3. "Hurricane Katrina Statistics Fast Facts," CNN Library, uploaded August 24, 2015.

4. Landwehr, Jan, A. Labroo, and A. Herrmann (2011), "Gut Liking for the Ordinary: Incorporating Design Fluency Improves Automobile Sales Forecasts," *Marketing Science* 30, 416-29. この効果はより複雑なデザインの車でより顕著に見られる。

5. このテキストは、以下の論文に記載の実験で用いられた指示内容をそのまま使用した。 Monahan, Jennifer, S. Murphy, and R. Zajonc (2000), "Subliminal Mere Exposure: Specific, General and Diffuse Effects," *Psychological Science* 11, 462-66. Gordon, Peter, and Keith Holyoak (1983), "Implicit Learning and Generalization of the 'Mere Exposure' Effect," *Journal of Personality and Social Psychology* 45, 492-500 も参照。

6. はじめて見る顔でも、肯定的な評価を得ている人と似ているほうが、

より肯定的に評価される。Verosky, Sara, and Alexander Todorov (2010), "Generalization of Affective Learning About Faces to Perceptually Similar Faces," *Psychological Science* 21, 779–85 を参照。

7. Bermant, Gordon (1976), *Sexual Behavior: Hard Times with the Coolidge Effect in Psychological Research—The Inside Story*, eds. M. H. Siegel and H. P. Ziegler (New York: Harper and Row).

8. Hirschman, Elizabeth (1980), "Innovativeness, Novelty Seeking and Consumer Creativity," *Journal of Consumer Research* 7, 283–95; Sluckin, Wladyslaw, D. Hargreaves, and A. Colman, "Novelty and Human Aesthetic Preferences," in *Exploration in Animals and Humans*, eds. J. Archer and L. Birke (New York: Van Nostrand Reinhold), 245–69.

9. Aron, Arthur, C. Norman, E. Aron, C. McKenna, and R. Heyman (2000), "Couples' Shared Participation in Novel and Arousing Activities and Experienced Relationship Quality," *Journal of Personality and Social Psychology* 78, 273–84; Wu, Fang, and Bernardo Huberman (2007), "Novelty and Collective Attention," *Proceedings of the National Academy of Sciences of the United States of America* 104; Buchanan, K. E., and A. Bardi (2010), "Acts of Kindness and Acts of Novelty Affect Life Satisfaction," *Journal of Social Psychology* 150, 235–37. ホーソン効果についての研究も参照。

10. Dewsbury, Donald (1981), "Effects of Novelty on Copulatory Behavior: The Coolidge Effect and Related Phenomena," *Psychological Bulletin* 89, 464–82. この効果は確実に文脈依存のものであり、ヒトでは検証されていない。

11. Miller, Claude (1971), "Sexual Satiety in the Male Golden Hamster (Mesocricetus auratus)," doctoral dissertation, University of Georgia, Dissertation Abstracts International 1972: Section A, Humanities and Social Sciences (University Microfilms); and Bunnell, Bradford, B. Boland, and D. Dewsbury (1977), "Copulatory Behavior of Golden Hamsters (Mesocricetus auratus)," *Behaviour* 61, 180–205.

12. 最適刺激水準（OSL）に関する研究は、Berlyne, Daniel (1960), *Conflict, Arousal, and Curiosity* (New York: McGraw-Hill), 12 を参照。 Maddi,

Salvatore, B. Propst, and I. Feldinger (2006), "Three Expressions of the Need for Variety," *Journal of Personality* 33, 82–98 は、刺激と好感のあいだにあるU字型の相関関係を示している。あまりに刺激が少なければ退屈で、多すぎれば圧倒されてしまい、その中間がちょうどよいというもの。

13. Colman, Andrew, W. Sluckin, and D. Hargreaves (1981), "The Effect of Familiarity on Preferences for Surnames," *British Journal of Psychology* 72, 363–69.

14. Flavell, John, P. Miller, and S. Miller (1985), *Cognitive Development* (Englewood Cliffs, NJ: Prentice Hall), 101–17; and McCall, Robert, and Paul McGhee (1977), "The Discrepancy Hypothesis of Attention and Affect in Infants," in *The Structuring of Experience*, eds. I. Uzgiris and F. Weizmann (New York: Plenum), 79–210.

15. Simonton, Dean (2006), "Thematic Fame and Melodic Originality in Classical Music: A Multivariate Computer-Content Analysis," *Journal of Personality* 48, 206–19.

16. Uzzi, Brian, S. Mukherjee, M. Stringer, and B. Jones (2013), "Atypical Combinations and Scientific Impact," *Science* 342, 468–72.

17. Chan, Cindy, Jonah Berger, and Leaf Van Boven (2012), "Identifiable but Not Identical: Combining Social Identity and Uniqueness Motives in Choice," *Journal of Consumer Research* 39, 561–73.

18. この研究が実際におこなわれたのは2005年のことで、今日では一般的になったオンライン調査の多くは当時まだなかった。参加者のほとんどは、しかけに気づかず、中には学術研究費の不足を本当に憐れんでくれる人までいた。

19. Berger, Michael L. (1980), *The Devil Wagon in God's Country: The Automobile and Social Change in Rural America, 1893–1929* (Hamden, CT: Archon).

20. Rindova, Violina P., and Antoaneta P. Petkova (2007), "When Is a New Thing a Good Thing? The Effects of Technological Change and Product Design on Customer Perceptions of Value Created by Product Innovations," *Organization Science* 18, 217–32; Hargadon, Andrew B., and Yellow-

lees Douglas (2001), "When Innovations Meet Institutions: Edison and the Design of the Electric Light," *Administrative Science Quarterly* 46, 476–501.

21. こうしたアイテムは、それらのもとになったもののデザイン上の手がかり、あるいは視覚的側面を残したものという意味で、しばしば"スキューモーフ"と呼ばれる。

第5章

1. Triplett, Norman (1898), "The Dynamogenic Factors in Pacemaking and Competition," *American Journal of Psychology* 9, 507–33; Strube, Michael (2005), "What Did Triplett Really Find? A Contemporary Analysis of the First Experiment in Social Psychology," *American Journal of Psychology* 118, 271–86; and Brehm, Sharon, S. Kassin, and S. Fein (1999), *Social Psychology* (Boston: Houghton Mifflin).

2. トリプレットは、このパターンを説明するためにいくつかの理論を提示している。それは彼が"吸引（suction）理論"（本質的には、ひとりの走者に風の衝撃をやわらげる役割をさせることによって生まれる空気力学）と呼んだものから、"励まし（encouragement）理論"（励まし続けてくれる誰かと一緒に走ること）や"頭で悩む（brain worry）理論"（単独走の競技や、レースの先頭を走っているときに、頭の一部が、自分は勝つのに充分な速さで走っているのだろうかと心配し始めること）と呼んだものまで多岐にわたる。しかし、トリプレットがもっとも信頼を得た理論は自身が"元気・活力を発生させる要因（dynamogenic factors）"と呼んだもので、ほかの走者の存在が競争本能を焚きつけ、走者はよりがんばって走るというものだった。

3. Allport, Floyd (1920), "The Influence of the Group upon Association and Thought," *Journal of Experimental Psychology* 3, 159.

4. Bruce, R. (1941), "An Experimental Analysis of Social Factors Affecting the Performance of White Rats. I. Performance in Learning a Simple Field Situation," *Journal of Comparative Psychology* 31, 363–77; Simmel, Edward (1962), "Social Facilitation of Exploratory Behavior in Rats," *Jour-*

*nal of Comparative and Physiological Psychology* 5, 831–33; Stamm, John (1961), "Social Facilitation in Monkeys," *Psychological Reports* 8, 479–84; Scott, John, and C. McCray (1967), "Allelomimetic Behavior in Dogs: Negative Effects of Competition on Social Facilitation," *Journal of Comparative and Physiological Psychology* 63, 316–19; Chen, Shisan (1937), "Social Modification of the Activity of Ants in Nest-Building," *Physiological Zoology* 10, 420–36; and Bayer, E. (1929), "Beitrage zur Zweikomponentheorie des Hungers," *Zeitschrift für Psychologie* 112, 1–S4.

5. Pessin, Joseph (1933), "The Comparative Effects of Social and Mechanical Stimulation on Memorizing," *American Journal of Psychology*, 45, 263–70; Pessin, Joseph, and Richard Husband (1933), "Effects of Social Stimulation on Human Maze Learning," *Journal of Abnormal and Social Psychology* 28, 148–54; and Rosenbloom, Tova, S. Amit, A. Perlman, D. Estreich, and E. Kirzner (2007), "Success on a Practical Driver's License Test with and Without the Presence of Another Testee," *Accident Analysis & Prevention* 39, 1296–301.

6. Klopfer, Peter (1958), "Influence of Social Interaction on Learning Rates in Birds," *Science* 128, 903–4; Alee, W., and R. Masure (1936), "A Comparison of Maze Behavior in Paired and Isolated Shell Parakeets (Melopsittacus undulatus Shaw)," *Journal of Comparative Psychology* 22, 131–55.

7. Fox, Margalit (2008), "Robert Zajonc, Who Looked at Mind's Ties to Actions, Is Dead at 85," *New York Times*, A42; Gorlick, Adam (2008), "Robert Zajonc, Pioneer of Social Psychology, Dies at 85, *Stanford News*, December 11, http://news.stanford.edu/news/2009/january7/zajobit-010709.html; Burnstein, Eugene (2009), "Robert B. Zajonc (1923–2008)," *American Psychologist* 64, 558–59.

8. Zajonc, Robert, A. Heingart, and E. Herman (1969), "Social Enhancement and Impairment of Performance in the Cockroach," *Journal of Personality and Social Psychology* 13, 83. 総説については、Zajonc, Robert, "Social Facilitation," *Science* 149, 269–74.

9. Markus, Hazel (1978), "The Effect of Mere Presence on Social Facilitation: An Unobtrusive Test," *Journal of Experimental Social Psychology* 14, 389-97 を参照。

10. Michaels, J. W, J. M. Blommel, R. M. Brocato, R. A. Linkous, and J. S. Rowe (1982). "Social Facilitation and Inhibition in a Natural Setting," *Replications in Social Psychology* 2, 21-24.

11. 今日でも、社会的ファシリテーションの動因については、矛盾する理論が存在する。ザイアンスによる1965年の理論上の大きな前進を含むいくつかは、動因に焦点を当てたものである。それらの理論によると、他人の存在は、興奮あるいは活性化の源泉としてはたらき、出現しやすい反応（dominant response）がより出現しやすくなる。よく知っているタスクの場合、出現しやすい反応が出ればよいため、したがってよりうまくやれることになる。Michaels, J. W, J. M. Blommel, R. M. Brocato, R. A. Linkous, and J. S. Rowe (1982), "Social Facilitation and Inhibition in a Natural Setting," *Replications in Social Psychology* 2, 21-24.

12. 社会的ファシリテーションは、物理的には自分以外に誰もそこにいなくても、誰かがいると感じている場合（誰かの写真がそこにあるときなど）にも起こることがある。

13. Cudy, Amy, K. Doherty, and M. Bos (2010), "OPOWER: Increasing Energy Efficiency Through Normative Influence (A)," *Harvard Business School Case 911-016*.

14. Nolan, Jessica, P. Schultz, R. Cialdini, N. Goldstein, and V. Griskevicius (2008), "Normative Social Influence Is Underdetected," *Personality and Social Psychology Bulletin* 7, 913-23; Cialdini, Robert, and Wesley Schultz (2004), "Understanding and Motivating Energy Conservation via Social Norms," report submitted to the William and Flora Hewlett Foundation, 1-6.

15. Allcott, Hunt (2011), "Social norms and energy conservation," *Journal of Public Economics* 95, 1082-95.

16. "Opower Utility Partners Save Six Terawatt-Hours of Energy, over $700 Million for Consumers," Opower press release, Jannuary 14, 2015,

https://opower.com/company/news-press/press_releases/114

17. Berger, Jonah, and Devin Pope (2011), "Can Losing Lead to Winning?" *Management Science* 57, 817-27. ここでは負けていることが勝ちにつながるということは、賞金がかかっていることを考えると、とくに注目に値する。NBA では選手に賞金が支払われている。そして、多くの仕事のように、一試合勝つごとに支払われるわけではないが、選手生活を通してみれば、選手としてのパフォーマンスにもとづいて賞金を得ていることになる。所属チームが勝てば勝つほど、最終的にはより多くの賞金がもらえることになる。しかし、そのようにどんなときも何百万ドルがかかっているとしても、やはり負けているほうに分があるのだ。

18. この問題は、Heath, Chip, Richard Larrick, and George Wu (1999), "Goals as Reference Points," *Cognitive Psychology* 38, 79-109 に記載されている。

19. とりわけ、切りのよい数字は参照点になりやすく、そこに到達しようとする人々のモチベーションにつながりやすい。たとえば、高校生の場合、SAT で切りのよい点数を少し上回っている場合よりも、少し届かない場合のほうが再受験する可能性が高い。具体的には、990 点を取った生徒のほうが、1000 点の生徒よりも、実際には得点はそれほど変わらないにしても再受験する可能性が高い。Pope, Devin, and Uri Simonsohn (2011), "Round Numbers as Goals Evidence from Baseball, SAT Takers and the Lab," *Psychological Science* 22, 71-78 を参照。

20. Page, Lionel (2009), "The Momentum Effect in Competitions: Field Evidence from Tennis Matches," Econometric Society Australasian Meeting, Australian National University, Canberra, July 7-10, 2009 (未発表).

21. Kivetz, Ran, O. Urminsky, and Y. Zheng (2006), "The Goal-Gradient Hypothesis Resurrected: Purchase Acceleration, Illusionary Goal Progress, and Customer Retention," *Journal of Marketing Research* 43, 39-58.

22. Brown, Judson (1948), "Gradients of Approach and Avoidance Responses and Their Relation to Level of Motivation," *Journal of Comparative and Physiological Psychology* 41, 450-65; Hull, Clark L. (1932), "The Goal-Gradient Hypothesis and Maze Learning," Psychological Review 39, 25-43;

and Hull, C., (1934), "The Rats' Speed of Locomotion Gradient in the Approach to Food," *Journal of Comparative Psychology* 17, 393-422.

23. Fershtman, C., and U. Gneezy (2011), "The Trade-off between Performance and Quitting in High-Power Tournaments," *Journal of the European Economic Association* 9, 318-36. 直接的な比較が促される場合には、よりとくに棄権に至りやすい。ほかの選手にくらべて自分がどの程度うまくやれているかが簡単に見えてしまう状況では、わずかに後れをとっているほうのモチベーションの向上につながりやすいが、大きく後れをとっている者は、自分の位置を認識し、あきらめにつながることになる。

24. Tuckfield, Bradford, D. Berkeley, K. Milkman, and M. Schweitzer, "Quitting: The Downside of Great Expectations in Competitions," Wharton School Working Paper (under revision).

25. Rogers, Todd, and Don Moore (2014), "The Motivating Power of Under-Confidence: 'The Race Is Close but We're Losing,'" *HKS Working Paper No. RWP14-047.*

26. Irwin, Neil (2015), "Why a Presidential Campaign Is the Ultimate Start-up," *New York Times*, June 4, BU1.

おわりに

1. 近隣効果に関する文献は数多くあるが、ここにいくつか総説を挙げておく。Leventhal, Tama, and Jeanne Brooks-Gunn (2000), "The Neighborhoods They Live In: The Effects of Neighborhood Residence on Child and Adolescent Outcomes," *Psychological Bulletin* 126, 309-37; and Sampson, Robert, K. Morenoff, and T. Gannon-Rowley (2002), "'Assessing Neighborhood Effects': Social Processes and New Directions in Research," *Annual Review of Sociology*, 443-78.

2. 答えはもちろん、こちらでなければあちら、ということではない。遺伝や家庭要因が、のちに居住地域によって悪化するある種の難題を人々に与えている可能性はある。低所得の家庭では、子供に ADHD の薬を買ってやれないことが多いかもしれない。そして、地域の学校では、そのような子供

に必要な、個別の注意を払う準備ができていないかもしれない。同様に、リソースがあれば、難題が生じたときに、人々がそれを乗り越えていくことが可能になる。高所得の地域には、よい学校があるだけでなく、もし子供の成績が思わしくない場合にも、親たちが家庭教師を雇う費用も簡単に支出することができる。

3. Kling, Jeffrey, J. Liebman, and L. Katz (2007), "Experimental Analysis of Neighborhood Effects," *Econometrica* 75, 83-119; Ludwig, Jens, G. Duncan, L. Gennetian, L. Katz, R. Kessler, J. Kling, and L. Sanbonmatsu (2013), "Long-Term Neighborhood Effects on Low-Income Families: Evidence from Moving to Opportunity," *National Bureau of Economic Research Working Paper No. 18772*; Katz, Lawrence, J. Kling, J. Liebman (2000), "Moving to Opportunity in Boston: Early Result of a Randomized Mobility Experiment," *National Bureau of Economic Research Working Paper Number 7973*; Ludwig, Jens, G. Duncan, L. Gennetian, L. Katz, R. Kessler, J. Kling, and L. Sanbonmatsu (2012), "Neighborhood Effects on the Longterm Well-being of Low-Income Adults," *Science* 337, 1505-10.

4. Chetty, Raj, N. Hendren, and L. Katz (2015), "The Effects of Exposure to Better Neighborhoods on Children: New Evidence from the Moving to Opportunity Experiment," *National Bureau of Economic Research Working Paper Number 21156*; Chetty, Raj, and Nathaniel Hendren (2015),"The Impacts of Neighborhoods on Intergenerational Mobility: Childhood Exposure Effects and County-Level Estimates," working paper.

5. 転居が収入に与える好ましい影響は、転居が子供の人生に混乱を引き起こすような影響について説明するときにさえ当てはまる。実際のところ、その混乱こそが、"ムーヴィング・トゥ・オポチュニティ" プログラムにおいて、転居時点で比較的年齢の高かった子供にはややネガティブな影響を与えたことのひとつの理由かもしれない。つまり、転居後に新しい隣人から好ましい影響を充分に受けられなかっただけでなく、これまで培ってきた自分の強固なルーツに混乱をきたしてしまったのだ。

## 著者・訳者紹介

### ジョーナ・バーガー［著］
Jonah Berger

ペンシルベニア大学ウォートン・スクールマーケティング准教授。

一流学術誌に数多くの論文を発表するほか、ニューヨークタイムズ、タイム、サイエンス、ハーバード・ビジネス・レビューなどに寄稿し好評を得る。また、グーグル、フェイスブック、マイクロソフト、リンクトイン、GM、コカコーラなど、フォーチュン500からスタートアップまで数多くの企業で講演・コンサルタントを行う。全米ベストセラー *Contagious*（『なぜ「あれ」は流行るのか？』日本経済新聞出版社）で世界的に知られる。

### 吉井 智津［訳］
Chizu Yoshii

翻訳者。神戸市外国語大学英米学科卒業。訳書に『大脱走　英雄〈ビッグX〉の生涯』（小学館文庫）などがある。

Published by arrangement with the original publisher, Simon & Schuster, Inc.
through Japan UNI Agency, Inc., Tokyo.

**インビジブル・インフルエンス　決断させる力**
あらゆる行動を方向づける影響力の科学

2016（平成28）年12月16日　初版第１刷発行

著　　者　ジョーナ・バーガー
訳　　者　吉井　智津
発 行 者　錦織　圭之介
発 行 所　株式会社 東洋館出版社
〒113-0021　東京都文京区本駒込5丁目16番７号
営業部　電話 03-3823-9206 ／ FAX 03-3823-9208
編集部　電話 03-3823-9207 ／ FAX 03-3823-9209
振替　00180-7-96823
URL　http://www.toyokan.co.jp

カバーデザイン　水戸部　功
本文デザイン　宮澤　新一（藤原印刷株式会社）
印刷・製本　藤原印刷株式会社

ISBN978-4-491-03291-7
Printed in Japan